# Edition Rosenberger

Die „Edition Rosenberger" versammelt praxisnahe Werke kompetenter Autoren rund um die Themen Führung, Beratung, Personal- und Unternehmensentwicklung. Alle Werke in der Reihe erschienen ursprünglich im Rosenberger Fachverlag, gegründet von dem Unternehmens- und Führungskräfteberater Dr. Walter Rosenberger, dessen Programm Springer Gabler 2014 übernommen hat.

Karl-Klaus Pullig

# Innovative Unternehmenskulturen

Zwölf Fallstudien zeitgemäßer Sozialordnungen

 Springer Gabler

Karl-Klaus Pullig
Paderborn, Deutschland

Bis 2014 erschien der Titel im Rosenberger Fachverlag Leonberg.

Edition Rosenberger
ISBN 978-3-658-07923-9          ISBN 978-3-658-07924-6 (eBook)
DOI 10.1007/978-3-658-07924-6

Die Deutsche Nationalbibliothek verzeichnet diese Publikation in der Deutschen National-
bibliografie; detaillierte bibliografische Daten sind im Internet über http://dnb.d-nb.de abrufbar.

Springer Gabler
© Springer Fachmedien Wiesbaden Nachdruck 2016
Ursprünglich erschienen bei Rosenberger Fachverlag, Leonberg, 2000

Lektorat: Ulrike M. Vetter

Gedruckt auf säurefreiem und chlorfrei gebleichtem Papier

Springer Gabler ist Teil von Springer Nature
Die eingetragene Gesellschaft ist Springer Fachmedien Wiesbaden GmbH

# Inhalt

# Unternehmenskultur
# und Sozialordnung
# als Gestaltungskonzepte

# 1. Die Qualität der zwischenmenschlichen Beziehungen im Betrieb

Dieses Buch beschäftigt sich mit der Qualität des Zusammenlebens und Zusammenarbeitens der Menschen im Betrieb, also mit der Frage: „Wie gehen wir miteinander um?" Wirtschaftsbetriebe sind selbstverständlich dazu da, Produkte und Dienstleistungen auf ökonomisch rationelle Weise für den Markt bzw. für die Menschen hervorzubringen, um deren Bedürfnisse zu befriedigen und damit zur Lebensqualität möglichst vieler Menschen beizutragen.

Qualität kann man bekanntlich als *Ergebnisqualität* erfassen und beschreiben, d. h. als wertende Charakterisierung der Produkte und Dienstleistungen selbst, oder als *Prozessqualität,* indem man die Güte des Hervorbringungsprozesses als Maßstab für die Qualität heranzieht: dieser Prozess selbst muss den gewählten Qualitätskriterien und Standards entsprechen. Man kann in der Regel davon ausgehen, dass gute Prozessqualität tendenziell auch zu guter Produktqualität führt, zwingend notwendig ist dies jedoch nicht. Zum Beispiel können Produktionsprozesse sehr lange dauern und mit hohem Ausschuss verbunden sein, die ausgelieferten Produkte aber durchaus den (Ergebnis-)Qualitätsstandards genügen.

Die Qualität des Zusammenlebens und Zusammenarbeitens der Menschen im Betrieb wird hier als besonderer Ausschnitt der Prozessqualität von Betrieben betrachtet. Sie stellt unseres Erachtens einen Wert an sich dar, zunächst unabhängig von der Ergebnisqualität und von gängigen betriebswirtschaftlichen Kennziffern wie z. B. Bilanzgewinn oder Kapitalrentabilität.

Wir interessieren uns also dafür, wie die Menschen konkret in den Betrieben zusammenarbeiten, d. h. wie sie ihre zwischenmenschlichen Beziehungen geordnet haben bzw. praktizieren. Und wir sehen diese Ordnung der zwischenmenschlichen Beziehungen im Betrieb als wichtigen Bestandteil von Lebensqualität bzw. als eigenen Qualitätsmaßstab.

Da wir den Betrieb aus der Perspektive des Zwischenmenschlichen betrachten, sind solche Qualitätskriterien heranzuziehen, die über die üblichen betriebswirtschaftlichen Qualitätskriterien hinausgehen (NOLTE, 1991). Die Kriterien sind vielmehr anthropologisch zu begründen. Qualität bemisst sich deshalb u. a. anhand von sozialwissenschaftlichen Kategorien, z. B. der Psychologie, der Soziologie und der Rechtswissenschaft. Es geht um persönlichkeitsförderliche Arbeit, um gerechte Entlohnung, faire Einflussverteilung bei Entscheidungen, angemessene Kommunikation zwischen den Menschen im Betrieb.

# 2. Menschenbilder, soziale Leitbilder und Grundannahmen über ökonomisch erfolgversprechende Beziehungsgestaltung als prägende Faktoren

Warum findet man – durchaus in derselben Branche und oft gleichermaßen „erfolgreich" – ganz unterschiedliche Aufbau- und Ablauforganisationsstrukturen, Anreizsysteme, Entscheidungsprozesse, Arbeitsorganisationsformen, Eigentumsverhältnisse etc. in den einzelnen Organisationen? Welche Einflussfaktoren „erklären" können, dass eine Organisation so ist wie sie ist, ist eine alte Frage, auf die es unterschiedliche, teilweise sogar widersprechende Antworten gibt (FREESE, 1992, 1708–1714). Fragt man zum Beispiel, warum in den letzten Jahren in vielen Unternehmen die Zahl der Hierarchieebenen im Leitungssystem reduziert, neue Formen der Gruppenarbeit, neue Arbeitszeit- und Vergütungsmodelle eingeführt wurden, woran es liegt, dass in Unternehmen derselben Branche und vergleichbarer Größe durchaus unterschiedliche Führungs- und Kommunikationsstile, Arbeitsorganisationsformen, unterschiedliche Marketingstrategien, Produkt- und Prozessinnovationen etc. zu finden sind, dann wird man auf *äußere und innere Faktoren* hingewiesen.

Zu den *äußeren Faktoren* zählen u. a.:

- Neue Technologien im Bereich der Produktion, der Information/Kommunikation, der Logistik
- Wertewandel
- Veränderungen im Bildungswesen
- Veränderungen in den wirtschaftspolitischen Rahmenbedingungen, z. B. die Bildung der europäischen Währungsunion.

Diese äußeren Faktoren gelten zwar in unterschiedlichem Ausmaß, aber prinzipiell doch für fast alle Unternehmen einer Region und Branche. Deshalb dürften sie zu eher gleichgerichteten Anpassungen der inneren Ordnung (Struktur) der Organisationen führen. Dennoch unterscheiden sich offensichtlich die Strukturen von Unternehmen derselben Branche einer Volkswirtschaft ganz erheblich voneinander, weil die äußeren Faktoren nicht etwa auf „Organisationsautomaten" wirken, sondern auf Menschen in Unternehmen bzw. Betrieben bzw. Organisationen mit ihrem individuellen und gruppenmäßigen Denken, Fühlen und Wollen. Dies nenne ich den *primären inneren Faktor* des Unternehmens bzw. der Organisation.

Auf der Grundlage der äußeren Faktoren und des primären inneren Faktors bildet sich dann in der Organisation eine innere Ordnung (Struktur) heraus, die ich den *sekundären inneren Faktor* nennen will. Das Denken, Fühlen und Wollen der Menschen im Betrieb, dieser primäre innere Faktor also, ist selbst ein komplexes, lebendiges, sich veränderndes Geschehen, das in formalen und informalen Kommunikations- und Entscheidungsprozessen als Teil der inneren Ordnung nicht nur zum Ausdruck kommt, sondern diese Ordnung auch selbst wieder gestaltend verändert. Zu dieser inneren Ordnung gehören neben der Regelung der Kommunikations- und Entscheidungsprozesse noch andere typische Regelungs- oder Strukturfelder, wie z. B. die Arbeitsorganisation bzw. Arbeitsstrukturierung. Ich werde in Abschnitt 3 im Zusammenhang mit den Elementen einer Sozialordnung darauf zurückkommen.

Es liegt nahe zu vermuten, dass das Denken, Fühlen und Wollen derjenigen Menschen im Betrieb, die über große Einflusschancen verfügen, die innere Ordnung in der Organisation besonders stark prägen. Vor allem die Eigentümerunternehmer, die geschäftsführenden Gesellschafter, die Gründer, die Vorstände sind mit solchen Einflusschancen ausgestattet. In entsprechend abgeschwächtem Maße kann aber auch jeder Vorgesetzte oder an Entscheidungen Beteiligte und jeder Mitarbeiter die innere Ordnung mitgestalten.

Unser Interesse gilt konkreten Gestaltungsversuchen zwischenmenschlicher Beziehungen im Betrieb. Weil, wie man vermuten darf, die innere Ordnung in Organisationen vor allem von dem Denken, Fühlen und Wollen einflussreicher Akteure im Betrieb gestaltet wird, sind für unsere Perspektive des Zwischenmenschlichen besonders zwei Aspekte interessant:

1. Wie denken die Akteure über ihre eigenen Motive und Fähigkeiten und diejenigen ihrer Mitarbeiter? Welche Gefühle und Willensimpulse sind damit verbunden?
2. Durch welche sozialen Leitbilder und Grundannahmen bzw. Konzepte von erfolgversprechenden Ordnungen des Zusammenlebens und -arbeitens im Unternehmen werden die betriebswirtschaftlichen Ziele und Maßnahmen dieser Akteure bestimmt?

Das jeweilige Menschenbild, bestehend aus Sichtweisen über Eigenschaften, Motive und Einstellungen von Organisationsmitgliedern (STAEHLE, 1999, 191), die individuellen sozialen Leitbilder als Idealvorstellungen der Beziehungsgestaltung der Organisationsmitglieder untereinander und die Grundannahmen der Akteure darüber, welche Beziehungsgestaltungsformen im Rahmen der ökonomischen und technischen Gegebenheiten erfolgversprechend im Sinne der Unternehmensziele sind, finden ihren Ausdruck in Unternehmensleitbildern und in dem Bestandteil der Unternehmensverfassung, der die Innenbeziehungen der Organisationsmitglieder regelt. Dieser Regelungsbereich wird hier *Sozialverfassung* genannt (KOLBINGER, 1979) und im nächsten Abschnitt genauer beschrieben.

# 3.  Sozialordnung
## oder Unternehmenskultur?

Am Anfang unserer Suche nach leitbildgeprägten Fallstudien innovativer Sozialordnungen richteten wir eine schriftliche Anfrage an einige Unternehmen, die uns aufgrund von Vorinformationen als geeignet, weil „innovativ", erschienen. In diesem Schreiben führten wir aus, dass wir mit „Sozialordnung" die geltenden Regeln des Zusammenlebens und Zusammenarbeitens im Unternehmen meinten. Insbesondere interessierten wir uns dafür, wie im Unternehmen koordiniert wird und wie die Entscheidungsprozesse gestaltet sind, wie die Arbeitsplätze selbst gestaltet sind bzw. wie die Arbeit organisiert ist und wie die Vergütungsfrage geregelt wird. Den Unternehmen blieb der Begriff „Sozialordnung" offensichtlich undeutlich und sie verbanden damit zumeist Aspekte wie „Sozialleistungen", „Betriebsrat" u. ä. und reagierten eher zurückhaltend. Nachdem wir – daraus lernend – nicht mehr von Sozialordnung sprachen, sondern von Unternehmenskultur bei sonst gleicher inhaltlicher Präzisierung, zeigten die angesprochenen Unternehmen großes Interesse und Verständnis.

Wir wollen im Folgenden die beiden Konstrukte Sozialordnung und Unternehmenskultur miteinander vergleichend charakterisieren.

## 3.1  Unternehmenskultur

Etwa seit den siebziger Jahren interessieren sich Organisationspraktiker und Organisationswissenschaftler verstärkt für die Unternehmens- bzw. Organisationskultur als Gestaltungsgröße. „Organisationskultur" als Oberbegriff umfasst sowohl die Kultur von Unternehmen als auch anderer Organisationen, wie z. B. öffentlicher Verwaltungen. Da es sich bei unseren Fallstudien ausschließlich um Wirtschaftsunternehmen handelt, verwenden wir den Begriff „Unternehmenskultur". PETTIGREW beschrieb 1979 Unternehmenskultur als sinnstiftendes und für das Funktionieren eines Unternehmens notwendiges Element. Bestimmend für eine Unternehmenskultur seien Symbole, die Sprache, die Ideologie, Glaubenssätze, Rituale und Mythen.

Man kann von einer Außenseite der Unternehmenskultur sprechen, die sich in den sichtbaren *Symbolen* zeigt, vor allem in der Sprache und Ritualen, und von einer Innenseite, nämlich der *Ideologie* bzw. den Glaubenssätzen, Mythen und Werten, die dem Denken, Fühlen und Handeln der Menschen im Unternehmen zu Grunde liegt.

Nachdem der Erfolg japanischer Unternehmen vor allem den dort herrschenden kulturellen Faktoren zugeschrieben wurde (BLEICHER, 1991, S. 112), entstanden zahlreiche Konzepte und Beschreibungen von Unternehmenskultur, die diese Hauptelemente beinhalten. Nach einer Systematisierung von SZABO (1997) lassen sich inzwischen vier wichtige Strömungen in der Unternehmenskulturforschung unterscheiden:

Die Vertreter des sog. *Corporate-culture-Ansatzes* behaupten, Unternehmen seien dann erfolgreicher, wenn sie eine einheitliche, identifizierbare Unternehmenskultur besäßen und diese auf die Unternehmensstrategie abgestimmt sei. Zentrale Bedeutung komme den von der Unternehmensspitze bzw. vom Management vorgegebenen und gelebten Werten zu. Rituale, Symbole, Mythen, die Architektur und andere „Artefakte" seien Ausdruck bzw. Überbringer dieser Werte.

Der *kognitive Ansatz* betont das gemeinsame Wissen, gemeinsame Denkprinzipien und Vorgehensweisen als wesentlich für die Unternehmenskultur. Die gemeinsamen Werte seien weniger wichtig. Unternehmenskultur wird als „System gemeinsamen Wissens" verstanden. Auf neudeutsch spricht man in manchen Unternehmen und in der Fachliteratur auch von der „knowledge-based company".

Der *symbolische Ansatz* betrachtet das Geschehen in Organisationen als Komplex von sprachlichen, willensmäßigen und gegenständlichen Symbolen, denen je nach Interpretation unterschiedliche Bedeutung zukomme. Eine Unternehmenskultur ist dann die gemeinsame und übereinstimmende Interpretation von Symbolen. Auf der Grundlage dieses Ansatzes interessiert man sich z. B. für die Symbole verschiedener (Berufs-)Gruppen, für „kulturelle Codes", welche die Bedeutungen bestimmter Symbole für eine Mitarbeitergruppe festlegen, oder für den Interpretationsprozess selbst, d. h. für die Frage, wie es zu bestimmten Bedeutungszuordnungen für Symbole kommt.

Der *postmoderne Ansatz* schließlich bezweifelt, dass es in Unternehmen eine einheitliche und überdauernde Kultur gibt, welche das Verhalten und die Identität der Unternehmensmitglieder bestimme. Unternehmenskulturen seien eher vieldeutig, unbestimmt, komplex und veränderlich, weil die Individuen bzw. Mitarbeiter der Unternehmen ihre jeweiligen unterschiedlichen kulturellen Identitäten und Selbstdefinitionen in das Unternehmen mitbrächten.

SCHEIN (1995) hat einen recht bekannt gewordenen Beitrag zur Unternehmenskultur formuliert, der sowohl Elemente des Corporate-culture-Ansatzes als auch des kognitiven Ansatzes enthält. Nach seinen Erfahrungen werden Unternehmenskulturen aus drei Quellen gespeist:

1. den Überzeugungen, Werten und Prämissen der Unternehmensgründer;
2. den Lernerfahrungen der Gruppenmitglieder im Verlauf der Unternehmensentwicklung;

3. neuen Überzeugungen, Werten und Prämissen, die von neuen Mitgliedern und Führungspersönlichkeiten stammen.

Der bedeutendste Faktor sei jedoch der Unternehmensgründer (SCHEIN 1995, S. 172ff). SCHEIN unterscheidet, nach dem Grad der Sichtbarkeit der Phänomene für den Beobachter einer Unternehmenskultur, drei Ebenen, auf denen man Unternehmenskultur untersuchen kann (vgl. Abb. 1).

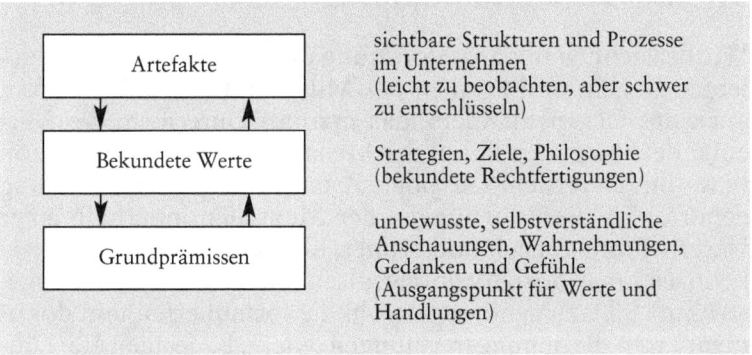

**Abb. 1:** *Ebenen der Unternehmenskultur*

Zur obersten Ebene der „Artefakte" gehören z. B. die Architektur, die Sprache, Technologie, Produkte, Kleidung, Legenden, Rituale, Zeremonien etc. Die mittlere Ebene ist bereits durch die Beispiele in der Übersicht: Strategien, Unternehmensziele, Philosophie, charakterisiert.

Die Grundprämissen der untersten Ebene sind nach SCHEIN nicht verhandelbare selbstverständliche Übereinstimmungen in der Weltanschauung, so dass hiervon abweichende Meinungen einfach für verrückt erklärt und abgelehnt werden. Ohne die Grundprämissen könne man die Werte und Artefakte nicht angemessen deuten und verstehen.

Wir folgen in diesem Band weniger diesen Unternehmens-
kulturansätzen, sondern eher dem Konzept der *Sozialordnung.* Dieses hat zwar eine gewisse Verwandtschaft und Ähn-
lichkeit mit dem beschriebenen Unternehmenskulturkonzept,
ist aber andererseits etwas enger und genauer.

## 3.2 Der Begriff der Sozialordnung in Abgrenzung zu verwandten Begriffen

Wir bezeichnen mit Sozialordnung die geschriebenen und gelebten Regeln und Formen des Miteinanders (und natürlich
auch des Gegeneinanders, das man als Unterform des Miteinanders begreifen kann) der Menschen in der Organisation
bzw. im Unternehmen oder Betrieb. Zur Sozialordnung
gehört, was die Beziehungen der Menschen innerhalb einer
Unternehmung regelt und ordnet. KOTTHOFF/REINDL (1991)
kennzeichnen Sozialordnung als „gewachsene Beziehungsstruktur". Dazu gehören sowohl die formulierten und dokumentierten Beziehungsregelungen wie z. B. festgelegte Führungsgrundsätze, Arbeitsordnungen, Gehaltssysteme, als auch
die zwar nicht dokumentierten aber tatsächlich ausgeführten,
d. h. gelebten Formen und Ordnungsmuster, wie z. B. Um-
gangsformen und Sprachregelungen zwischen Führungskräften und Nicht-Führungskräften, nicht formal festgelegte aber
tatsächlich ausgeführte Rituale bei Konferenzen und Besprechungen, Betriebsfesten, informell-tatsächliche Entscheidungsprozeduren usw.

Schematisiert dargestellt kann man die gebräuchlichen Begriffe Unternehmenskultur, Unternehmensverfassung, Betriebsverfassung, Sozialverfassung und Sozialordnung vorläufig
wie folgt voneinander abgrenzen (vgl. Abb. 2).

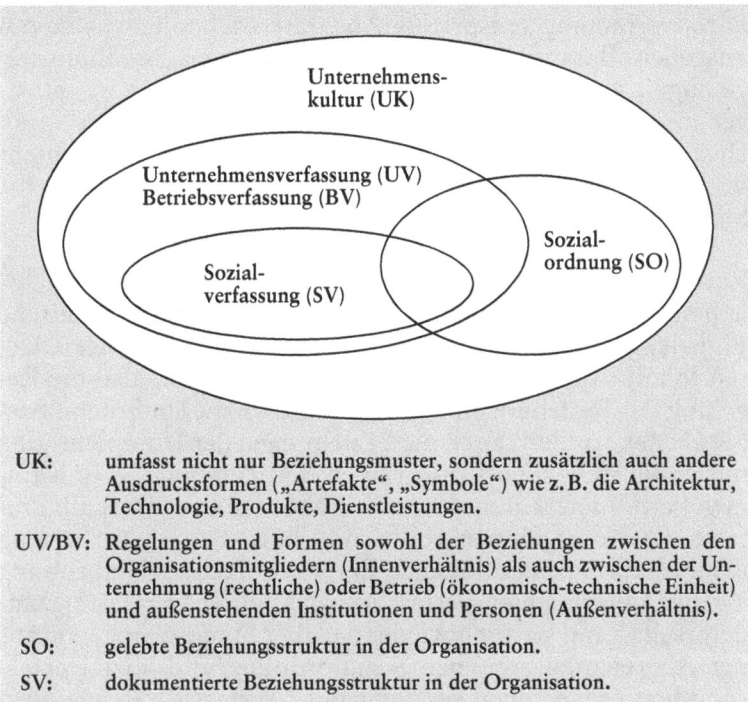

UK:     umfasst nicht nur Beziehungsmuster, sondern zusätzlich auch andere Ausdrucksformen ("Artefakte", "Symbole") wie z. B. die Architektur, Technologie, Produkte, Dienstleistungen.

UV/BV:  Regelungen und Formen sowohl der Beziehungen zwischen den Organisationsmitgliedern (Innenverhältnis) als auch zwischen der Unternehmung (rechtliche) oder Betrieb (ökonomisch-technische Einheit) und außenstehenden Institutionen und Personen (Außenverhältnis).

SO:     gelebte Beziehungsstruktur in der Organisation.

SV:     dokumentierte Beziehungsstruktur in der Organisation.

**Abb. 2:** *Schematische Abgrenzung der Begriffe Sozialverfassung, Sozialordnung, Unternehmensverfassung, Betriebsverfassung und Unternehmenskultur*

*Sozialverfassung* gebrauchen wir als engsten Begriff für die formal festgelegten und irgendwie – schriftlich, elektronisch, bildlich – dokumentierten und explizit für verbindlich erklärten Beziehungsregelungen zwischen den Mitgliedern einer Unternehmung, z. B. Führungsgrundsätze, Arbeitsordnungen etc.

Mit *Sozialordnung* bezeichnen wir die gelebte Beziehungsstruktur innerhalb der Unternehmung bzw. zwischen den Unternehmensmitgliedern. Einerseits beinhaltet die Sozialordnung die Sozialverfassung, soweit nämlich tatsächlich die gelebte Sozialordnung der als verbindlich erklärten formalen

Sozialverfassung entspricht. Andererseits kann man davon ausgehen, dass nicht alle formal festgelegten Beziehungsregelungen auch tatsächlich gelebt werden und es ist selbstverständlich, dass nicht alles formal geregelt werden kann. Deshalb sind Sozialverfassung und Sozialordnung nicht deckungsgleich und die Sozialordnung umfasst mehr als die Sozialverfassung.

Entsprechend der Unterscheidung in Unternehmen als rechtlich-soziale Einheit und Betrieb als technisch-ökonomische Einheit gibt es *Unternehmens- und Betriebsverfassungen*. Deren Inhalt sind nicht nur die Innenbeziehungen, also die Regelung der Beziehungen der Mitarbeiter bzw. Unternehmensmitglieder, sondern auch die Beziehungen der Unternehmung mit außenstehenden Institutionen und Personen, z. B. Kapitalgebern, Lieferanten, Kunden, Behörden usw. Deshalb umfasst die Unternehmensverfassung bzw. Betriebsverfassung mehr als die Sozialverfassung. Einerseits ist die Sozialordnung Teil der Unternehmensverfassung und Betriebsverfassung, andererseits kann sie auch wieder darüber hinausgehen, wie aus der Abgrenzung zwischen Sozialordnung und Sozialverfassung hervorgeht, weil sie nicht nur „verfasste" Regelungen beinhaltet.

Der Begriff *Unternehmenskultur* ist demnach der umfassendste. Er beinhaltet nicht nur die Beziehungsmuster im Innen- und Außenverhältnis der Unternehmensmitglieder, sondern darüber hinaus auch noch andere Phänomene bzw. Ausdrucksformen, oder – in der Sprache der Unternehmenskulturforschung – Artefakte und Symbole, wie z. B. die äußere und innere Architektur der Verwaltungs- und Produktionsgebäude, die technischen Anlagen, die Produkte und Dienstleistungen, das Image usw. So betrachtet ist die Sozialordnung einerseits Teil der Unternehmenskultur oder, anders herum, die Unternehmenskultur ist Ausdruck der Sozialordnung. Andererseits beeinflussen Elemente der Unternehmenskultur, z. B. die Architektur, die grundlegenden Werte

und die Weltanschauung die gelebte Sozialordnung als gelebte Beziehungsstruktur. Das heißt, die Unternehmenskultur
ist auch Bestimmungsfaktor für die Sozialordnung.

## 3.3 Vier Hauptgestaltungsfelder der Sozialordnung

Unseren Fallstudien liegt im Wesentlichen das im vorange-
henden Abschnitt charakterisierte Sozialordnungskonzept
zugrunde. Wir beschreiben also die *gelebte Beziehungsstruktur innerhalb des Unternehmens*, d. h. wie die Menschen in
der Unternehmung konkret miteinander umgehen, wie sie
z. B. in Besprechungen miteinander reden, wer an wen welche Aufträge und Weisungen erteilen kann und wie sie ent-
gegengenommen werden, wie die Arbeitsaufgaben auf die
Mitarbeiter verteilt sind, wie sie miteinander Feste feiern, wieviel Einfluss sie bei welchen Entscheidungen haben, wieviel
sie sich als Vergütung aneignen dürfen etc.

Um mehr Übersichtlichkeit für die Gestaltungsmöglichkeiten
und Gestaltungsnotwendigkeiten von Sozialordnungen zu gewinnen, teilen wir dieses komplexe Beziehungsgewirr in vier
grundlegende Gestaltungsbereiche ein, die immer und in jeder Unternehmung zu gestalten sind. Sie sind grundlegend,
weil sie auf alle übrigen Erscheinungsformen innerhalb der
Sozialordnung ausstrahlen. Zum Beispiel werden zwei Mitarbeiter, die Gesellschafter (Miteigentümer) ihres Unternehmens sind, bei wichtigen Entscheidungen in den entsprechenden Konferenzen gleichberechtigt sind und etwa gleich
viel verdienen, auch in verschiedenen anderen sozialen Situationen sich anders begegnen als zwei Mitarbeiter, bei denen
bezüglich Eigentum, Entscheidungsbefugnis und Verdienst
große Unterschiede bestehen.

Die vier Gestaltungsbereiche sind zwar durch Gesetze (z. B.
im Bereich des Gesellschaftsrechts, des Betriebsverfassungs-

rechts etc.) und durch andere äußere Rahmenbedingungen teilweise schon geregelt, dennoch bleiben große Gestaltungsspielräume.

Wir gehen mit anderen Worten davon aus, dass immer und in jeder Unternehmung mindestens folgende vier Sozialordnungsbereiche teilweise durch äußere Vorgaben bereits geformt, teilweise aber frei gestaltbar sind:

1. Die *dispositive Arbeitsgestaltung*, d. h. die Regelung der Entscheidungs- und Koordinationsrechte und -pflichten und der damit verbundenen Kommunikations- und Koordinationsprozesse. Wir denken hier an die dem einzelnen Arbeitsplatz bzw. der einzelnen Stelle übergeordneten Entscheidungs- und Koordinationsbefugnisse. Man spricht auch vom „Entscheidungs- und Koordinationssystem".
2. Die *materiell-inhaltliche Arbeitsgestaltung*, d. h. die Regelung der sog. Arbeitsinhalte der Mitarbeiter, d. h. die Tätigkeiten selbst, die auf den einzelnen Arbeitsplatz bezogenen Entscheidungs-, Kontroll- und Interaktions-Spielräume und die Arbeitsbedingungen, z. B. räumliche Gestaltung, Ausstattung mit Werkzeugen und Betriebsmitteln, Arbeitszeiten etc.
3. Das *Vergütungssystem*, d. h. die Regelung der schwierigen Frage, wer sich wieviel von dem Ergebnis bzw. den vorhandenen Ressourcen aneignen darf.
4. Die *Gestaltung der Eigentumsverhältnisse an der Unternehmung*, d. h. die Beantwortung der Frage, wem die Unternehmung gehört, wer sie z. B. verkaufen oder vererben darf.

Die folgenden Abbildungen 3 und 4 mögen in vereinfachter Form noch einmal das Grundkonzept der Hauptgestaltungsfelder von Sozialordnungen bildhaft darstellen.

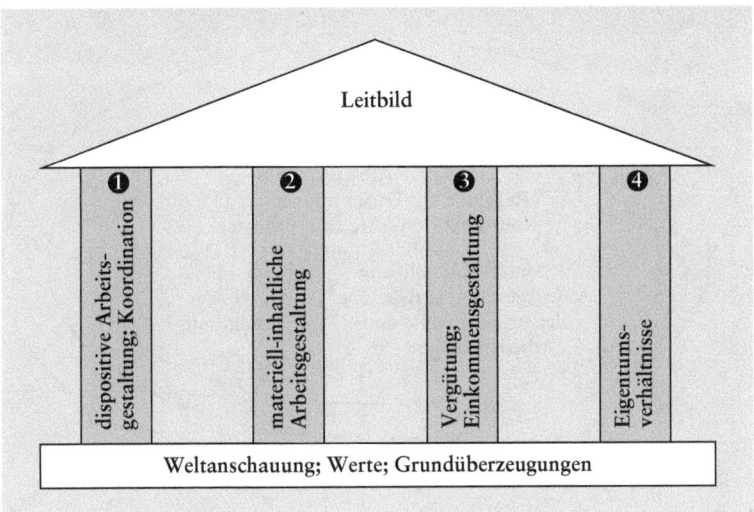

**Abb. 3:** *Die vier Säulen der Sozialordnung*

Abbildung 3 zeigt die vier Hauptgestaltungsbereiche von Sozialordnungen als Säulen eines griechischen Tempels, der auf dem Fundament von Weltanschauung, Werten und Grundüberzeugungen ruht, und dessen Giebel die formulierten Leitbilder und Grundsätze des Unternehmens sind. In der Wirklichkeit stehen die Hauptgestaltungsbereiche der Sozialordnung allerdings nicht wie Säulen nebeneinander, sondern greifen ineinander: die Entscheidungs- und Koordinationsrechte und -pflichten der Unternehmensmitglieder (dispositive Arbeitsgestaltung) sind in der Regel nicht unabhängig davon, welche konkret materiellen Arbeitsinhalte sie in der Unternehmung wahrnehmen und unter welchen Arbeitsbedingungen sie arbeiten (materiell-inhaltliche Arbeitsgestaltung), und auch das Vergütungssystem ist in der Regel mit diesen Regelungsbereichen verbunden. Die Eigentumsverhältnisse können sowohl als umfassende Rahmenbedingung für die drei genannten Gestaltungsfelder der Sozialordnung angesehen werden (vgl. Abb. 4), oder auch als ein auf die anderen Gestaltungsfelder ausstrahlender Kern (vgl. Abb. 5).

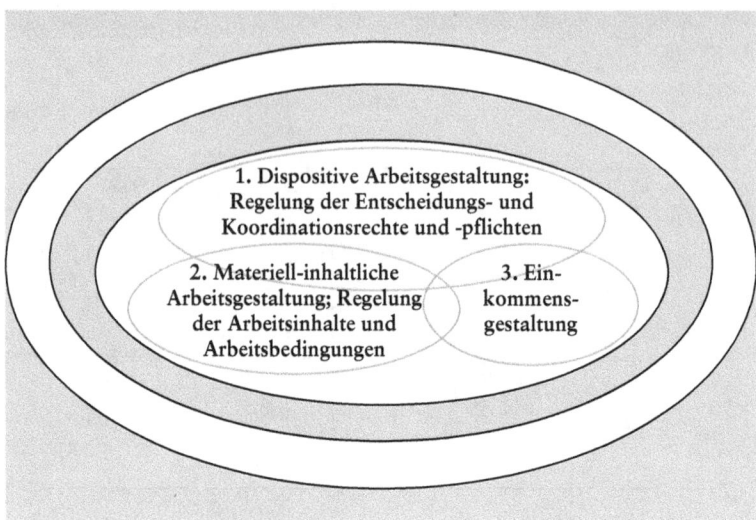

*Abb. 4:* Eigentumsverhältnisse als Rahmenbedingung einer Sozialordnung

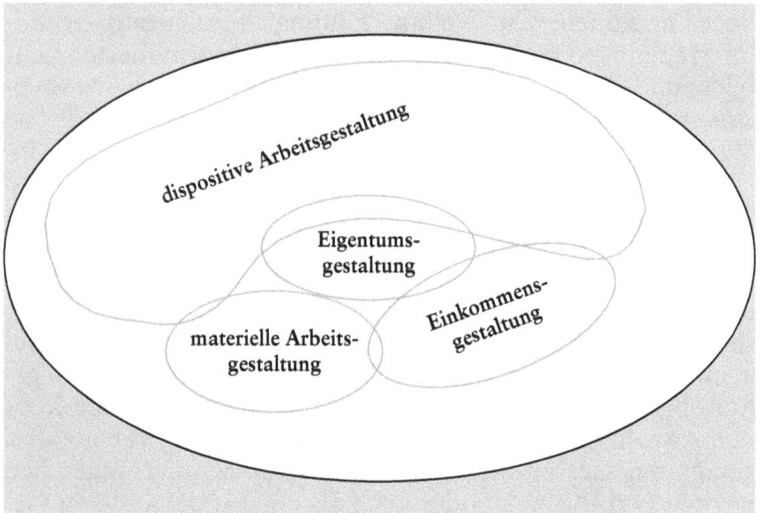

*Abb. 5:* Dispositive Arbeitsgestaltung als umfassendes Sozialordnungselement

## 3.4  Bestimmungsfaktoren der Sozialordnung

Im zweiten Abschnitt war die Rede von den äußeren Faktoren (neue Technologien, Veränderungen im Bildungswesen, Veränderungen wirtschaftspolitischer Rahmenbedingungen etc.), dem primären inneren Faktor (das Denken, Fühlen und Wollen der Unternehmensmitglieder) und dem sekundären inneren Faktor (die innere Unternehmensstruktur bzw. die Sozialverfassung). Die Sozialordnung einer Unternehmung ist demnach das Ergebnis innerer und äußerer Einflussfaktoren. KOTTHOFF/REINDL (1990) haben in einer gründlichen Untersuchung der Sozialordnungen von rd. 50 Klein- und Mittelbetrieben verschiedener Branchen und Regionen in Deutschland eine interessante Gestaltungsvielfalt verschiedener Sozialordnungen beschrieben, diese jedoch in die zwei großen Gruppen *gemeinschaftliche* und *instrumentalistische* Sozialordnungen eingeteilt.

*Gemeinschaftliche Sozialordnungen* werden wie folgt charakterisiert:

- Konsens- und Kooperation sind selbstverständlich;
- Der Betrieb wird als gemeinsames Projekt von Unternehmer und Mitarbeiter aufgefasst;
- Man versteht sich als Arbeits- und Interessengemeinschaft;
- Typisch für die Mitarbeiter sind Selbstaktivierung und Produzenten-Stolz.
(KOTTHOFF/REINDL, S. 354ff).

„Die Arbeiter in den gemeinschaftlichen Betrieben haben eine ausgeprägte Leistungsbereitschaft und Loyalität. Die Chefs können sich, ‚wenn's drauf ankommt‘, auf Extra-Leistungen verlassen. Konflikte um Leistung sind so gut wie unbekannt. Leistung ist auf der Interaktionsebene kaum ein sichtbares Thema. Die Chefs beklagen sich nicht über zu geringe Leistungsbereitschaft, im Gegenteil, sie sind hoch zufrieden. Obwohl es die unterschiedlichsten objektiven Leistungssituationen in den Betrieben gibt, beklagen sich die Arbeiter nicht über unverschämten Leistungsdruck der Chefs. Sie geben ihre Leistung freiwillig. Obschon diese Freiwilligkeit in

den verschiedenen Typen und Spielarten von Typen unterschiedlich
konkrete kognitive Voraussetzungen hat, so beinhaltet sie doch bei
allen vier Typen, dass die Arbeiter nicht angetrieben werden müssen, dass sie nicht danach trachten, ihre Leistung zurückzuhalten.
Von einem Kampf um Leistung ist nichts zu spüren. Die Arbeiter
erscheinen hier gar nicht als eine widerspenstige sperrige Größe, die
in den Kontrollgriff zu nehmen wäre. Wo im Akkord gearbeitet
wird, sagen sie, sie würden ohne Akkord genauso viel leisten. Auf
der anderen Seite sind sie auch nicht – wie oft unterstellt wird – un-
gezügelt arbeitswütig. Sie sind keineswegs auf Dauerhöchstleistung
aus, sie beuten sich nicht selbst aus, sie kennen Grenzen und würden die auch nicht reaktionslos überschreiten lassen. Die Unternehmer scheinen dieselben Grenzziehungen im Kopf zu haben. Je-
denfalls gibt es keine Klagen der Arbeiter über markante Über-
schreitungen ihrer ‚gewachsenen‘ Leistungsnorm, die freilich je
nach betrieblichen Umständen vom laissez faire des Maschinen-
baubetriebs Becker bis zur harten Leistungssituation in der ‚Not-
gemeinschaft‘, in den Bekleidungsbetrieben der ‚Bürgergesellschaf-
ten‘ und in den beiden ‚Imperien‘ gehen kann." (KOTTHOFF/
REINDL, 1990, S. 356).

Als Kennzeichen *instrumentalistischer Sozialordnung* werden genannt:

– Distanz zwischen Unternehmer und Arbeiter;
– Der Arbeiter wird von dem Unternehmer bzw. von der Unternehmensleitung in erster Linie als Instrument der Kapitalverwertung gesehen;
– Ausgeprägte Kontrollen verbunden mit Fremdheit, ja
Feindseligkeit zwischen Arbeiter und Unternehmensleitung.

„In den Betrieben mit einer instrumentalistischen Sozialordnung
deuten und handeln die Unternehmer nicht nach dem Grundsatz ‚es
kommt auf den Menschen an‘. Sie haben selbst keinen inneren Bezug zur Arbeits- und Sozialwelt ihres Betriebes. Selbst wenn sie sich
als Unternehmer stark ins Zeug legen, kommt keiner von ihnen auf
die Idee, dass das eine soziale Relevanz hat, ‚in der alles drinsteckt‘.
Sie gehen davon aus, dass ihr Plan und ihr System die Werte schafft
und nicht die Arbeitspersonen. Sie scheuen die unmittelbare
Berührung mit den Arbeitern und suchen daher die Distanz. Der Betrieb ist für sie kein gemeinsames Projekt. Sie lassen keine Verbundenheit aufkommen, sei es, weil sie ambitionierte Technokraten

sind oder sich den Betrieb aus mangelndem Interesse, Enttäuschung oder Gleichgültigkeit nicht zu eigen machen konnten. Der Betrieb reduziert sich für sie auf ein abstrakt-rechenhaftes Gebilde der Kapitalvermehrung. Sie sind Kapitalverwertungsspezialisten und nur das geworden. Die Arbeiter zählen nicht. Sie werden wahrgenommen und behandelt als ein manipulierbares und auswechselbares Instrument der Kapitalverwertung. Sie sind Zubehör und Betriebsmittel. Sie sind ein Störfaktor, der in den Kontrollgriff zu nehmen ist. Das Charakteristikum der ‚panoptischen' Unternehmer ist das emsige, systematische Feilen, Schleifen und Polieren am Mittelcharakter des Betriebsmittels Arbeiter, um es perfekt zu entstören. Die sozial wichtigste Folge daraus ist, dass die Arbeiter sich nicht beachtet und anerkannt fühlen. In den ‚Waisenhäusern' und in den ‚Seelenlosen Arbeitshäusern', die vorher eine gemeinschaftliche Sozialordnung gekannt haben (deshalb vor allem bei *Frederik*, *Theim* und *Just*) leiden sie unter der Unverbindlichkeit und Kälte des Instrumentalistischen. Das Erstaunliche ist ja, dass außer in den Coburger ‚Marktgesellschaften' die Arbeiter keine instrumentalistische Disposition mitbringen. Der Instrumentalismus ist einseitig. Er entspricht nur der Willensrichtung der Unternehmer. Gegen den Unternehmer aber kann keine Gemeinschaft entstehen. In diesen Betrieben kann kein Einverständnis aufkommen. Die notwendige Handlungskoordination erfolgt über personale und/oder technische Kontrolle und in Coburg einzig über den Preis. An die Stelle von Aufeinander-Zugehen tritt Gleichgültigkeit oder verhüllte Feindseligkeit der Chefs und Enttäuschung bei den Arbeitern." (KOTTHOFF/REINDL, 1990, S. 359f).

KOTTHOFF/REINDL machen eine ganze Anzahl von Einfluss- bzw. Bestimmungsfaktoren für die vorgefundenen Sozialordnungsmuster aus, die in Abbildung 6 kurz zusammengefasst werden.

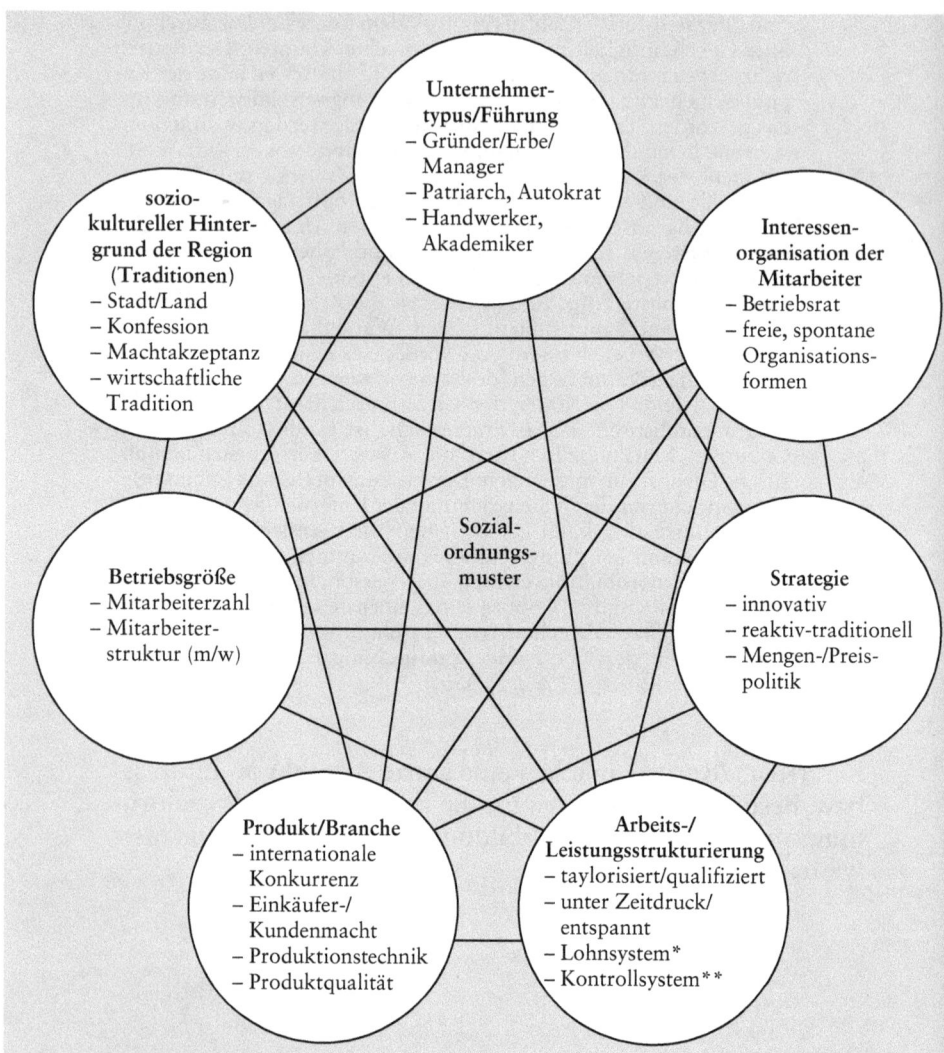

*Abb. 6: Hauptdeterminanten der Sozialordnungen*
*(in Anlehnung an* KOTTHOFF/REINDL, *1990)*

\*   (Akkord,
    Stundenlohn, ...
\*\* (Eigen-/Fremd-)

Wichtigster Bestimmungsfaktor für eine gemeinschaftliche oder instrumentalistische Sozialordnung war jedoch die Persönlichkeit des Unternehmers selbst, bzw. – noch genauer – dessen „Sozialcharakter". Damit bezeichnen die Autoren „eine bestimmte innere Bindung bzw. innere Distanz in der Lebensentwicklung und Lebensperspektive des Unternehmers zum Betrieb. Der Grad der biografischen Verschmelzung der Unternehmerpersönlichkeit mit dem Betrieb als Arbeits- und Lebenswelt ist der stärkste Faktor in der Genese einer gemeinschaftlichen bzw. instrumentalistischen Sozialordnung." (KOTTHOFF/REINDL, 1990, 385f).

Es zeigte sich eine verblüffende zahlenmäßige Beziehung zwischen dem Grad der biografischen Verschmelzung des Unternehmers mit dem Betrieb und dem Prozentanteil, mit dem die Betriebe der jeweiligen Unternehmergruppe eine gemeinschaftliche Sozialordnung aufwiesen, wie die folgende tabellarische Übersicht zeigt.

| Grad der biografischen Verschmelzung mit dem Betrieb | Anzahl Fälle | %-Anteil der Fälle mit gemeinschaftlicher Sozialordnung |
|---|---|---|
| a) Gründer | 14 | 100 |
| b) Sohn des Gründers bzw. Wiedergründer | 17 | 81 |
| c) Enkel (4) und Schwiegersöhne (5) | 9 | 22 |

*Abb. 7: Beziehung zwischen dem Sozialcharakter des Unternehmers und gemeinschaftlicher Sozialordnung (gemäß KOTTHOFF/REINDL, 1990)*

Wir finden darin unsere Annahme bestätigt, dass das Denken, Fühlen und Wollen derjenigen Menschen im Betrieb, die über große Einflusschancen verfügen, insbesondere auch Gründer, Eigentümer, Unternehmer, geschäftsführende Gesellschafter, Vorstände usw., die Sozialordnung besonders stark prägen. (Auch PETTIGREW, 1979, S. 573, verweist bereits auf den prägenden Einfluss des Unternehmers auf die Unternehmenskultur; vgl. auch WILLIAMS u. a., 1993, S. 63f, SCHEIN, 1995;

STAEHLE, 1998, S. 513). Deshalb wird in den Fallstudien den Weltanschauungen, Ideen und Leitbildern dieser Personengruppe besondere Aufmerksamkeit zugewendet.

Sozialordnungen sind unseres Erachtens in erster Linie Ergebnis menschlichen Denkens, Fühlens und Wollens und somit bewusst gestaltbar. Sie sind nicht zwangsläufiges Ergebnis äußerer Faktoren, etwa der Marktgegebenheiten, der Technik etc. Die in letzter Zeit oft zu hörende Klage, dass es zu wenig Unternehmer gäbe, ist unseres Erachtens auch ein Symptom für Gestaltungsdefizite bei den Sozialordnungen der Unternehmen. Vielleicht ist es nicht mehr besonders attraktiv für fähige Menschen, ihre Kräfte in ein Unternehmen einzubringen, dessen Ordnung grundsätzlich von Interessengegensätzen oder sogar Gegnerschaft zwischen Arbeit und Kapital geprägt ist, und die der Unternehmensleitung die Rolle des Antreibers, Rationalisierers und Leistungsfordernden zuschreibt, der im harten Wettbewerbskampf um das Überleben kämpft, der zwar Einfluss und Geld gewinnen, aber Mitmenschlichkeit verlieren kann.

# 4. Innovative Unternehmenskulturen und Sozialordnungen

Organisationale Innovationen, so hat u. a. der Wirtschaftsnobelpreisträger des Jahres 1993 DOUGLASS NORTH gezeigt, sind oft bedeutungsvoller für wirtschaftliche Entwicklungen als großartige technische Erfindungen (FAZ vom 13.10.1993). Während z. B. noch vor wenigen Jahren Gruppenarbeit in der Fertigung von vielen Fachleuten eher als geschickte schwedische Marketingstrategie dargestellt wurde, die kaum übertragbar sei, gilt sie heute allgemein als Erfolgsrezept. Auch Beteiligungen der Mitarbeiter am Kapital ihres Unternehmens, kollegiale, teamartige Entscheidungsprozesse bzw. flache Hierarchiestrukturen sind heute fast selbstverständlich geworden. Innovativ sind für uns nicht nur solche Unternehmenskulturen und Sozialordnungen, die neu, also noch nicht allgemein bekannt sind, sondern auch solche, die neue, zeitgemäße Gestaltungsfragen aufwerfen, um dafür angemessene Antworten zu finden. Solche zeitgemäßen Gestaltungsfragen könnten sein:

- Lässt sich die herkömmliche Trennung zwischen Arbeit und Kapital, bzw. Arbeitnehmern und Arbeitgebern mit den entsprechenden Einkommens-, Verantwortungs-, Risiko-, Motivations-Problemen überwinden?
- Wie kann der oft beklagten Initiativlosigkeit von Mitarbeitern, der „Dienst nach Vorschrift-Mentalität", Konsumentenhaltung, Anspruchs- statt Problemlösungsverhalten begegnet werden?
- Kann Fremdbestimmung, insbesondere die Übermacht organisationsfremder Kapitalgeber, vermieden werden?
- Gibt es Sozialordnungen, die dem Bild der lernenden Organisation nahekommen?
- Lassen sich die Ideale der individuellen Selbstverantwortung und der ökonomischen Effizienz vereinbaren?

Verwendete Literatur:

BLEICHER, K.: Zum Verhältnis von Kulturen und Strategien der Unternehmung, in: Dülfer, E. (Hrsg.): Organisationskultur. Phänomen – Philosophie – Technologie, 2. Aufl., Stuttgart 1992, S. 111-128.

FRESE, E.: Organisationstheorie, in: Frese, E. (Hrsg.): Handwörterbuch der Organisation, Stuttgart, 3. Aufl. 1992, Sp. 1706-1733.

KOLBINGER, J.: Kognitive Leitlinie organisatorischen Selbstverständnisses als Grundlage aufgabenbezogener „Personalpolitik", in: Wunderer, R. (Hrsg.): Humane Personal- und Organisationsentwicklung, Festschrift für Guido Fischer zu seinem 80. Geburtstag, Berlin 1979.

KOTTHOFF, H./REINDL, J.: Die soziale Welt kleiner Betriebe, Wirtschaften, Arbeiten und Leben im mittelständischen Industriebetrieb, Göttingen 1990.

KOTTHOFF, H./REINDL, J.: Sozialordnung und Interessenvertretung in Klein- und Mittelbetrieben, in: Betriebliche Sozialverfassung unter Veränderungsdruck, 1991, S. 114-129.

NOLTE, R.: Effizienzkriterien und –determinanten in der Organisationsliteratur. Diplomarbeit Universität Paderborn (Prof. Dr. K.-K. Pullig) 1991.

PETTIGREW, A. M.: On Studying Organization Cultures, in: Administrativ Science Quarterly, Vol. 24 (1979), S. 570-598.

SCHEIN, E. H.: Unternehmenskultur. Ein Handbuch für Führungskräfte, Frankfurt am Main/New York 1995.

STAEHLE, W. H.: Management, 8. Aufl., München 1999.

SZABO, E.: Anwendung der Prinzipien der „neuen" Anthropologie auf den Forschungsbereich Organisationskultur: eine ethnografische Studie in einem österreichischen Krankenhaus, Diss. Linz 1997.

WILLIAMS, A./DOBSON, P./WALTERS, M.: Changing Culture: New Organizational Approaches, 2. Aufl., London 1993.

# B

*Fallstudien innovativer*
*Unternehmenskulturen*
*und Sozialordnungen*

# 1. Die Unternehmen im Überblick

| Fall-studie Nr. | Unternehmen | Branche | Mitar-beiter-zahl | Um-satz Mio DM (Jahr) | „Motto" der Sozial-ordnung | Seite |
|---|---|---|---|---|---|---|
| 1 | Barthels-Feldhoff GmbH & Co, Wuppertal | Textil-weberei | 160 | 21 (1999) | „Kunst und Konferenzen" | 40 |
| 2 | Entwicklung und Gestaltung von Landschaft – EGL GmbH, Kassel | Land-schafts-planung/ Archi-tektur | 29 | 3,4 (1996) | „Partnerschafts-kultur" | 52 |
| 3 | Opel-Hoppmann GmbH, Siegen | Auto-mobil-handel | 242 | 122 (1999) | „Demokratie u. Gerechtigkeit im Betrieb" | 71 |
| 4 | C. Mollenhauer Flötenbau GmbH, Fulda | Musik-instru-menten-bau | 35 | 3,5 (1997) | „Auf der Suche nach dem sozialen Orga-nismus" | 85 |
| 5 | Plansecur-Gesell-schaft für Vermö-gensberatung und Vermittlung mbH, Kassel | Finanz-dienst-leistungen | 235 | | „Christsein im Unternehmen" | 94 |
| 6 | Risse & Co. GmbH, Warstein | Kunst-stoffver-arbeitung (Spritz-guss) | 140 | 27,7 (1999) | „Von den Idealen zur Normalität" | 119 |
| 7 | WALA-Heilmittel GmbH, Eckwälden | Pharma-zeutische Industrie | rd. 300 | 62,3 (1999) | „Im Einklang mit der Natur und individuelle Entwicklung" | 133 |

| Fall-studie Nr. | Unternehmen | Branche | Mitar-beiter-zahl | Um-satz Mio DM (Jahr) | „Motto" der Sozial-ordnung | Seite |
|---|---|---|---|---|---|---|
| 8 | WOB Marketing – Kommunikation AG, Viernheim | Werbe-agentur | 98 | 13,3 (1997) | „Ruhm, Spaß und Geld" | 156 |
| 9 | SNI AG, Paderborn | Computer | 35.850 | 15.400 (1998) | „Geplanter Unternehmens-kulturwandel" | 176 |
| 10 | Hotel ARKADE* *Name wurde geändert | Hotel-branche | 14 | 3,3 (1997) | „Arbeit als frei-willige Leistung für das Unter-nehmen und für seinen charis-matischen Ge-schäftsführer" | 215 |
| 11 | MLP Finanz-dienstleistungen AG, Heidelberg | Finanz-dienst-leistungen | 2.014 | | „Unternehmer im Unter-nehmen – tit for tat" | 240 |
| 12 | dm-drogerie markt GmbH & Co KG, Karlsruhe | Handel | 11.479 | 3.509 (1998) | „Bewusstseins-bildung in der Arbeits-gemeinschaft" | 264 |

# 2. Methoden der Datengewinnung

Hinweise in Zeitschriften, Nachfragen bei der Arbeitsgemeinschaft für Partnerschaft in der Wirtschaft (AGP) in Kassel, deren Geschäftsführer MICHAEL LEZIUS wir zu Dank verpflichtet sind, Präsentationen auf verschiedenen Tagungen und Konferenzen und mehr oder weniger zufällige persönliche und berufliche Kontakte standen am Anfang der Recherche nach innovativen Unternehmenskulturen und Sozialordnungen. Anschließend fragten wir brieflich bei dem in Frage kommenden Unternehmen an, ob ein Diplomand oder eine Diplomandin der Wirtschaftswissenschaft der Universität Paderborn zunächst telefonisch Kontakt mit dem Unternehmen aufnehmen könne, um die Möglichkeiten einer Untersuchung der praktizierten Unternehmenskultur bzw. Sozialordnung zu sondieren. Im positiven Fall folgten dann ein erster persönlicher Besuch des (der) Diplomanden (Diplomandin) im Unternehmen, um die weitere Vorgehensweise zu besprechen.

Der zeitliche Umfang der Recherchen und die Wege der Informationsgewinnung waren unterschiedlich und wurden ganz den jeweiligen Möglichkeiten und Restriktionen des Einzelfalls angepasst. Die folgende Übersicht zeigt, auf welche Weise die Informationen in den einzelnen Unternehmen gewonnen wurden, die den Schilderungen der Sozialordnungen zu Grunde liegen. In jedem Falle wurden Leitsätze, Geschäftsberichte, Internet-Dokumentationen und andere verfügbare unternehmenseigene Literatur herangezogen. Diese sog. Dokumentenanalyse wird deshalb in der Übersicht nicht mehr eigens erwähnt.

## Informationsgrundlage für die Schilderung
## der Unternehmenskulturen/Sozialordnungen

**Fallstudie 1:**
**Barthels-Feldhoff GmbH & Co, Wuppertal**
Recherchiert von: Volker Herling und Volker Küster
Methoden:          – Gespräche anhand selbst entwickelter
                   Gesprächsleitfaden mit dem geschäfts-
                   führenden Gesellschafter, dem Betriebs-
                   leiter, je einem ausgewählten Mitarbei-
                   ter aus Verkauf und Verwaltung, einem
                   Betriebsratsmitglied, einem Ausbilder
                   und 5 Auszubildenden
                   – Betriebsrundgänge
                   – Teilnahme an mehreren betrieblichen
                   Gesprächsrunden
                   – Einzelinterviews mit 6 Abteilungslei-
                   tern und 29 Produktionsarbeitern am
                   Arbeitsplatz oder in der Nähe der
                   Arbeitsplätze

**Fallstudie 2:**
**EGL GmbH, Kassel**
Recherchiert von: Michael Brechmann
Methoden:          – Mit nur wenigen Leitfragen
                   strukturierte Gespräche
                   · mit dem Geschäftsführer und
                   Mitbegründer
                   · einer jüngeren Prokuristin
                   · verschiedenen Projektmitarbeitern
                   · dem externen Steuerberater

Fallstudie 3:
Opel-Hoppmann GmbH, Siegen
Recherchiert von: Markus Spiekermann
Methoden:         – Problemzentrierte Interviews anhand
                    eines Leitfadens mit
                    · dem Geschäftsführer
                    · 6 Abteilungsleitern
                    · Betriebsratsvorsitzendem
                    Die Gespräche wurden auf Tonband
                    aufgenommen
                  – Auswertung von 51 Fragebogen


Fallstudie 4:
C. Mollenhauer GmbH, Fulda
Recherchiert von: Hans-Peter Mohr
Methode:          – Mehrere wenig strukturierte Gespräche
                    anhand eines Gesprächsleitfadens mit
                    · 4 leitenden Mitarbeitern
                    · 5 ausführenden Mitarbeitern
                  – Betriebsrundgänge


Fallstudie 5:
Plansecur Gesellschaft, Kassel
Recherchiert von: Christine Machwirth
Methode:          – Betriebsrundgänge
                  – Mehrere explorative Einzelgespräche
                  – 3 Gruppendiskussionen mit
                    je 8–18 Mitarbeitern
                  – Teilnahme an zwei firmeninternen
                    Seminaren
                  – Zwei 1,5 stündige Interviews anhand
                    eines Gesprächsleitfadens mit zwei
                    Gründungsgesellschaftern

**Fallstudie 6:**
**Risse & Co. GmbH, Warstein**
Recherchiert von: Alfred Ronczka
Methode:                    *Explorative Phase:*
                            – Betriebsrundgang
                            – Gespräche mit Abteilungsleitern und
                              anderen Führungskräften
                            – Teilnehmende Beobachtung in der
                              Produktion über eine Woche in ver-
                              schiedenen Abteilungen mit situativer
                              Befragung
                            – Zwei narrative Interviews
                              mit dem Unternehmensgründer
                              von je 4 Stunden Dauer
                            *Hauptuntersuchung:*
                            – Teilstrukturiertes Leitfadengespräch
                              über 3 Stunden mit dem geschäfts-
                              führenden Gesellschafter
                            – Interviews von 8 vom Geschäftsführer
                              ausgesuchten „Schlüsselpersonen":
                              mehrheitlich Mitarbeiter mit längerer
                              Betriebszugehörigkeit (>15 Jahre).
                              Durchschnittl. Interviewdauer 35 Min.
                              Grundlage war ein Interviewleitfaden,
                              der vorher an drei Mitarbeitern erprobt
                              und danach verbessert worden war.

**Fallstudie 7:**
**WALA-Heilmittel GmbH, Boll-Eckwälden**
Recherchiert von: Frank Balsliemke
Methode:          – Offen-natürliche Beobachtungen bei
                  Rundgängen, Betriebsfeiern (Advents-
                  feier);
                  – Insgesamt 12 Leitfaden-gestützte
                  Einzelgespräche mit
                  · dem Geschäftsführer
                  · einem Vertreter des Stiftungs-
                    vorstands
                  · 5 Ressortleitern
                  · 5 Gruppenleitern und
                  · Ausführungsmitarbeitern.
                  Die Gespräche wurden auf Tonband
                  aufgenommen

**Fallstudie 8:**
**WOB Marketing – Kommunikation AG, Viernheim**
Recherchiert von: Sylvia Nettelnstroth
Methode:          – Narratives Interview mit dem Gründer-
                  unternehmer als Basis für weitere,
                  zunächst wenig, dann zunehmend
                  strukturierte Gespräche.
                  – Anschließend teilstrukturierte Einzel-
                  gespräche anhand eines Interviewleit-
                  fadens. Die Ansprechpartner wurden
                  von der Firmenleitung benannt.
                  – Mehrere Tage Aufenthalt im Unterneh-
                  men mit spontanen Gesprächen und
                  Beobachtungen auf Grundlage eines
                  Beobachtungsleitfadens.

**Fallstudie 9:**
**SNI AG, Paderborn**
Recherchiert von: Birgit Pauli
Methode:              – Eigene Beobachtungen und Erfahrun-
                       gen während mehrerer vorangegange-
                       ner Betriebspraktika
                      – Mehrere Gespräche im Vorfeld der
                       Untersuchung mit
                        · Mitarbeitern
                         der Cultur Change Teams
                        · Mitarbeitern des Bereichs interne
                         Kommunikation
                        · Mitarbeitern des Bereichs
                         Personalwesen
                      – Erstellung eines ersten Fragenkatalogs,
                       der nach mehreren Probeinterviews
                       verbessert wurde
                      – Mündliche Einzelinterviews von
                       60–90 Min. Dauer mit 30 Mitarbeitern
                       mit mind. 3 Jahren Unternehmenszu-
                       gehörigkeit, alle am Standort Pader-
                       born, dem Hauptsitz der ehemaligen
                       Nixdorf Computer AG. Die Befragten
                       repräsentieren nahezu alle Funktions-
                       bereiche: Marketing, Vertrieb, Ferti-
                       gung, Forschung und Entwicklung,
                       Einkauf, Logistik, Personalwesen,
                       Lager.

**Fallstudie 10:**
**Hotel ARKADE**
Recherchiert von: Guido Schulze
Methode: Insgesamt wurden 21 Tage
im Unternehmen verbracht
– Beobachtungen in verschiedenen
Hotelbereichen und bei Mitarbeiter-
Zusammenkünften
– 9 wenig strukturierte Gespräche mit
dem Geschäftsführer
– Gespräche mit 11 Mitarbeitern aus
allen Funktionsbereichen mit insgesamt
je 4–7 Stunden Dauer, verteilt auf
2–4 Termine pro Mitarbeiter
– Ein Interview mit einem Hotel-
stammgast

**Fallstudie 11:**
**MLP Finanzdienstleistungen AG, Heidelberg**
Recherchiert von: Claudia Padberg
Methode: – Schriftliche Befragung anhand eines
Fragebogens mit frei formulierbaren
Antworten
· von 2 Geschäftsstellenleitern
· von 20 MLP-Beratern in zwei
verschiedenen Geschäftsstellen

**Fallstudie 12:**
**dm-drogerie markt GmbH & Co KG, Karlsruhe**
Recherchiert von: Frank Freyer
Methode:                  – Exploratives Gespräch mit
                            GL-Mitglied,
                            Ressort Personal & Revision
                          – Teilstrukturierte, problemzentrierte
                            Interviews am oder in der Nähe
                            des Arbeitsplatzes mit
                            · 2 GL-Mitgliedern, je 1,5 Std.
                            · 3 Bereichsleitern, je 1–3 Std.
                            · 2 Gebietverantwortlichen, je 1 Std.
                            · 5 Filialleitern, je $3/4$–1,5 St.
                            · 2 Filialmitarbeitern, je $1/2$ Std.
                            · 1 Auszubildender, $3/4$ Std.
                          – Gespräch mit dem geschäftsführenden
                            Gesellschafter und Gründer, 2 Stunden
                          – Rundgänge und Besuche von Büros
                            in der Zentralverwaltung;
                          – Teilnahme an einer Gruppenführung
                            durch das Verteilzentrum
                          – Besuch mehrerer Filialen mit der
                            Möglichkeit verdeckter Beobachtungen
                          – Teilnahme an einer Pressekonferenz
                            zum Geschäftsabschluss

# 3. Gliederung der Fallstudien

Die Fallstudien sind – mit Ausnahme der Fallstudie 9: SNI AG, Paderborn – nach folgendem Muster gegliedert, das allerdings bei den einzelnen Unternehmen etwas variieren kann:

Allgemeine Charakterisierung des Unternehmens (Branche, Entstehungsgeschichte, Kennzahlen etc.)

Schilderung innovativer Sozialordnungselemente

1. Prägende Persönlichkeiten und deren Ideen

2. Praktische Ausgestaltungen einzelner Sozialordnungselemente

2.1 Die dispositive Arbeitsgestaltung: Regelung der Kommunikations-, Entscheidungs- und Koordinationsrechte und -pflichten

2.2 Die materielle Arbeitsgestaltung: Regelung der Arbeitsinhalte, Arbeitsabläufe und der materiellen Arbeitsbedingungen

2.3 Die Einkommensgestaltung: Das Vergütungssystem bzw. die Gehaltsordnung bzw. die Wertschöpfungsverteilung

2.4 Die Gestaltung der Eigentumsverhältnisse

Erfahrungen, Schlussfolgerungen und Empfehlungen: Positive und negative Auswirkungen der beschriebenen Sozialordnungen; Erwartungen für die Zukunft etc.

In der Fallstudie zitierte Literatur

# Fallstudie 1    *Recherchiert von Volker Herling und Volker Küster*

# Barthels-Feldhoff GmbH & Co., Wuppertal-Barmen: „Kunst und Konferenzen"

## Allgemeine Charakterisierung

Das mittelständische Familienunternehmen wurde bereits 1829 von Philipp Barthels-Feldhoff gegründet. In der vierten Generation ging es an die Familie Colsman als Nachfahre über.

Die Stadt Wuppertal ist 1929 aus den damaligen Großstädten Barmen und Elberfeld sowie einigen bis dahin selbständigen Gemeinden entstanden. Bis zum Zweiten Weltkrieg war in dieser Region die Textilindustrie der wichtigste Wirtschaftszweig. In der zum Bergischen Land gehörigen Stadt kam es zu einer frühen Industrialisierung. Aufgrund der topografischen Lage im Tal der Wupper, und auch technologisch bedingt, entstand aber, im Gegensatz zur Nachbarregion Ruhrgebiet, kein großindustrielles Ballungsgebiet. Die Wirtschaftsstruktur entwickelte sich zu einer ausgeprägten mittelständischen Betriebs- und Unternehmensgrößenstruktur mit einer engen Vermischung von Wohn- und Betriebsstandorten (vgl. HÖDL/FLOERECKE/KALTER, 1993). Für diese Vermischung ist Barthels-Feldhoff, gelegen zwischen einer Wohn- und Geschäftshauszeile und der über die Wupper geführten Schwebebahn, ein ganz typisches Unternehmen.

Das Unternehmen produziert Geflechte, die vor allem als Schuhsenkel verarbeitet werden. Weitere Verwendungszwecke sind Kordeln für die Bekleidungsindustrie, Fallschirmleinen und andere Bänder.

Der Jahresumsatz betrug im Jahre 1999 21 Mio. DM, hiervon wurden 35 % im europäischen Ausland erzielt.

## Innovative Sozialordnungselemente

### 1. Die Ideen des Unternehmers Erich Colsman

Die Leitperson für die Unternehmenspolitik von Barthels-Feldhoff ist Erich Colsman. Er ist als geschäftsführender Gesellschafter und als gleichzeitiger Verkaufsleiter maßgeblicher Initiator der Unternehmenskultur. Sein Vater und Vorgänger als Geschäftsführer, Udo Colsman, wurde als ein Unternehmer mit einem patriarchalischen Führungsstil beschrieben. Von seinem Vater sicherlich zu einem Teil geprägt, entwickelte sich der Führungsstil und das Unternehmensverständnis bei Erich Colsman, der seit Anfang der 70er Jahre im Unternehmen tätig ist, aus dem ganzheitlichen Menschenbild der Anthroposophie. Für ihn, so sagt Erich Colsman, „ist der Mensch nicht denkbar als einer, der am Werkstor seine Seele und sein Ich abzugeben hat und nur noch mit seinen Gliedern und mit seinem Gehirn, als Computer gedacht, funktioniert."

Ganzheitlich meint also hier, den Menschen im Unternehmen in seinem umfassenden Menschsein in seine Überlegungen und in sein Handeln einzubeziehen und zu berücksichtigen. Weiter ist für ihn wichtig, die persönlichen Entwicklungswünsche und -bedürfnisse aller Arbeitnehmer ernst zu nehmen und die Arbeitsorganisation möglichst so zu gestalten, dass jeder Mensch ein Stück Unvorhersehbares einbringen kann und nicht alle Strukturen und Arbeitsabläufe vorgedacht bekommt, sondern immer dann, wenn sich Gelegenheit dazu ergibt, etwas für sich und das Unternehmen Sinnvolles und Unverwechselbares gestalten kann.

Diese Lebenseinstellung spiegelt sich in der gesamten Unternehmenspolitik wider. Erich Colsman sagt aber ganz klar, dass ein Unternehmen *nur* nach betriebswirtschaftlichen Gesichtspunkten erfolgreich zu führen sei. So sei die Anthroposophie eine Erkenntnistheorie und kein Programm. Erich Colsman ist zunächst einmal ein Unternehmer am Markt, ein Kaufmann, der versucht, das Unternehmen auf der Grundlage aller betriebswirtschaftlichen Gesetze und Grundregeln in eine erfolgreiche Zukunft zu führen. Dennoch kommt immer wieder die Einstellung zum Vorschein, dass soziales Engagement und Gewinnstreben keine Gegensätze sein dürfen. Jeder Unternehmer hat für Erich Colsman nicht nur die Aufgabe, Gewinne zu erzielen, sondern auch die, eine gute Unternehmenskultur zu schaffen. Dies ist, zumindest zum Teil, natürlich auch mit Kosten verbunden. Doch diese seien im Vergleich zum gesamten Kostenbild des Unternehmens sehr gering und werden in Form einer höheren Motivation und der damit verbundenen Leistungssteigerung zurückkommen. Colsman ist sich bewusst, dass diese Einstellung nicht allgemeine Zustimmung findet, doch sei hier ein Wandlungsprozess im Gange. „Als wir dieses System in der wirtschaftlichen Krise der 70er Jahre entwickelt haben, sind wir verlacht worden. Heute beginnt man sich dafür zu interessieren und zu begreifen, dass für ein Unternehmen Fragen wie die Handlungsfähigkeit und Persönlichkeitsbildung seiner Mitarbeiter eine Herausforderung sind."

## 2.    Praktische Ausgestaltungen

### 2.1    Die dispositive Arbeitsgestaltung: Regelung der Kommunikations-, Entscheidungs- und Koordinationsrechte und -pflichten

Dem Gespräch, der Kommunikation und dem Miteinander wird im Hause Barthels-Feldhoff große Bedeutung beigemessen.

An der *Monatsrunde* nehmen 19 Teilnehmer teil: die Geschäftsführung, die Vertriebsbereichsverantwortlichen, der Leiter Rechnungswesen, der Betriebsratsvorsitzende, die Fertigungsabteilungsleiter. Sie dauert drei bis vier Stunden. Hier werden Vertriebs- und Kosten-Planzahlen vorgestellt und abgestimmt und die kurzfristige Erfolgsrechnung präsentiert. Ein solches Maß an Transparenz der wirtschaftlichen Daten ist bei einem Unternehmen dieser Größe und Rechtsform nicht üblich. Die Firma Barthels-Feldhoff GmbH & Co. verspricht sich aber davon, durch klare Fakten und Zahlen jedem Mitarbeiter, teilweise über die Abteilungsleitung, zu vermitteln, in welcher wirtschaftlichen Lage sich das Unternehmen zum jeweiligen Zeitpunkt gerade befindet, welche Umstände dazu geführt haben und welche Schritte erforderlich werden.

Eine weitere Funktion der Monatsrunde ist ein kurzer Bericht über die geplanten Projekte der Unternehmen innerhalb der Holdingstruktur. Jeder Verantwortliche berichtet aus und über seinen Bereich, erläutert Plan- und Istzahlen, die möglichen Gründe für die Abweichungen, versucht eine Prognose für den kommenden Geschäftsmonat und das laufende Geschäftsjahr abzugeben und stellt sich den hierbei aufkommenden Fragen.

Die *Gruppe neue Geschäftspolitik* trifft sich fünfmal im Jahr in Räumlichkeiten außerhalb des Unternehmens für eineinhalb Tage. In dieser Konferenz wird über grundsätzliche Fragen der Unternehmenspolitik gesprochen. Die oben beschriebene Monatsrunde ist dieser Konferenz vorgeschaltet, so dass die in dem monatlichen Treffen verbreiteten und diskutierten Fragen, Zahlen und Fakten nicht mehr erläutert werden müssen. Die Gruppe neue Geschäftspolitik kann sich so ganz den grundsätzlichen Fragen der Unternehmenspolitik widmen.

Täglich um 10 Uhr morgens ist die Zusammenkunft der *Morgenrunde*. Diese seit Anfang der 80er Jahre bestehende Kon-

ferenz ersetzt vor allem einen Teil der Aufgaben einer sonst
oft sehr arbeitsintensiven Abteilung „Arbeitsvorbereitung".
An der Morgenrunde nehmen – natürlich in Abhängigkeit
von der Anwesenheit im Haus – der Betriebsleiter, der Einkaufsleiter, die betrieblichen Abteilungsleiter, die Verkaufs-
sachbearbeiter und ein Vertreter des Labors teil. Diese Ge-
sprächsrunde ist vor allem durch einen hohen Informationsaustausch und schnelle Reaktionen gekennzeichnet. In teilweise parallel ablaufenden Abstimmungsprozessen, an denen
sich alle Anwesenden beteiligen, wird die Feinabstimmung
der Produktion vorgenommen. Jeder Teilnehmer scheint zu
wissen, wie er in kurzer Zeit sein Anliegen transparent machen und den jeweils Verantwortlichen kurz und präzise informieren kann. Tritt ein Mangel an bestimmten Warenbe-
ständen auf, so wird versucht, diesen durch die Einleitung
entsprechender Maßnahmen möglichst schnell zu beseitigen.
Die Reihenfolge von dringenden Aufträgen wird in dieser
Konferenz festgelegt. Bei eventuellen Qualitätsmängeln wird
die Ursache diskutiert oder erläutert. Tritt in einzelnen Abteilungen ein Personalmangel oder -überschuss auf, so wird
dieser in der Morgenrunde besprochen und für einen Ausgleich gesorgt.

Die eine knappe halbe Stunde tagende Morgenrunde ist zwar
äußerlich ein spontanes, ungeleitetes Gespräch, sie stellt jedoch, so Erich Colsman, „die Teilnehmer vor die Herausforderung einer erheblichen Gesprächsdisziplin." Weiter führt er
aus: „Daran (an dieser Gesprächsdisziplin) ist der Teilneh-
merkreis spürbar gewachsen. Seine Mittlerfunktion in der
Hierarchie zwischen oben und unten haben die Teilnehmer
immer bewusster aufgenommen." Gerade die Anwesenheit
aller Verantwortlichen oder Betroffenen erleichtert die Abstimmung der Auftragsbearbeitung. Lange Wege bei etwaigen
Rückfragen, und kostenintensive Zeitverluste entstehen so
erst gar nicht.

An jedem Mittag trifft sich für ungefähr 15 Minuten die *Terminrunde*. Sie dient der Abstimmung aktueller Liefertermine zwischen dem Betrieb und dem Verkauf. Diese zusätzliche kleine Konferenz ist erst in den letzten Jahren neu hinzugekommen. Sie ersetzt einen weiteren Teil der Aufgaben einer Arbeitsvorbereitung.

Bei der Termin- wie auch bei der Morgenrunde fällt auf, dass die Teilnehmer, ohne auf irgendwelche private Themen zu kommen, ihre betrieblichen Anliegen vorbringen, erledigen und zum Abschluss der Runden unverzüglich zu ihren Arbeitsplätzen zurückkehren.

## 2.2 Die materielle Arbeitsgestaltung und Einkommensgestaltung: Arbeitszeitregelungen und Entlohnungsformen

Zwischen der Arbeitszeitgestaltung und der Entwicklung der Löhne und Gehälter besteht eine enge Verknüpfung. Rechtliche Basis ist hier vor allem der „Tarifvertrag des Verbandes für die nordrheinische Textilindustrie". Daneben ist besonders das 1996 abgeschlossene „Textil-Bekleidungs-Bündnis für Beschäftigung und Ausbildung" von Bedeutung. Dieses Bündnis zielt vor allem auf Flexibilisierungen ab.

Um auch in der Produktion flexibler auf das unterschiedlich anfallende Arbeitsvolumen eingehen zu können, wurden *Arbeitszeitkonten* eingeführt.

Voraussetzung für die Einführung von Arbeitszeitkonten war ein gleichbleibender Monatslohn. Dieser wird auf der Basis der schriftlich fixierten Wochenarbeitszeit berechnet. Als Probeabteilung für die Arbeitszeitkonten wurde die Färberei ausgesucht. Dieser Bereich arbeitet relativ autonom von der restlichen Produktion. Somit waren keine Störungen auf die gesamte Produktion zu befürchten. Eingebettet in die tarifliche

Wochenarbeitszeit von 37 Stunden arbeiten die dort Beschäftigten seit Anfang 1995 nicht mehr in ihrem festen Turnus, sondern passen ihre Arbeitszeiten der jeweiligen Auftragslage an.

So kommt es vor, dass sie in einer Woche lediglich vier Tage arbeiten und nur 32 Stunden gutgeschrieben werden, in anderen Wochen aber bis zu 48 Stunden tätig sind. Saldiert werden die Stunden auf dem Arbeitszeitkonto, welches monatlich erstellt wird. Dies ermöglicht der Produktion einen wesentlich höheren Grad der Flexibilität in der Gestaltung der Arbeitszeit und verhindert gleichzeitig, dass bei Produktionsengpässen Überstundenzuschläge gezahlt werden müssen. Gleichzeitig ermöglichte man den Arbeitnehmern eine zunehmende Flexibilisierung der Arbeitszeiten, die, nach betrieblicher Absprache, ein erhöhtes Maß an individuellen Freiheiten bot. Obwohl dieses Modell nach der Einführung zunehmend Akzeptanz unter den Beschäftigten fand, kristallisierte sich ein zentrales Problem heraus. Den Arbeitnehmern war nur schwer zu vermitteln, welche Auswirkungen in der Trennung von Zeit- und Geldkonten bestanden. Viele Mitarbeiter konnten nicht zwischen diesen beiden Begriffen differenzieren, da für sie jahrelang ein direkter Zusammenhang zwischen ihrer geleisteten Arbeit und dem daraus folgenden Lohn bestanden hatte. Folglich wurden Stunden gehortet, um in diesem Konto möglichst nicht ins Minus zu geraten. Um dieses Problem transparent zu machen und den Arbeitnehmern ihre Befürchtungen vor dem neuen Abrechnungssystem zu nehmen, waren viele Gespräche erforderlich.

Gleichzeitig bemerkte man, dass für den Fall einer Erkrankung eines Mitarbeiters keine verbindliche Regelung für die Berücksichtigung seiner Fehlzeit auf dem Zeitkonto vorgesehen war. Eine Lösung wurde in der Form erzielt, dass die Arbeitszeit jeweils wöchentlich bestimmt und bis spätestens am Donnerstag der Vorwoche festgeschrieben wird. Fällt ein Mitarbeiter aus, so wird diese festgelegte Zeit für die eine Woche seinem Arbeitszeitkonto gutgeschrieben. Dauert die Erkrankung länger als eine Woche an, sind also keine weiteren Zeitvorgaben erstellt worden, setzt man einen Durchschnittswert ein, der sich aus der Jahresarbeitszeit ergibt. Hierzu ein Beispiel: Ein Arbeitnehmer mit einer tariflichen 37-Stunden-Woche erkrankt für zwei Wochen. Für die erste Woche waren laut Wochenarbeitsplan 40 Stunden Arbeitszeit vorgesehen. Der Mitarbeiter erhält folglich auf dem Arbeitszeitkonto 40 Stunden für die erste und 37 Stunden für die zweite Fehlwoche gutgeschrieben.

Seit Februar 1997 ist die Erprobungsphase abgeschlossen und für alle Produktionsabteilungen in die Betriebsverfassung übernommen worden. Die wöchentliche Arbeitszeit wird bis spätestens am Donnerstag der Vorwoche durch die jeweiligen Abteilungsleiter festgelegt. Diese kann sich im Spektrum von 0–48 Stunden pro Woche bewegen. Hierdurch soll kurzfristig sichergestellt werden, dass sich die Arbeitszeit der Beschäftigungslage in den einzelnen Abteilungen anpassen kann. Gleichzeitig entfallen für das Unternehmen die Zuzahlungen für geleistete Überstunden in Spitzenzeiten. Eventuelle Abweichungen werden im Arbeitszeitkonto erfasst und am Jahresende saldiert. Bis zu fünfzig Stunden darf vom Jahres-Durchschnittswert abgewichen werden. Bei Überschreiten dieser Toleranzgrenze ist eine Überprüfung der Gründe durch die Geschäftsleitung in Zusammenarbeit mit dem Betriebsrat vorgesehen.

In den einzelnen Abteilungen hat man unterschiedliche Erfahrungen mit dem Arbeitszeitkonto gemacht. So gehen die Mitarbeiter in einem Bereich, wenn es die Produktion erlaubt, freiwillig früher, in anderen Abteilungen hingegen müssen die Abteilungsleiter ihre Mitarbeiter ständig zu Stundenabbau bewegen. Gerade in diesen Abteilungen kommt es auch verstärkt zum Phänomen des Stundenhortens.

Während für die Verwaltung seit jeher konventioneller *Zeitlohn* gezahlt wird, hat ein Großteil der gewerblichen Mitarbeiter bis April 1996 *Akkordlohn* erhalten, als dieser durch Zeitlohn ersetzt wurde. Hierfür wurden die einzelnen Tätigkeiten in Lohngruppen zusammengefasst, die an das tarifliche Tätigkeitsverzeichnis angelehnt sind. Pro Abteilung sind zwei bis vier unterschiedliche Lohnsätze gültig. Die Einstufung der einzelnen Mitarbeiter in diese Lohngruppen erfolgt durch die jeweiligen Abteilungsleiter in Verbindung mit dem Betriebsleiter. Das Lohnsystem ist derart gestaltet, dass neben der zur Zeit auszuführenden Tätigkeit auch ein Bonus für zusätzliche Qualifikationen gezahlt wird, obwohl diese am momentanen Arbeitsplatz vielleicht gar nicht erforderlich sind. Generell sollen so die Fachkompetenz und die Flexibilität des Arbeitnehmers belohnt werden. Ein abteilungsübergreifendes Denken wird geschult und damit das Unternehmensverständnis gefördert, den Betrieb als Ganzes wahrzunehmen und nicht nur aus der beengten Perspektive des eigenen Arbeitsplatzes und Tätigkeitsfeldes zu sehen.

Die Umstellung des Verdienstes von Akkordlohn auf Zeitlohn erfolgt auch deshalb ohne größere Probleme, weil sich die meisten Beschäftigten finanziell nicht verschlechtert haben. Nur einige, vor allem die besonders „Akkordtüchtigen", mussten geringe finanzielle Einbußen hinnehmen, die allerdings nicht gravierend waren. War das gleichbleibende Einkommensniveau sicherlich eine Grundvoraussetzung für die Akzeptanz dieses neuen Systems, muss für die weitere Lohnentwicklung jedoch gesagt werden, dass durch die fehlende ständige Anpassung, die bei dem Akkordsystem notwendig war, die Möglichkeiten zur Lohnsteigerung für den einzelnen Arbeiter nicht mehr so groß sind. Zu der Frage, ob denn bei diesem Zeitlohnsystem die Kontrolle der einzelnen Arbeitnehmer noch gegeben ist, führt Erich Colsman aus, dass ein „guter Abteilungsleiter, ob in der Verwaltung oder in der Produktion, nach einigen spontanen Rundgängen sehr wohl differenzieren (kann), wo kontinuierlich gearbeitet wird und wo ein Gespräch notwendig wird."

Zusätzlich wird bei Barthels-Feldhoff eine sog. *Wertschöpfungsprämie* gezahlt, eine Art Ergebnisbeteiligung auf der Verteilungsgrundlage der individuellen Monatslöhne.

Als eine Form der Beihilfe besteht seit Anfang des Jahrhunderts der *Unterstützungsverein*. Diese Tradition wurde auch weitergeführt von Udo Colsman, dem Vater des jetzigen Geschäftsführers, der in der Nachkriegszeit seinen Mitarbeitern bei finanzieller Not durch einen Griff in seine eigene Geldbörse spontan aushalf. Die vorrangige Aufgabe des Unterstützungsvereins ist laut Satzung, noch tätigen oder bereits aus dem Unternehmen ausgeschiedenen Mitarbeitern und deren Angehörigen in unverschuldeter Not und Bedürftigkeit eine einmalige Unterstützung zukommen zu lassen.

## 2.3 Kunst und Kreativität

Das Unternehmen Barthels-Feldhoff legt großen Wert auf die kreative Gestaltung des Arbeitsumfeldes. Diese künstlerischen Aspekte sind an zahlreichen Gestaltungen in und an den Gebäuden festzustellen. Im Gegensatz zu oft tristen Treppenhäusern und Fabrikationsetagen anderer Betriebe fallen hier bei einem Betriebsrundgang immer wieder besondere Farbgestaltungen, Bilder und Grafiken auf. Die Fenster der teilweise aus dem vorigen Jahrhundert stammenden Gebäude sind farbig gestaltet. Die Maschinensäle sind, im Gegensatz zum eintönigen Grau von Betonwänden, in angenehmen Pastell-Farbtönen gestrichen.

Selbstverständlich sind diese Gestaltungen nicht nur um der Ästhetik willen und zur Werterhaltung der Gebäude geschaffen worden. So sagt Erich Colsman: „Wir haben uns für die Kunst nicht um der Kunst, sondern um der Arbeitswelt willen entschieden." Und weiter: „Wir versuchen, den Sinnen der Menschen, die hier arbeiten, Abwechslung zu geben." Das Unternehmen will durch eine bewusste Gestaltung der Be-

triebsräume und für den einzelnen Mitarbeiter die Attraktivität der Arbeit soweit wie möglich steigern und den Arbeitnehmern ein Umfeld bieten, welches „die Grundstimmung
der Arbeit hebt", wie es der Mitarbeiter Heiko Schepfer bei
einer Betriebsführung ausdrückt. Die betrieblichen Arbeitsplätze, die zum großen Teil durch Lärm, teilweise nicht zu
vermeidende Geruchsbildung und Monotonie gekennzeichnet sind, sollen durch diese Gestaltungen aufgewertet werden.

Das Gespräch mit dem Betriebsrat zeigte aber auch, dass diese künstlerischen Elemente nicht nur auf positive Reaktionen
stoßen. Ohne Zweifel, so gibt auch der Betriebsratsvorsitzende zu, hat sich seit der Geschäftsführung von Erich Colsman
viel an und in den Gebäuden getan. Ohne Zweifel wurde viel
zur Werterhaltung und Wertsteigerung investiert. Doch müssen seiner Meinung nach alle diese Ausgaben in einem ver-
tretbaren Verhältnis zur Lohn- und Gehaltspolitik stehen.
Weiter sieht er die Gefahr, dass viele rein künstlerische Gestaltungen nach einiger Zeit und nach täglich mehrmaliger
flüchtiger Betrachtung nicht mehr wahrgenommen werden.

Der künstlerische Aspekt in der Arbeitswelt bei Barthels-
Feldhoff spiegelt sich auch in dem Bestreben wider, schon bei
den Auszubildenden die Fähigkeiten des schöpferischen Denkens zu entwickeln. Es wird ihnen eine über die normale
Fachausbildung hinausgehende Schulung durch einen zusätzlichen *betrieblichen Kunstunterricht* geboten. Der Grundgedanke dabei ist, dass kreative Mitarbeiter auch flexibler
einsetzbar sind. Was im Kopf erdacht oder verstanden worden
ist, muss durch die Hand ausgeführt werden. Dies ist eine
Fähigkeit, die beim Malen und Gestalten sicherlich gefördert
wird. So wird erwartet, dass auch auf neue Arbeitsabläufe
und sich immer wieder ändernde Situationen im Berufsleben
schneller und besser reagiert werden kann.

Wöchentlich treffen sich alle Auszubildenden, zur Zeit sechs
junge Mitarbeiter, für drei Stunden in einem großen Raum,

der außer nach dem Konferenzsystem angeordneten Tischen auch durch Zeichenbrett, Porträtskizzen an den Wänden, diverse Gymnastikbälle und Bodenmatten auffällt.

Da sich die Gruppe sowohl aus Auszubildenden der Verwaltung wie auch der Produktion zusammensetzt, ist bald klar, dass es sich nicht primär um die Fortsetzung und Vertiefung des berufsschulischen Unterrichts handeln kann. Auch ist der Leiter dieser Veranstaltung kein Lehrer im klassischen Sinne: Michael Englert ist freiberuflicher Maler, Grafiker und Kunsttherapeut. Er steht seit 1979 im Dienst des Betriebes. Seine Aufgabe beschreibt er als Erlebnispädagogik. In Absprache mit der Geschäftsleitung ist ein Rahmenplan erstellt worden, in dessen Grenzen Michael Englert seinen Unterricht gestaltet. Tragende Elemente sind künstlerische Tätigkeiten wie Malen, Zeichnen, plastisches Gestalten oder das Bearbeiten von Holz. Allerdings sind auch betriebsrelevante Prozesse, wie die Wahl einer Jugendvertretung, Inhalte dieser Veranstaltung.

In der Fallstudie zitierte Literatur:

HÖDL, E./LOERECKE, P./KALTER, B.: Ökonomische Strukturanalye der bergischen Großstädte Wuppertal – Solingen – Remscheid, Wuppertal 1993.

# Fallstudie 2    *Recherchiert von Michael Brechmann*

# EGL – Entwicklung und Gestaltung von Landschaft GmbH, Kassel: „Partnerschaftskultur"

## Allgemeine Charakterisierung

Die „Gesellschaft für Entwicklung und Gestaltung von Landschaft mbH", kurz EGL, ist ein Planungs- und Entwicklungsbüro von Außenarchitektur, d. h. der Freiraum-, Grünordnungs-, Stadt-, Verkehrs- und Landschaftsplanung.

Die Gesellschaft hat fünf Büros: in Kassel (Firmensitz), Leipzig, Hamburg, Lüneburg, Landshut und Gotha.

Das Unternehmen wurde 1969 zunächst als Verein am Lehrstuhl von Professor Günther Grzimek an der damaligen Hochschule für Bildende Künste (HBK) in Kassel gegründet. Die Organisation, die seit 1973 die Rechtsform der GmbH hat, wurde von Kassel aus durch die Regionalbüros erweitert.

Jedes Regionalbüro hat einen eigenen Regionalgeschäftsführer und eine eigenständige Verwaltung. Des Weiteren gibt es einen Geschäftsführer für zentrale Aufgaben am Firmensitz in Kassel.

Die EGL ist als Partnerschaftsmodell aufgebaut, an dem die Mitarbeiter die Kapitalmehrheit besitzen. Neben dem Wohlergehen des Betriebes sollen so auch soziale und kulturelle Vorstellungen verwirklicht werden.

Die heute 29 Mitarbeiter der EGL setzen sich aus 25 Landschaftsarchitekten und Ingenieuren der Fachrichtungen Objekt- und Landschaftsplanung, sowie vier technischen und kaufmännischen Mitarbeitern zusammen. Dazu kommt noch eine wechselnde Anzahl von Studenten als Pflichtpraktikanten und Werkstudenten.

Der Umsatz lag 1996 bei ca. 3,35 Millionen DM.

Die Aufträge der Gesellschaft kommen zu etwa 70 Prozent von der öffentlichen Hand. Die verbleibenden 30 Prozent kommen von der Privatwirtschaft, ein geringfügiger Anteil von Privatpersonen. Häufig handelt es sich um sehr umfangreiche Aufträge, so dass ein ganzer Stab von Mitarbeitern mehrere Jahre mit einem einzelnen Auftrag beschäftigt sein kann. Der Schwerpunkt liegt bei Aufträgen in der Größenordnung von 30.000 DM bis 80.000 DM.

## Innovative Sozialordnungselemente

### 1. Die Ideen des Geschäftsführers Arnim Koch und der Gründungsgesellschafter

Die Eindrücke im väterlichen Architekturbüro hatten bei Arnim Koch die Vorstellung hervorgerufen, „die Organisation eines Architekturbüros völlig anders zu gestalten". Ein klassisch patriarchalischer Führungsstil, wie er zu Hause herrschte, kam für ihn nicht in Frage. Das Bild seines Vaters, der morgens stets von einem Arbeitsplatz zum nächsten ging und die dort angefertigten Arbeiten seinen eigenen Vorstellungen anpasste, war für ihn eher „ein abschreckendes Beispiel anstatt ein Vorbild". Aus den gesellschaftlichen Umbrüchen in Deutschland Ende der 60er Jahre heraus keimte seine Idee, etwas völlig Neues zu entwickeln: Ein Büro, in dem jeder sein eigener Chef ist und das allen Beschäftigten ein höchstes Maß an Selbstverwirklichung ermöglicht. Ein hoher fachlicher Qualitätsanspruch sollte ebenso erfüllt sein, wie die soziale und humane Komponente menschlicher Arbeit im Mittelpunkt zu stehen hatte. Für Arnim Koch sollte ein Unternehmen ein Zusammenschluss von „selbst bestimmenden und für sich selbst verantwortlichen", also freien Mitarbeitern sein. Die Organisation sollte nur der Rationalität, z. B. der Verwaltung oder des gemeinsamen Auftretens wegen erfolgen. Innovationen, die ein solches Büro hervorbringen würde, sollten sozialen Zwecken und demokratischen Zielen genauso dienen wie den eigenen Mitarbeitern.

## 2.    Praktische Ausgestaltungen

### 2.1    Die Gestaltung der Eigentumsverhältnisse

Grundlage der mitarbeitergeführten Unternehmung ist bei der EGL die substanzielle Kapitalbeteiligung aller im Unternehmen Beschäftigten. So hat im Regelfall jeder Mitarbeiter nach zwei Jahren Betriebszugehörigkeit die Möglichkeit, sich mit einer Einlage von zur Zeit mindestens 2.000 DM als Gesellschafter an dem Stammkapital der Firma zu beteiligen. Die Beteiligung erfolgt mit 10 Prozent Agio direkt an der Stammeinlage, vorausgesetzt, die Gesellschafterversammlung hat dem entsprechenden Antrag eines Mitarbeiters mit qualifizierter Mehrheit entsprochen. Die Abstimmung verläuft zumeist völlig unproblematisch, da keine weiteren Bedingungen an die Aufnahme geknüpft sind. Der Mitarbeiter sollte sich lediglich inhaltlich mit dem Unternehmensmodell identifizieren und sich ins Team integriert haben.

Um einer möglichen Konzentration der Macht innerhalb des Unternehmens vorzubeugen, ist das aus der Beteiligung resultierende Stimmrecht je Gesellschafter, unabhängig von der einzelnen Einlage, auf 10 Prozent des Stammkapitals begrenzt. Das Stimmrecht richtet sich nach den jeweiligen Kapitalanteilen eines Gesellschafters. Je 1.000 DM ergeben eine Stimme in der Gesellschafterversammlung. Die von der

GmbH gehaltenen eigenen Stammkapitalanteile sind nicht stimmfähiges Kapital.

Aufgrund verschiedener Gerichtsurteile musste bei der jüngsten Überarbeitung des Gesellschaftsvertrages die rechtswidrige, aber im Gesellschaftervertrag für den Ausscheidungsfall vereinbarte Rückgabepflicht der Anteile zum Nominalwert weitestgehend außer Kraft gesetzt werden. Für Abfindung im Ausscheidungsfall werde der Gesellschaftervertrag dahingehend geändert, dass, ausgehend vom Stuttgarter Verfahren* eine Bewertung erfolgt, die ab dem vierten Beteiligungsjahr vom Nominalwert linear bis zum 20. Beteiligungsjahr auf 50 Prozent des nach dem Stuttgarter Verfahren ermittelten Wert steigt. Zur Sicherung der Gesellschaftsliquidität gibt es darüber hinaus keine Steigerung.

Die EGL verfolgt zwar weiterhin den Grundsatz der Unternehmensführung durch die eigenen Mitarbeiter, aber seit einiger Zeit können auch externe Personen in den Kreis der Gesellschafter aufgenommen werden. Es handelt sich hierbei um Kooperationspartner der EGL im weiteren Sinn, d. h. um „Personen, die mit der EGL in einem Interessen-Zusammenarbeits-Verhältnis stehen" (Gesellschaftsvertrag § 4 Abs. 5). Mindestens zwei Drittel aller Stimmrechte in der Gesellschafterversammlung sollen jedoch in den Händen der eigenen Mitarbeiter liegen, um eine zu weitgehende Beeinflussung von außen zu vermeiden. Um dies zu erreichen, wurde ein Vorerwerbsrecht bei Stammkapitalerhöhungen für Mitarbeitergesellschafter im Gesellschaftervertrag verankert.

Von den heute 32 im Handelsregister geführten Gesellschaftern sind 23 Mitarbeitergesellschafter und 8 externe (ehem.

---

* Steuerliches Verfahren zur Bewertung nicht notierter Aktien und Anteilen an Kapitalgesellschaften durch Schätzung (vgl. Gabler Wirtschaftslexikon: „Stuttgarter Verfahren", 1993).

Mitarbeiter) Gesellschafter und eine juristische Person. Fast alle Mitarbeiter, die die Voraussetzungen erfüllten, sind Gesellschafter geworden.

## 2.2 Die dispositive Arbeitsgestaltung: Regelung der Kommunikations-, Entscheidungs- und Koordinationsrechte und -pflichten

Aufgrund des zum großen Teil regionalen Marktes im Bereich der Landschaftsarchitektur besteht das Unternehmen aus den sechs dezentralen, weitestgehend selbständigen Büros. Jedes Büro wird von einem Regionalgeschäftsführer geleitet, der neben der Leitung des eigenen Büros auch die Kooperation mit den anderen EGL-Vertretungen übernimmt. Diese Zusammenarbeit erfolgt über direkte Kontakte hinausgehend über den Geschäftsführer des Firmensitzes in Kassel, Arnim Koch. In seinen Händen liegt die Gesamtaufsicht über das Unternehmen in den Bereichen der gemeinsamen Geschäfts- und Personalbuchhaltung, sowie in den zentralen Aufgaben der Finanz- und Liquiditätskontrolle. Jeder der Geschäftsführer ist nach außen hin Vertretungsberechtigter der Gesellschaft.

Als „demokratisch kontrollierte Hierarchie" beschreibt die Prokuristin des Hamburger Büros die interne Rangordnung der EGL. Alle Geschäftsführer und die Bereichsleiter in Hamburg werden im Turnus von fünf Jahren durch die Mitarbeiter neu gewählt, was ebenso als Ansporn wie als Bestätigung für geleistete Arbeit gesehen wird. Bisher ist zwar erst einmal ein Geschäftsführer abgewählt worden, doch „auf Kritik müssen sie schon gefasst sein", wenn es um die Verlängerung ihres Mandats zur Geschäftsführung geht. Durch diese Regelung versucht man die basisdemokratische Grundlage des Unternehmensmodells auch in der Besetzung der einzigen Hierarchieebene innerhalb der EGL anzuwenden. Zwar war es ein früheres Ideal der Gründer, ohne die Hierarchie der Geschäftsleiter auszukommen. Dem steht aber der Gesetzgeber mit seiner Forderung nach mindestens einem verantwortlichen Geschäftsführer einer GmbH entgegen, woraus sich zwangsweise mehr Einfluss und Kompetenz für diesen Personenkreis ergibt. Des Weiteren hat die tägliche Arbeit gezeigt, dass eine Koordination vor Ort durch eine einzelne Person mit entsprechenden Rechten erfolgen muss. Die Beteiligten empfinden das allerdings als schwierig, da Weisungsbefugnisse nur im Notfall durchgesetzt werden sollen. Andererseits fällt durch die Selbständigkeit der Angestellten viel formale Führungsarbeit weg.

Die Befragten der EGL vertreten die Ansicht, dass dem Thema *Konfliktmanagement* bei Firmen, die auf partizipative Mitarbeiterbeteiligung setzen und weitestgehend auf Weisungsbefugnisse verzichten, eine wichtige Rolle zukommt. Dies gewinnt vor allem an Bedeutung, wenn sie das System durch schwierige Phasen hindurch weiterführen wollen. Den selbständig arbeitenden Mitarbeitern, die ihren Vorgesetzten selbst gewählt haben und ihn deshalb nicht als „Blitzableiter" benutzen können, wird viel Sozialverhalten abverlangt, und „so bleiben Streitigkeiten und Meinungsverschiedenheiten gerade bei ihnen nicht aus".

Um entstandene Konflikte abzubauen, bedient man sich seit Jahren zweier Stufen:

– Die der Vertrauenspersonen, die es nur in den größeren Büros gibt und dort von der Belegschaft benannt werden, um bei kleineren Reibereien schon im Vorfeld der offenen Austragung in Gesprächen zwischen den Parteien zu vermitteln.
– Die der jeweiligen Regionalgeschäftsführer, die als Schiedsstelle „mit zurückgenommener Weisungsbefugnis" (A. Koch) bei größeren Unstimmigkeiten in der Belegschaft eine Art „Richterrolle" übernehmen.

Gerade in der Entscheidungsfindung der EGL soll sich das Ziel der Aufhebung des Gegensatzes von Arbeit und Kapital zeigen. Die Mitarbeiter sind die Basis des Unternehmens und gleichzeitig, durch die Mehrheit in der Gesellschafterversammlung, höchste Entscheidungsinstanz. So lauteten auch alle Antworten auf Fragen nach einem Betriebsrat sinngemäß: „Wozu brauchen wir denn einen?"

Im betrieblichen Arbeitsablauf der Architekturbüros wird in drei, ihrer Wirkungsbreite nach differenzierten Ebenen entschieden. In allen Ebenen ist eine umfassende Information der Betroffenen Voraussetzung für sachgerechte Entscheidungen (vgl. Betriebsvereinbarungen EGL).

## 1. Ebene:

Dem Grundsatz der Unternehmensphilosophie folgend ist jeder Beschäftigte der EGL selbständig in all den Entscheidungen, die seine Arbeit betreffen. Die Projekte – ausgenommen die großen Aufträge, die ein Bearbeitungsteam erfordern – werden vom jeweiligen Mitarbeiter oft komplett, d. h. vom Angebot über die Bearbeitung bis zur Rechnungsstellung eigenverantwortlich und selbstkoordinierend ausgeführt. „Dies ist in einer Branche, in der eigentlich alles vom Chef vorgegeben wird, äußerst ungewöhnlich." Jeder wird so als Mitunternehmer mit gleichen Rechten und Pflichten gesehen, und die Mitarbeiter verhalten sich auch entsprechend.

## 2. Ebene:

Entscheidungen auf Büroebene werden von allen Betroffenen im Team gemeinsam diskutiert und entschieden. Neben den informellen Gesprächen während der täglichen Arbeit geschieht dies nach Möglichkeit durch Konsensbeschlüsse in den wöchentlichen Bürobesprechungen, an denen alle am Ort Beschäftigten teilnehmen. Der hier praktizierte Informationsaustausch wird von den Interviewten als besonders wichtig angesehen, weil dadurch „jeder in die Verfolgung der Unternehmensziele mit einbezogen wird und Problembe-

wusstsein entsteht" (EGL Mitarbeiter). Dem Regionalgeschäftsführer bleibt bei allen Entscheidungen jedoch ein Wei-
sungsrecht vorbehalten, da er allen Gesellschaftern gegenüber für die in seinem Büro getroffenen Maßnahmen verantwortlich ist.

*3. Ebene:*
Die Regionalgeschäftsführer wiederum entscheiden in Quar-
talstreffen über Maßnahmen auf Gesellschaftsebene. Kommen sie dabei in strittigen Fragen zu keiner notwendigen
Konsensentscheidung, muss im Zweifel auf einer Gesellschafterversammlung eine Entscheidung herbeigeführt werden.

Arnim Koch nimmt als verbliebener Gründer und Geschäftsführer des Firmensitzes eine informelle Sonderrolle unter den
Regionalgeschäftsführern ein und hatte immer schon eine
Koordinationsaufgabe in der EGL. Durch „managing by
walking around" (A. Koch) versucht er häufig in den Regionalbüros präsent zu sein, um dort mittels persönlicher Kommunikation und Information eine enge Zusammenarbeit untereinander zu fördern und die sozialen und ökonomischen
Gedanken, die der Unternehmensphilosophie zugrunde liegen, an die in der EGL entstehende neue Generation weiter-
zugeben.

Neben den formellen Gesellschafter- und Betriebsversamm-
lungen tauschen die Angestellten in *Klausurwochenenden*
über das eigene Büro hinausgehend Informationen und Gedanken aus und lernen sich zwischen den Sitzungen gleichermaßen auch privat näher kennen. Die Gruppenbeziehungen
und persönlichen Kontakte, die aufgrund der räumlichen
Trennung fast ausschließlich in den einzelnen Büros entstehen,
werden hier vernetzt. Denn anders als bei der Freundschaft der
Gründer, sind heute die Verhältnisse der Mitarbeiter untereinander, zumindest in den städtischen Büros, distanzierter
und v. a. auf die gemeinsame Arbeit ausgerichtet.

## 2.3  Die Einkommensgestaltung

Werte der Leistung, der Gleichheit, der Gerechtigkeit und der Verantwortung galt es auch im Entgeltsystem abzubilden, so dass sich heute das Einkommen bei den mitarbeitenden Gesellschaftern der EGL aus zwei Hauptbestandteilen zusammensetzt, zum einen aus dem Entgelt für geleistete Arbeit und zum anderen aus einer Vergütung für eingesetztes Kapital.

### Einkommen für geleistete Arbeit

*1. Gehalt:*
Die Grundlage der Arbeitsvergütung bildet das monatliche Gehalt. An Tarifverträge ist man in der Branche nicht gebunden, sieht man einmal von einem „unbedeutenden" Tarifvertrag ab, den die „Gewerkschaft Bau/Steine/Erde" vor Jahren mit einem Berufsverband der Branche geschlossen hat. Die Gehälter der Landschaftsarchitekten werden über den Markt ausgehandelt, was zu großen Unterschieden in der Entlohnung der Beschäftigten führt. Um hier eine kontinuierliche und nachvollziehbare Regelung zu schaffen, orientierte sich die EGL an der Leitlinie des Bundesangestelltentarifs.

Das Gleichheitsprinzip dominiert das Entgeltsystem, dennoch wollte man nicht ganz ohne Differenzierung des Arbeitsentgeltes auskommen, um dauerhaft gute Leistungen oder eine besondere Verantwortungsübernahme eines Mitarbeiters durch ein höheres fixes Einkommen honorieren zu können. So ist im Gesellschaftsvertrag festgelegt, dass der geringste und der höchste Stundensatz bei der Bezahlung der Angestellten das Verhältnis von 1 : 1,5 nicht überschreiten soll. Die Gehaltsstufen innerhalb des vorgegebenen Rahmens fallen gering aus, um keine zu großen Abstufungen der Beschäftigten vorzunehmen und unnötige Reibereien in der Gemeinschaft zu vermeiden. In der Praxis ergibt sich daraus, dass die

Neueinsteiger, je nach Qualifikation, erst einmal mit einem niedrigen Gehalt anfangen, aber schon nach einigen Jahren den „Status der Federführung" erreichen können und von diesem Zeitpunkt an, ebenso wie die Geschäftsführer, nach der höchsten Stufe der Arbeitsvergütung bezahlt werden.

*2. Mögliche Mehrarbeit:*
Neben dem monatlichen Gehalt, das sich aus der am Jahresanfang vereinbarten flexiblen Sollarbeitszeit ergibt, können Überstunden angespart werden, um sie später „abzubummeln" oder sich auszahlen zu lassen. Die Auszahlung erfolgt diskontinuierlich, „wenn einer Geld braucht". Es wird ein Zeitkonto geführt mit Soll und Haben, Überstundenzuschläge werden nicht gezahlt. Das Zeitkonto ist zwischen Mitarbeiter und (regionaler) Geschäftsführung individuell abgesprochen und berücksichtigt die Arbeitszeitvorstellungen des Mitarbeiters soweit es in der Arbeitsorganisation einfügbar ist. Dementsprechend gibt es Mitarbeiter mit einer 10-Stunden-Woche bis zu Mitarbeitern mit einer regelmäßig (flexiblen) 50-Stunden-Woche. Die Arbeitsverträge sind so abgefasst, dass sowohl der Mitarbeiter wie auch die (regionale) Geschäftsführung jederzeit die individuelle Soll-Arbeitszeit neu verhandeln und einerseits veränderten Lebensphasen wie auch andererseits veränderten Auftragsbedingungen des Betriebes anpassen kann.

*3. Erfolgsbeteiligung:*
Ein weiterer Lohnbestandteil der EGL-Angestellten, der „in guten Jahren ein erhebliches Ausmaß erreichen kann", ist die dezentrale Erfolgsbeteiligung. Zwar wurde, um einer reinen „Schönwetterbeteiligung" am Gewinn vorzubeugen, „konsequenterweise die Gewinnausschüttung im GmbH-Vertrag ausgeschlossen", doch statt dessen eine nicht an Einlagen gebundene *Bonusausschüttung* ermöglicht. Diese Ausschüttungen in den einzelnen Büros am Ende eines besonders ertragreichen Arbeitsjahres stellen eine einmalige zusätzliche Gehaltszulage und keine Gewinnverwendung dar.

Die Bemessungsgrundlage für eine solche Sonderausschüttung wird regional, auf Basis der Profit Center Organisation der Büros ermittelt, damit jeder Angestellte einen direkten Bezug zu der von ihm geleisteten Arbeit sieht. Die Bonusausschüttung ist nicht an Einlagen gebunden, so dass alle Beschäftigten im jeweiligen Büro davon profitieren. Die tatsächlich geleisteten Arbeitsstunden werden mit einem Bezug zur jeweiligen Gehaltseinstufung als Bemessungsgrundlage herangezogen, damit, dem Gedanken nach Leistung, Gleichheit und Gerechtigkeit entsprechend, die Angestellten im Verhältnis ihres Arbeitseinsatzes am wirtschaftlichen Erfolg der Unternehmung beteiligt werden. Arbeitsnah anfallende Gewinne sollen den Gedanken der Teamarbeit und des „Ziehens an einem Strick" ebenso fördern wie das Unternehmerdenken jedes Mitarbeiters. Als Richtwert für solche Ausschüttungen hat sich bei der EGL das Verhältnis 60 : 40 etabliert, d. h.: 60 Prozent des Jahresüberschusses verbleiben in der Unternehmung; 40 Prozent stehen für eine Sondervergütung der Mitarbeiter zur Verfügung, dies freilich nur bei guter Liquiditätslage der gesamten Gesellschaft. Auf diese Weise stellt der an die Beschäftigten gewährte Vermögensvorteil eine Betriebsausgabe (§ 4 Abs. 4 EStG) dar, die den steuerpflichtigen Gewinn und damit die an diese Größe geknüpften Steuerlasten (Einkommens-/Körperschaftssteuer) mindert.

Besonders zu Anfang der 90er Jahre zeichnete sich eine sehr positive Entwicklung der Geschäftslage ab, so dass verstärkt von dieser Regelung Gebrauch gemacht wurde. Die Erfolgsbeteiligung in einzelnen Büros machte bis zu 45 Prozent der Gesamtbezüge aus.

### Einkommen aus eingesetztem Kapital

Obwohl keine Gewinnausschüttung erfolgt, profitieren die Gesellschafter der EGL auch finanziell von ihrer Beteiligung.

Zum einen wird der Nominalwert der Einlage, je nach Beschluss der Gesellschafterversammlung, für das abgelaufene Geschäftsjahr verzinst. Diese Verzinsung erfolgt vor einer anderen Gewinnverwendung und sollte sich am banküblichen Zinssatz für mittelfristige Anlagen orientieren, jedoch nicht weniger als 4 Prozent und nicht mehr als 8 Prozent betragen. Im Jahr 1996 wurde eine Verzinsung der Stammeinlagen von 5,5 Prozent ausbezahlt. Darin enthalten ist eine Körperschaftssteuergutschrift, die wesentlich höher ist als der Steuersatz der meisten Mitarbeiter-Gesellschafter, so dass der effektive Prozentsatz der ausgezahlten Verzinsung nicht unbedeutend höher sein kann.

Zum anderen liegt der tatsächliche Wert der Kapitalbeteiligungen deutlich über dem Ausgabewert. Eine Rückgabe dieses Anteils an die Gesellschaft ist zwar nur zu maximal 50 Prozent des nach dem „Stuttgarter Verfahren" ermittelten Wertes möglich, jedoch werden die Anteile zum Nominalwert ausgegeben. Ein geringes Agio ist allerdings in der Diskussion, um die Gesellschaft stärker am tatsächlichen Wert der Anteile profitieren zu lassen, der in den letzten Geschäftsjahren deutlich über dem zehnfachen Nennwert lag.

Wo in der typischen Organisationsform von Architekturbüros, den Partnerbüros, sich allenfalls die Partner den Gewinn teilen und die übrigen Mitarbeiter leer ausgehen, ist es bei der EGL nahezu umgekehrt. Durch die Bonusausschüttung an die Mitarbeiter, die im Übrigen ein branchenübliches Einkommen beziehen, sind diese „in guten Jahren" besser gestellt als die meisten ihrer Kollegen in anderen Büros. Inwieweit sich die gute Bezahlung in entsprechend guter Arbeit niederschlägt, wird in der EGL unterschiedlich beurteilt. Man meint, dass die Aufträge allesamt gut erledigt werden, dennoch lasse sich ein merklicher Unterschied zu der Arbeitsleistung in konventionellen Büros nicht ausmachen, aber das sei auch nicht das vorrangige Ziel der Einkommensgestal-

tung. Man fühle sich gerecht entlohnt, wenn auch die über-
durchschnittlich qualifizierten Ingenieure in anderen Büros
ein höheres Einkommen erzielen könnten.

Die Mitglieder der Geschäftsleitung sind vergleichsweise „un-
terbezahlt", da sie für ihre Arbeit kaum höheres Einkommen
beziehen als ihre Mitarbeiter, und das, obwohl sie durch ihre
Tätigkeit ein erhebliches Maß an Verantwortung und Haftung übernommen haben. „Ohne die Grundlage der Unternehmensphilosophie verinnerlicht zu haben, wäre kaum jemand bereit, unter Ausschluss von zusätzlichen finanziellen
Anreizen die Verantwortung der Geschäftsführung zu tragen", sagt der Geschäftsführer. Die Verantwortlichen der
EGL betonen, dass vor allem der Gedanke, den Idealen zu
dienen, neben der interessanten Tätigkeit ihr wesentlicher Be-
weggrund sei, die Geschäftsführung für ein EGL-Büro zu
übernehmen. Die Leitung ist nach Meinung der Prokuristen
zudem „stressfreier als die anderer Unternehmen, weil die
Verantwortung weit gefächert ist".

## Erfahrungen mit der innovativen Sozialordnung

### 1.   Totale Basisdemokratie

Ende der 80er Jahre hatte man sich bei der EGL vorgenommen, in der Mitarbeiterbeteiligung noch einen Schritt weiter
zu gehen. Ein Modell der totalen Unternehmensführung
durch die Basis der Beschäftigten wurde eingeführt. Geschäftsführer fungierten nur noch als „formelle Aushänge-
schilder" der Gesellschaft nach außen, denn jede Entscheidung wurde in täglich stattfindenden Gesprächsrunden, bestehend aus allen Angestellten eines Büros, getroffen. Die
denkbar weitreichendste Verantwortungsübernahme und
Mitarbeiterpartizipation war eingeführt.

Nach anfänglicher Euphorie seitens der Beteiligten stellte sich bald eine regelrechte Lähmung des Unternehmens ein: „Es wurde einfach zu viel diskutiert und zu wenig entschieden", sagt der Geschäftsführer. Auch ein eigens eingeschalteter Unternehmensberater konnte die Schwierigkeiten nicht beseitigen. Obwohl diese Zeit eine der interessantesten in der jüngeren Geschichte der EGL war, war sie aufgrund des viel zu zähen Entscheidungsprozesses nur von kurzer Dauer. Nach etwa einem Jahr kehrte man zu der heutigen, modifizierten Entscheidungsstruktur zurück.

Die Phase der Basisdemokratie habe gezeigt, dass eher unbedeutende Entscheidungen von einzelnen sachkundigen Personen und ohne vorherige Diskussion getroffen werden sollten, um die tägliche Arbeit effizient zu gestalten. Zwar habe das Experiment zu zahlreichen Klärungen und einer Erweiterung der Sichtweise beigetragen, doch die Zeit sei noch nicht reif für ein solches Modell gewesen.

## 2.  Strenge Dezentralisierung

Anfang der 90er Jahre, kurz nach dem Scheitern der Basisdemokratie, entwickelte sich innerhalb der EGL ein Trend zur strengen Dezentralisierung. Über ein gemeinsames Vorgehen bei wichtigen Entscheidungen stimmte man sich untereinander nicht mehr ab, und bei Ausschreibungen wurde nicht mehr wirtschaftlich zusammengearbeitet. Weiterhin wurden kaum noch Erfahrungen ausgetauscht oder gegenseitig Hilfestellungen geleistet. Jeder dachte nur an das eigene Büro, ganz nach dem Motto: „Keiner redet uns rein." Nachdem die Gefahren dieser Tendenz erkannt waren, kam man wieder zu einer lockeren Vernetzung der Büros: Man ist stets über die anderen informiert, reagiert zentral auf Ausschreibungen und tauscht untereinander Ressourcen aus.

## 3.  Erfahrungen mit der Sozialordnung im Umfeld des Unternehmens

Aus der Sonderform ihrer Sozialordnung heraus ergaben sich für die EGL im Laufe ihrer Entwicklung zahlreiche Schwierigkeiten, sowohl in rechtlichen Belangen, wie Unternehmens- und Steuerrecht, als auch durch branchenspezifische Besonderheiten. Vor allem die zahlreichen Auftraggeber, die nur mit persönlich haftenden Architekten zusammenarbeiten wollten und das „aus dem Mittelalter stammende Kammergehabe" (EGL-Mitarbeiter) mit der Verpflichtung zur persönlichen Zwangsmitgliedschaft für Architekten, brachte der EGL einige Nachteile.

Rechtliche Probleme ergaben sich insbesondere durch die in Deutschland verfügbaren Rechtsformen, die nicht auf ein Modell der Mitarbeitergesellschaft ausgerichtet sind. Dies schlägt sich bei einer GmbH, verglichen mit den bei Architekten typischen Partnerbüros in der Rechtsform einer GbR, in einem enormen notariellen Verwaltungsaufwand und einer hohen steuerlichen Belastung nieder: So unterliegen nicht ausgeschüttete Gewinne der GmbH dem vollen Körperschaftssteuersatz in Höhe von z. Zt. 45 Prozent des zu versteuernden Jahresüberschusses (§ 23 Abs. 1, KStG). Darüber hinaus müssen auch Solidaritätszuschlag und Gewerbeertragssteuer gezahlt werden, so dass die Selbstfinanzierung der EGL mit dem Ziel, für größere Projekte ausreichend Liquidität zu besitzen, teuer erkauft wird. 1996 wurde beispielsweise ein Überschuss von 101.000 DM in der Bilanz ausgewiesen, während den Rücklagen nach Steuern nur 35.000 DM zugeführt werden konnten.

Auf der anderen Seite musste man sich bei der EGL nicht mit der dem Unternehmensmodell gegenüber eher gespannten bis ablehnenden Haltung von Gewerkschaften und Arbeitgeberverbänden auseinandersetzen, weil diese im Bereich der Landschaftsarchitektur nur eine unwesentliche Rolle spielen (vgl.

NOTZ/HESS/BUCHHOLZ/BÜHLER, 1991, S. 63). Ohnehin ist man der Meinung, dass „viele Sachen, die heute der DGB vertritt (wie z. B. Jahresarbeitszeit), eigentlich fast schon veraltet sind" und von der EGL schon seit ihrem Bestehen im partnerschaftlichen Modell vorgelebt werden. Gleichwohl stünden die Berufsverbände im Bereich der Landschaftsplanung der partnerschaftlichen Vereinigung von Arbeit und Kapital reserviert gegenüber, so dass die EGL in keiner dieser Vereinigungen mehr Mitglied ist.

Eine Ausnahme sei die Arbeitsgemeinschaft für Partnerschaft in der Wirtschaft e.V., kurz AGP, der die EGL seit den 70er Jahren angehört. Diese Arbeitsgemeinschaft ist ein Verband, in dem sowohl Firmen als auch Privatpersonen Mitglieder sind, und der sich als Interessensvertretung und Sprachrohr für Firmen der partnerschaftlichen Zusammenarbeit von „Arbeitnehmern und Arbeitgebern" versteht. In der EGL unterstützt man die Aussage der AGP, dass langfristig nur solche Betriebsformen den Zukunftsaufgaben gewachsen sein werden, deren Mitarbeiter sich mit der Politik und den Zielen ihres Betriebes identifizieren können.

## 4. Rückblick auf die ursprünglichen Ziele

Im Großen und Ganzen sehen die Gründer der EGL ihre damaligen Ziele als erfüllt an. Man würde fast den gleichen Weg wieder gehen, wäre man noch einmal vor die Entscheidung gestellt.

Der Gedanke, dass durch hohe Selbstverwirklichung und Partizipation der Angestellten, begleitet von einer damit einhergehenden dezentralen Selbststeuerung und Verantwortungsübernahme der Mitarbeiter, ein menschlicheres und ökonomisch überlebensfähiges System entstehen kann, hat sich weitgehend bestätigt. Die Mitarbeiter würdigen die Freiheiten, die ihnen dieses System ermöglicht. Ihre Arbeit erledigen sie zum größten Teil gerne und vor allem ohne Zwang, aus der Einsicht heraus, dass die Kunden die Arbeit bestimmen. Entsprechend flexibel gestalten sie ihre Arbeitszeit, wobei das Partnerschaftsmodell weder positiven, noch negativen Einfluss auf die Arbeitsleistung zu haben scheint.

Jedoch sei die Trägheit und häufige Unbeweglichkeit der Menschen auf dem Weg zu Neuem deutlich spürbar. Bei der Gründung hoffte man auf eine selbstlaufende Weiterentwicklung des Unternehmensgedankens durch die Mitarbeiter. Dies trat aber nie dauerhaft und in zufriedenstellendem Umfang ein und musste deshalb immer wieder durch die Gründungsgesellschafter und Unternehmensberater angestoßen werden.

Zufrieden ist man indessen mit der Akzeptanz der Partnerschaft aller Mitarbeiter. Die Werte der Gleichberechtigung, Selbstverwirklichung und Verantwortung seien von den Mitarbeitern genauso akzeptiert, wie ihre Umsetzung in basisdemokratische Entscheidungsstrukturen. In einigen Punkten mussten allerdings Abstriche in Kauf genommen werden. So zieht sich die Verwirklichung einer alten Idee, die Gründung einer Stiftung, weiter hin. Im Weiteren zeigt sich, dass die Selbständigkeit der Angestellten aufhört, sobald etwas nicht zur Zufriedenheit läuft. Dann wird schnell die Geschäftsleitung gerufen, „in der Hoffnung, die wird es schon richten".

## 5.  Zukunftspläne

An die Stelle der Gründer soll demnächst ein *Aufsichtsrat* treten, um auch in Zukunft die Verständigung unter den Büros zu erhalten. Er soll die humanen und sozialen Ziele wahren und betriebsegoistischen Wohlfahrtstendenzen vorbeugen.

Die Zusammensetzung und Größe des Aufsichtsrates stehen noch nicht fest. Er müsse groß genug sein, um genügend Expertise in sich zu vereinen, und klein genug, um flexibel reagieren zu können, und zwar „unter Berücksichtigung von Gerechtigkeit und Neutralität". Man stellt sich ein Gremium von ca. drei bis fünf Personen vor. Auch ehemalige Mitarbeiter und externe Berater könnten dort vertreten sein, um Know-how von „nicht Betriebsblinden" in die Gesellschaft einzubringen. Auf Geschäftsführer soll in diesem Rat verzichtet werden, um seiner Kontrollfunktion besser gerecht zu werden. Sicher scheint aber, dass die Mandatsträger in festzulegenden Abständen ausgetauscht werden, damit das Organ innerhalb der Belegschaft ein größtmögliches Maß an Anerkennung und Rückhalt findet. Man ist sich aber auch der Tatsache bewusst, dass es für eine kleine Gesellschaft wie der EGL einen enormen finanziellen Aufwand bedeutet, einen Aufsichtsrat zu unterhalten. Auch die Sorge, dass dieser Schritt zu einer Überorganisation führen könnte, findet bei der Planung Berücksichtigung.

Nachdem die letzten Jahre der noch immer nicht abgeschlossenen intensiven Vernetzung der Regionalbüros dienten, bahnt sich für die Zukunft ein weiterer Schritt in diese Richtung an: Die *Kooperation* mit anderen Architekturbüros, um vorhandene Potenziale gemeinsam einzusetzen. Was die Automobilindustrie schon seit Jahren vorlebt, „man denke nur an die „Gemeinschaftsentwicklungen von Ford und Volkswagen" (A. Koch), soll bei der EGL als Innovation in die eigene Branche übertragen werden. Besonders für Nischenprodukte scheint eine von jedem Einzelunternehmen eigenständig betriebene Neuentwicklung unwirtschaftlich und deshalb eine Zusammenarbeit mit Wettbewerbern sinnvoll. Bei der EGL könnten durch eine funktionierende Kooperation auch Großprojekte realisiert werden, die allein gar nicht durchführbar wären.

Neben einer Zusammenarbeit mit Wettbewerbern denkt man an eine Kooperation mit anderen Branchen, um deren Erfahrungen auf den eigenen Bereich übertragen zu können. Nicht zuletzt deshalb ist das Kasseler Büro der EGL seit einiger Zeit im neu entstandenen Technologie-Park Kassel ansässig. Mit vielen innovativen Unternehmen in unmittelbarer Nachbarschaft erwartet man einen Innovationstransfer zu allseitigem Vorteil. Nur ein Blick „über den eigenen Tellerrand hinaus" könne erhebliches Potential freisetzen, um im Markt der Zukunft bestehen zu können.

Als Mitte der 90er Jahre die Gewinnanteile erheblich zurückgingen, sank die Motivation vieler Mitarbeiter im gleichen Maße. Momentan werden „erste vage Diskussionen" geführt, wonach man von vornherein die fixen Jahresbezüge kürzen und als Kompensation einen Teil des Jahreserfolges zum Lohnbestandteil erklären will. Eine gesteigerte Leistungsbereitschaft wäre das erhoffte Resultat.

Solche Forderungen sind bei der EGL nicht neu, sondern kehren in turnusmäßigen Abständen immer dann wieder, wenn man glaubt, eine Erfolgssteigerung durch eine Erhöhung der Leistungsanreize erreichen zu können.

Bis heute ist von der Idee einer *Stiftung* noch nichts verwirklicht worden. Es fehlten sowohl die Überschüsse als auch der feste Wille aller Gesellschafter, die Idee in die Tat umzusetzen. Immer wieder standen Investitionen oder andere Projekte im Vordergrund, und auch vorübergehende Unsicherheiten in Bezug auf die wirtschaftliche Situation in der Zukunft ließ viele Gesellschafter vor einer Umsetzung zurückschrecken.

In der Fallstudie zitierte Literatur:

NOTZ, G./HESS, K.D./BUCHHOLZ, U./BÜHLER, T. (Hrsg.): Selbstverwaltung in der Wirtschaft: Alte Illusion oder neue Hoffnung, Köln 1991.

SELLIEN, R./GEHLEN, H. (Hrsg.): Gablers Wirtschaftslexikon, Wiesbaden 1993.

# Fallstudie 3    *Recherchiert von Markus Spiekermann*

# Opel-Hoppmann GmbH in Siegen: „Mehr Demokratie und soziale Gerechtigkeit im Betrieb"

## Allgemeine Charakterisierung

Die Firma wurde 1936 von Martin Hoppmann gegründet. Als Opel Vertragshändler beschäftigte er sich mit dem Verkauf von neuen und gebrauchten Kraftfahrzeugen, Ersatzteilen und Zubehör sowie mit der Kfz-Instandsetzung und -wartung. Nach dem Tod des Firmengründers im Jahr 1957 übernahm dessen Sohn Klaus Hoppmann das Unternehmen. 1973 wandelte er die Einzelfirma in eine GmbH um und übertrug im Folgejahr alle Geschäftsanteile auf die von ihm errichtete gemeinnützige Stiftung „Demokratie im Alltag". Das Unternehmen, das sich aus einem Stammbetrieb in Siegen heraus entwickelte, errichtete 1967 einen Zweigbetrieb in der Nachbarstadt Kreuztal und 1977 einen weiteren in Siegen-Geisweid. 1967 wurde die Hoppmann Versicherungsdienst GmbH gegründet. Seit dem altersbedingten Ausscheiden von Klaus Hoppmann im Jahr 1990 wird das Unternehmen von Bruno Kemper geleitet, der bereits 1983 zum Mitgeschäftsführer berufen wurde. 1993 übernahm das Unternehmen den Betrieb eines kleineren Opelhändlers in der Region als Tochterfirma, und Anfang Juli 1994 wurde ein neu erbautes Opel-Autohaus in Betzdorf, ebenfalls als Tochterunternehmen, eröffnet. Die Firma ist an mehreren Dienstleistungsunternehmen (Leasing, EDV, Einkauf, Leihwagen) rund ums Kfz-Gewerbe beteiligt. 1999 machte das Unternehmen mit 242 Mitarbeitern einen Umsatz von 122 Mio. DM.

# Innovative Sozialordnungselemente

## 1.  Die Ideen des Unternehmers Klaus Hoppmann

Über seine Motive bei der Gestaltung der Sozialordnung sagt
Klaus Hoppmann in dem von ihm zusammen mit B. Stötzel
verfassten Buch „Demokratie am Arbeitsplatz":

> „Die Übernahme der Geschäftsführung nach dem Tode meines Va-
> ters vollzog sich plötzlich und ohne Übergang. Ich kann mich nicht
> erinnern, dass ich mir vorher viel Gedanken über die gesellschafts-
> politischen Zusammenhänge oder über Recht und Unrecht im Hin-
> blick auf die Verteilung wirtschaftlicher Macht und Gewinne ge-
> macht hätte. Nun war ich von heute auf morgen Inhaber eines Un-
> ternehmens geworden, hatte Weisungsbefugnis über Mitarbeiter,
> bestimmte allein über die Verwendung des Gewinns, verfügte über
> das Firmenvermögen und konnte den jährlichen Kapitalzuwachs
> anteilmäßig meinem persönlichen Kapitalkonto zuschreiben. Und
> das war das Erstaunliche: Alles war mir durch Erbgang zugefallen,
> ohne die geringste Vorleistung meinerseits. Es wurde mir bewusst,
> dass diese Privilegien nicht selbstverständlich waren, aber es ging
> mir auch auf, dass ich mit den neuen Vorrechten zugleich eine be-
> sondere Verantwortung übernommen hatte.

> Zu dieser Zeit hatte ich verschiedene Gelegenheiten, mich in einem
> Evangelischen Sozialseminar und in der Evangelischen Sozialaka-
> demie Friedewald mit engagierten Sozialisten und Christen über ge-
> sellschaftspolitische Fragen auseinanderzusetzen. Anregungen er-
> hielt ich vor allem von Günter Brakelmann, seinerzeit Studenten-
> pfarrer in Siegen, heute Professor für Evangelische Sozialethik in
> Bochum, Mitglied der Grundwertekommission der SPD.

> Nun vermitteln weder die Bibel noch die Sozialethik Rezepte, nach
> denen das Arbeitsleben gerechter gestaltet werden könnte. Sie ge-
> ben aber Anstöße und berichten über Modelle (auch über geschei-
> terte), die zum Nachahmen bzw. zu weiterem Nachdenken anregen.
> Ich empfand es damals als eine besondere Chance, in der Macht-
> vollkommenheit des Unternehmers gestaltend tätig zu sein und mei-
> ne Ideen ohne große Rücksichten auf Zweifler und Zauderer in die
> Tat umsetzen zu können. Bei meiner Familie, auch bei meinen
> zunächst noch mitbeteiligten Angehörigen (Mutter und Schwester)
> fand ich viel Verständnis. Es hat mir große Befriedigung verschafft,
> schrittweise und konsequent ein „rundes System" von Beteiligung
> zu verwirklichen." (HOPPMANN/STÖTZEL, 1981, S.74, 75, 84).

# 2. Praktische Ausgestaltungen

## 2.1 Das „Runde System"

Das Ergebnis jahrelanger Bemühungen zeigt die folgende Abbildung:

### Das „Runde System" bei Opel-Hoppmann

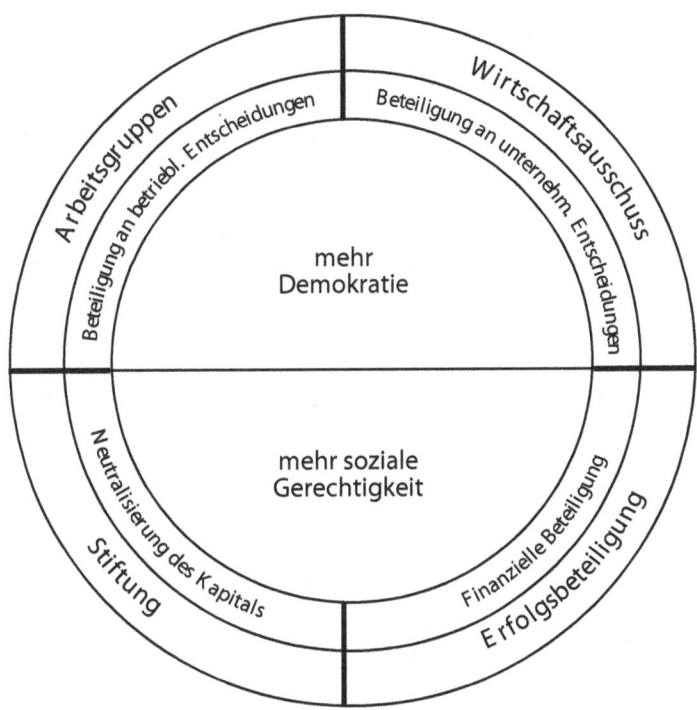

„Der innere Kreis veranschaulicht die angestrebten Ziele. Die äußeren Kreisausschnitte beschreiben den Weg und die Einrichtungen, die der Verwirklichung der Ziele dienen. Die vier Teile könnten auch jedes für sich funktionieren, doch sie ergänzen sich sinnvoll und stehen in einer gewissen Abhängigkeit zueinander.

Wer am Erfolg beteiligt ist, möchte Einfluss auf die Entscheidungen haben. – Wer an Entscheidungen beteiligt ist, sollte auch vom finanziellen Erfolg oder Misserfolg dieser Entscheidungen berührt sein. Mitbestimmung in der Unternehmensspitze sollte, damit sie erlebbar für den Mitarbeiter / die Mitarbeiterin an der Basis wird, ergänzt werden durch Mitbestimmung am Arbeitsplatz. Diese aber ist ohne Verbindung mit wirtschaftlicher Mitbestimmung unvollkommen und läuft Gefahr, auf eine moderne Führungsmethode reduziert zu werden. Die Stiftung rundet die Sache schließlich ab und unterstreicht die Ernsthaftigkeit der anderen Maßnahme." (HOPP-MANN/STÖTZEL, 1981, S. 17f.).

## 2.2  Teamarbeit

Teams von typischerweise 8–12 Mitarbeitern gibt es bei Opel-Hoppmann schon seit fast 30 Jahren! Sie haben Informations-, Initiativ- und Mitbestimmungsrechte, die über das Betriebsverfassungsgesetz hinausgehen. Jedes Team wählt einen Teamsprecher, der die mindestens monatlich stattfindenden Teamsitzungen einzuberufen, vorzubereiten und zu leiten hat. Eine Teilnahme des Vorgesetzten wird empfohlen, ist jedoch nicht zwingend. Ein Mitglied des Betriebsrates kann nach vorheriger Ankündigung an den Sitzungen teilnehmen. Die Sitzungen finden in der Regel während der Arbeitszeit statt.

Die Betriebsvereinbarung zählt u. a. folgende Zuständigkeiten der Arbeitsteams auf:

- Ein Versammlungsrecht in Form von bezahlten Teambesprechungen während der Arbeitszeit oder nach Feierabend als bezahlte Überstunden.
- Ein Zustimmungsrecht bei Personaleinstellungen, bei dem vor Ablauf der Probezeit eines neuen Mitarbeiters oder Vorgesetzten die Zustimmung des Teams zur Weiterbeschäftigung einzuholen ist.
- Ein Weiterbildungsrecht, bei dem die Teams Anspruch auf einen Seminartag im Jahr, zusätzlich zu den von der Geschäftsleitung angesetzten Seminaren, haben.

Hauptziel der Teamstruktur ist weniger direkt zu messende höhere Produktivität, sondern eher eine Identifikation mit dem Unternehmen.

„Die Mitarbeiter/innen stehen hinter der Aufgabenstellung des Unternehmens und verstehen diese auch als ihre Herausforderung, die sie letztendlich auch für sich bewältigen und nicht für ein anonymes Unternehmen oder irgendwelche Kapitalgeber." (Abteilungsleiter)

## 2.3  Die Erfolgsbeteiligung

„Der Unternehmenserfolg ist das Ergebnis gemeinsamer Anstrengungen aller; besonders dann, wenn die Mitarbeiter am Zielfindungsprozess beteiligt sind. Arbeitslohn und Kapitalverzinsung sind Grundabfindungen. Darüber hinaus Erwirtschaftetes soll auf Mitarbeiter und Kapitalgeber *„gerecht"* verteilt werden." (HOPPMANN/STÖTZEL, 1981, S. 22)

Die erste Erfolgsbeteiligung wurde in Zusammenarbeit mit der Arbeitsgemeinschaft für Partnerschaft in der Wirtschaft (AGP) eingeführt. Erklärte Ziele der Beteiligung bei der Einführung waren:

– Entschärfung des Gegensatzes von Kapital und Arbeit
– Gerechtere Einkommensverteilung
– Kostenersparnis und Produktivitätssteigerung
– Offenheit bei der Information über die betrieblichen Finanzen
– Bessere Integration der Mitarbeiter in den Betrieb.

Für die Mitarbeiter war die Höhe der Zuwendungen aus der Erfolgsbeteiligung nicht unmittelbar nachvollziehbar. Die betriebswirtschaftlichen Hintergründe mussten erklärt werden. So bildete man zusammen mit dem Betriebsrat einen Mitarbeiterausschuss mit 5 teils gewählten, teils berufenen Mitgliedern aus allen Teilen des Unternehmens und allen Hierarchiestufen. Mit diesem Ausschuss wurde das Ergebnis des Vormonats jeweils durchgesprochen und wurden betriebliche Probleme, die Bedeutung für das Ergebnis hatten, diskutiert. Auf Wunsch konnte diesem Gremium Einblick in die Geschäftsbücher gewährt werden. Die Information der übrigen Mitarbeiter erfolgte durch einen Aushang am „Schwarzen Brett" und durch einen monatlich erscheinenden Mitarbeiterbrief.

„Also, es kann in unserer Branche durchaus sein, dass es Monate gibt, in denen die Belegschaftsmehrheit im Bereich des Services arbeitsmäßig sehr stark belastet ist und dass viel geleistet werden muss. Das gute Ergebnis hier kann aber durch schlechte Verkaufszahlen aufgefressen werden. Und so gab es in Monaten, in denen viel gearbeitet wurde, kaum oder gar keine Erfolgsbeteiligung. Nun gab es aber auch andere Monate, in denen wenig zu tun war, aber ein Großkunde 20 Fahrzeuge erhielt und viel Geld in die Kasse kam. In diesem Monat gab es dann eine Erfolgsbeteiligung." (Geschäftsführer)

Wie der Erfolg ermittelt wird, zeigt das folgende Beispiel:

## Berechnung des verteilbaren Gewinns und der Erfolgsbeteiligung

| Berechnung: verteilbarer Gewinn (in TDM) | | Berechnung: Erfolgsbeteiligung (in TDM) | |
|---|---|---|---|
| Neuwagen | 220 | Übertrag | |
| Gebrauchtwagen | - 110 | verteilbarer Gewinn | 80 |
| | | davon 50 % Unternehmen | 40 |
| | | und 50 % Mitarbeiter | 40 |
| = Neu- und | | Mitarbeiteranteil | 40 |
| Gebrauchtwagen | 110 | davon 50 % Baranteil | 20 |
| Teilelager | 80 | und 50 % Investivkonto | 20 |
| Werkstatt Siegen | 10 | | |
| Werkstatt Fellinghausen | 15 | | |
| Werkstatt Geisweid | 10 | | |
| = Betriebsgewinn vor | | | |
| Gewerbesteuer | 225 | | |
| ./. Gewerbesteuer | 50 | | |
| = Gewinn nach Steuer | 175 | | |
| ./. a.o. Aufwand (incl. | | | |
| Eigenkapitalverzins.) | 95 | | |
| = verteilbarer Gewinn | 80 | | |

Das Monatsergebnis wird dem Wirtschaftsausschuss auf der ordentlichen Sitzung vorgelegt. In der folgenden Woche wird die sich daraus ergebende Erfolgsbeteiligung an die Mitarbeiter ausgezahlt. Eine Hälfte wird bar und die andere Hälfte auf ein persönliches Investivkonto abgeführt. Dieses Konto wird jeweils zum 31.12. mit 7 Prozent verzinst, wobei die Zinsen jährlich ausgezahlt werden. Eine Beteiligung am Verlust ist ausgeschlossen. Der Betrag auf dem Investivkonto bleibt bis zum Ausscheiden des Mitarbeiters stehen und wird nach Beendigung des Arbeitsverhältnisses in Raten zu 550 DM ausgezahlt. Früher war das Bruttogehalt des einzelnen Mitarbeiters Bemessungsgrundlage für die Höhe des Gewinnanteils. Diese Regelung wurde jedoch vor einiger Zeit in eine Gleichverteilung für Vollzeitkräfte aller Ebenen und Gehaltsklassen geändert. Die Begründung war, dass Mitarbeiter in leitenden Positionen zwar mehr Verantwortung und damit

eventuell auch mehr zur Wertschöpfung des Unternehmens
beitragen, aber diese Mehrleistung schon aufgrund der Gehaltseinstufung abgegolten wird.

## 2.4  Das Entscheidungs- und Koordinationssystem

Die Entscheidungs- und Mitwirkungsorgane der Opel-Hoppmann GmbH sind in folgender Übersicht dargestellt:

**Entscheidungs- und Mitwirkungsorgane bei Opel-Hoppmann**

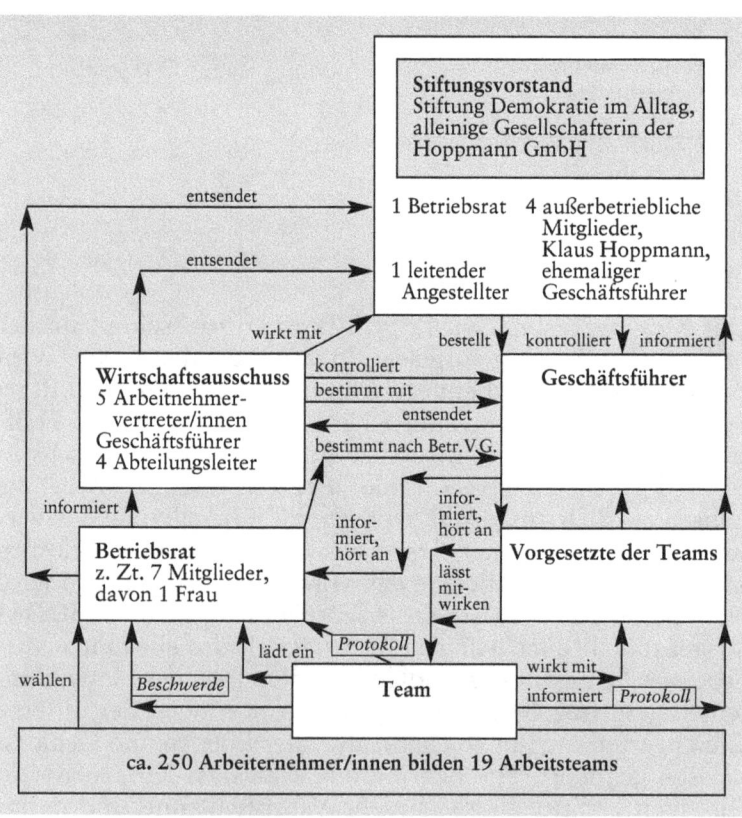

## Der Stiftungsvorstand

Den Stiftungsvorstand bilden ein vom Betriebsrat benannter Mitarbeiter und ein leitender Angestellter, den der Wirtschaftsausschuss entsendet, sowie 5 außerbetriebliche Mitglieder, die in den jeweiligen Aufgabengebieten der Stiftung tätig sind. Eines dieser 5 außerbetrieblichen Mitglieder ist der Stifter und ehemalige Unternehmensinhaber Klaus Hoppmann. Der Vorstand der Stiftung Demokratie im Alltag wählt aus seinen Reihen einen Vorsitzenden. Dieses Amt hat z. Zt. der evangelische Sozialpfarrer Wolfgang Belitz inne. Gemäß den Bestimmungen des GmbH-Gesetzes ist der Stiftungsvorstand u. a. zuständig für die Ernennung und Abberufung des Geschäftsführers der Martin Hoppmann GmbH. Eine solche Maßnahme bedarf allerdings laut Gesellschaftervertrag der Zustimmung des Wirtschaftsausschusses. Darüber hinaus kontrolliert der Stiftungsvorstand auch die Geschäftsführung bei den zweimal jährlich stattfindenden Gesellschafterversammlungen und der jährlich stattfindenden Klausurtagung, an der auch der Wirtschaftsausschuss teilnimmt.

## Der Wirtschaftsausschuss

Der Wirtschaftsausschuss besteht aus 5 Vertreter/innen der Unternehmensleitung und 5 Vertreter/innen der Belegschaft. Vertreter der Unternehmensleitung sind der Geschäftsführer und 4 Abteilungsleiter. Die Belegschaftsvertreter/innen sind Mitglieder des Betriebsrates und werden von diesem entsandt. Ein abwesendes Mitglied wird durch ein Mitglied der entsprechenden Gruppe vertreten.

Der Wirtschaftsausschuss tagt mindestens einmal monatlich. Seine Aufgaben liegen in der Diskussion und Entscheidung von wirtschaftlichen Angelegenheiten zwischen Unternehmensvertretern und Belegschaftsvertretern. Er kontrolliert die Geschäftsleitung und prüft zusammen mit dem Stiftungsvorstand das Jahresergebnis und entlastet damit den Geschäftsführer. In wirtschaftlichen Angelegenheiten ist der Wirtschaftsausschuss die höchste Entscheidungsinstanz.

## 2.5 Eigentumsgestaltung: die Stiftung zur Neutralisierung des Kapitals

Die Stiftung „Demokratie im Alltag" wurde von Klaus Hoppmann 1974 gegründet. Sie ist alleinige Gesellschafterin der Martin Hoppmann GmbH und hält somit 100 Prozent der GmbH-Anteile. Aufgrund ihrer Gemeinnützigkeit ist der Stiftung untersagt, wirtschaftlich tätig zu werden. Hieraus ergibt sich, dass die Stiftung keine Möglichkeit hat, die Geschäftspolitik des Unternehmens zu beeinflussen.

Zu den Motiven für diese Rechtsform äußert sich der derzeitige Geschäftsführer:

„Die Neutralisierung des Kapitals war ein ganz wichtiger Schritt für das Unternehmen, den Fortbestand des Modells in dieser Form und dessen Weiterentwicklung. Man muss gar keine Negativbeispiele nehmen wie teure Hobbys der Unternehmerfamilien oder irgendwelche anderen Aspekte. Allein der Erbgang, der irgendwann ansteht, hätte dazu geführt, dass erhebliche liquide Mittel abgeflossen wären. Was wäre gewesen, wenn sich die drei Kinder von Herrn Hoppmann und die Ehefrau das Unternehmen geteilt hätten? All das sind Probleme, die naturgemäß entstehen können, zumal wenn keiner der Angehörigen aktiv im Geschäft tätig ist. [...] Wichtig ist auch, dass es keinen Inhaber gibt, der dem Interesse nachgeht, jetzt beispielsweise kein Kapital zu verflüssigen, oder weil die Ertragslage im Automobilhandel nicht so günstig ist, dem Unternehmen Kapital zu entziehen und es in anderen gewinnträchtigeren Bereichen anzulegen. Dieses Kapitalakkumulierungsinteresse, das eine Schwächung des Unternehmens zur Folge hätte, gibt es durch die Neutralisierung bei uns nicht mehr. Aus unserer Erfahrung lässt sich sagen, dass dies für das Unternehmen nur von Vorteil sein kann." (Interview, Geschäftsführer)

Die Finanzierung der Vorhaben wird durch die Stiftungsausschüttung sichergestellt. Dieser Betrag wird jährlich ausgeschüttet und beträgt 1 Prozent des jeweils aktuellen Eigenkapitals der Firma Hoppmann.

## Erfahrungen

Zur Erfolgsbeteiligung sagt der Finanzleiter:

„Die Erfolgsbeteiligung ist ja mittlerweile schon ein Gewohnheitsrecht. Man wartet und hofft, dass am Ende des Monats oder Jahres etwas Gutes dabei herauskommt. Diese Gelder nimmt man dann dankbar an. [...] Man kann nicht sagen, dass die Erfolgsbeteiligung einen großen Einfluss auf die direkte Arbeitsleistung hat. Das lässt sich auch anhand der schwankenden Auftrags- und Marktlage erklären. Es gab Jahre, da kam fast nichts und Jahre, z. B. die Wende 1989/90, wo sehr viel Geld dabei herauskam. Daran hat man sich gewöhnt und nimmt es hin. Dass das Interesse jedoch da ist, und dass die Mitarbeiter/innen die Erfolgsbeteiligung sehr genau beobachten, stellt sich am Jahresende heraus. Dann nämlich, wenn die Geschäftsleitung den Gewinn um Wertberichtigungen, Rückstellungen usw. vermindert, um auf legalem Wege Steuern zu sparen. Da wird schon mal kritisch nachgefragt, warum der Betrag der Wertberichtigung so hoch angesetzt wird. Das ist ein Anzeichen dafür, dass der Unternehmergedanke bei den Mitarbeitern hin und wieder geweckt wird. Der Unterschied bei uns aber ist, dass trotz der kritischen Nachfragen ein Verständnis in der Belegschaft vorhanden ist. Das liegt daran, dass die Zahlen des monatlichen und jährlichen Ergebnisses der kompletten Belegschaft offengelegt und erklärt werden. Die Offenlegung der Zahlen erfolgt durch die Geschäftsleitung gegenüber dem Betriebsrat und den Abtei-

lungsleitern auf der Wirtschaftsausschusssitzung, und durch
die Verpflichtung der Vorgesetzten, die Ergebnisse in ihren
Abteilungen bekanntzugeben und falls notwendig zu erklären." (Interview, Finanzleiter)

Auch der Wirtschaftsausschuss hat sich bewährt, fasst man
die Interview- und Fragebogenergebnisse zusammen:

„Im Wirtschaftsausschuss liegt die Verantwortung gemein-
schaftlich bei Mitarbeitern und Geschäftsleitung", „durch
den Wirtschaftsausschuss ist aufgrund der Offenlegungs-
pflicht eine hohe Transparenz für alle Mitarbeiter auf allen
Ebenen gegeben", „durch den Wirtschaftsausschuss kann ein
diktatorisches Verhalten der Geschäftsleitung verhindert werden", „da der Wirtschaftsausschuss paritätisch besetzt ist,
werden Entscheidungen von allen getroffen und sind aufgrund der breiten Basis qualifizierter." (Antworten im Fragebogen)

Der Geschäftsführer sagt: „Ein wesentlicher Punkt des Erfol-
ges der Firma ist darin zu sehen, dass die Belegschaft an den
unternehmerischen Entscheidungen beteiligt ist. Dadurch
sind wir gezwungen, sach- und fachorientiert und wirtschaftlich begründet zu entscheiden und zu verhalten [...] Es
gibt nicht wenige Unternehmen, wo der Unternehmer bestimmte Dinge priorisiert und andere Dinge, weil er sie nicht
so schätzt oder liebt, aus den Augen verliert und vernachläs-
sigt. Dies kann bei uns nicht auftreten, da alle Abteilungsleiter für die Unternehmensseite und alle Betriebsratsmitglieder
für die Arbeitnehmerseite an den Entscheidungen beteiligt
sind. Insofern ist meine Überzeugung, dass durch diese Mitbestimmung in wirtschaftlichen Angelegenheiten das Management und die Managemententscheidungen optimiert
werden. Dies hat letztendlich wieder dazu geführt, dass das
Unternehmen im regionalen Markt erfolgreicher sein konnte, als es Wettbewerber waren."

Nach Meinung des Betriebsratsvorsitzenden ist durch die Mitbestimmung auf Unternehmensebene die Gefahr, dass die Firma durch irgendeine Misswirtschaft des Managements zugrunde geht, lange nicht so groß. Der Betriebsrat hat ja als Vertreter der Arbeitnehmer durch die Wirtschaftsausschusssitzungen einmal im Monat die Möglichkeit, den Stand der Dinge zu ersehen. Dies ist ein großer Vorteil gegenüber Firmen, in denen die erste Bilanz, die der Betriebsrat zu Gesicht bekommt, die des Konkursverwalters ist."

Ein Abteilungsleiter schildert die Mitbestimmung so: „Aufgrund der guten Erfahrungen in den letzten Jahren nehmen alle Abteilungsleiter und der komplette Betriebsrat an den Sitzungen teil. So ist eine breite Basis gegeben, die Erfahrungen, Werte und Einstellungen in die Entscheidung mit einzubringen. Dies wird zusätzlich dadurch gefördert, dass immer versucht wird, einen Konsens zu finden. Das heißt, die Entscheidung wird erst dann gefällt, wenn alle Beteiligten die Lösung akzeptiert haben. Es ist ja auch so, wenn die Meinungen zu weit auseinander liegen, dann ist ja auch noch Klärungsbedarf vorhanden, und dann wird in den wenigsten Fällen gesagt: ‚Das muss jetzt aber entschieden werden.' Meistens ist es dann so, dass sich die Beteiligten noch einmal informieren und Gedanken machen können. Die Lösung wird sich dann zwangsläufig einstellen. In diesen Fällen wird eine neue Sitzung einberufen oder, wenn es nicht so eilig ist, da ja alle vier Wochen eine Ausschusssitzung stattfindet, das Thema dann neu aufgegriffen wird."

Zur Teamarbeit werden folgende Erfahrungen mitgeteilt: „Selbst wenn es bei uns nicht anders ist als anderswo, dann sind in der Regel gründliche Diskussionen vorausgegangen mit dem Ergebnis, dass die betroffenen Teams auch zu diesem Ergebnis stehen und sich positiv dazu einstellen." (Geschäftsführer)

„Teamarbeit in unserem Sinne hat nicht unbedingt Auswirkungen auf die Gestaltung der Arbeit. Der Einfluss besteht
vielmehr darin, dass im Team der ‚Teamgeist' geschürt werden soll. Der eine setzt sich für den anderen ein. Zeitweise
großer Arbeitsanfall wird im Team bewältigt. Probleme, die
sich im zwischenmenschlichen Bereich (Einzelschicksale oder
Probleme mit Kollegen) abspielen, können aufgrund der
Schulung in sozialen Kompetenzen (Konflikt-, Diskussions-,
Argumentationsfähigkeiten) frühzeitig besprochen werden.
Unterschwellige Machtkämpfe können vermieden werden ."
(Abteilungsleiter)

„Schwierigkeiten bei der Teamarbeit gibt es mit den Mitarbeitern, die sich nicht mit dem System identifizieren können
und lieber das machen, was der Vorgesetzte sagt. Diese
schließen sich aus und haben z. B. bei Seminaren alle möglichen Ausreden, um sich davor zu drücken. Wenn die Teams
aber von den Seminaren zurückkommen und neue Ansätze
präsentieren, sind das die großen Kritiker. Dies ist aber zum
Glück nur eine kleine Minderheit." (Abteilungsleiter)

Aus den Antworten der Interviewten lässt sich erkennen, dass
die Neutralisierung des Kapitals der Unternehmung zu einer
essenziellen Frage des Fortbestehens des runden Systems geworden ist. Dies lässt sich auch daran messen, dass auf die
Frage nach den Gründen für die Attraktivität als Arbeitgeber
gegenüber anderen Unternehmen die Sicherung des Modells
durch die Stiftung am häufigsten genannt wurde.

In der Fallstudie zitierte Literatur:

HÖLTSCHI, R./ROCKSTROH, CHR.: Bausteine für Alternativen, Ota Siks
    Dritter Weg in ein Wirtschaftssystem der Nachmoderne, Grüsch
    1985.

HOPPMANN, K./STÖTZEL, B.: Demokratie am Arbeitsplatz, Ffm/New York:
    Campus 1981.

Fallstudie 4        *Recherchiert von Hans-Peter Mohr*

# C. Mollenhauer Flötenbau GmbH, Fulda: „Auf der Suche nach dem sozialen Organismus"

## Allgemeine Charakterisierung

Das Unternehmen feierte 1997 sein 175. Firmenjubiläum. Der spätere kurfürstliche Hofinstrumentenmacher Johann Andreas Mollenhauer hatte sich 1822 in Fulda niedergelassen. Heute führt sein Ur-Urenkel Bernhard Mollenhauer das Unternehmen weiter.

Das Lieferprogramm umfasst ein Vollsortiment von Blockflöten aus verschiedenen Holzarten für individuelle Ansprüche: Handgearbeitete Künstlerinstrumente, Modelle für Fortgeschrittene und Ensemblespieler, Schulflöten für Anfänger aus Holz und Kunststoff und spezielle Blockflöten für motorisch behinderte Menschen. Daneben bietet das Unternehmen die Reparatur und Wartung von Holzblasinstrumenten an. 1997 erzielten 35 Mitarbeiter einen Umsatz von knapp 3,5 Mio. DM. Dreimal im Jahr erscheint ein Kundenmagazin (Windkanal) für den Endverbraucher zum Thema Blockflöte mit aktuellen, internationalen Beiträgen aus der Szene.

## Innovative Sozialordnungselemente

### 1.   Die Ideen des Unternehmers B. Mollenhauer

Obwohl Bernhard Mollenhauer rechtlich alleiniger Eigentümer der C. Mollenhauer GmbH ist, fühlt er sich eher als ein in oberster Verantwortung stehender Benutzer eines Betriebskapitals, das im Zusammenwirken mit den Mitarbeitenden und aus der Interessenslage von Kunden, Lieferanten und weiteren Geschäftspartnern – im Sinne einer Wertschöpfungskette – über viele Jahre entstanden ist. Der Grundstein zu diesem Verständnis war für ihn das christliche Weltbild, das ihm in seinem Elternhaus vermittelt wurde und seine eigenen Erfahrungen während seiner beruflichen Laufbahn.

Als seine erste Tochter in eine Waldorfschule kam (1982), fing er an, sich mit Rudolf Steiners Anthroposophie zu beschäftigen. Auf der Suche nach einer sachlichen Erklärung für seine bis dahin eher moralisch-christliche Grundauffassung, stieß er auf die Gedanken der „sozialen Dreigliederung", des „sozialen Hauptgesetzes" und der „assoziativen Wirtschaft". In diesem Zusammenhang baute er später die ersten Kontakte zum Verbund Freie Unternehmensinitiativen (Stuttgart) auf, dem sein Unternehmen seit 1996 angehört. Im Verbund haben sich kleine und mittlere Unternehmen, Initiativen und Unternehmensberater zusammengeschlossen, um im konkreten Umgang miteinander die sozialen Ideale mit der wirtschaftlichen Realität des Alltagsgeschäftes zu verbinden. Damit soll ein konkreter Beitrag für das „assoziative Wirtschaften", wie es von Rudolf Steiner angeregt wurde, geleistet werden.

Die Idee des assoziativen Wirtschaftens geht auf Rudolf Steiners Ausführungen zur „Dreigliederung des sozialen Organismus" zurück (R. STEINER; Die Kernpunkte der Sozialen Frage, GA 23).

HERRMANNSTORFER (1992, S. 44) führt dazu aus: „Assoziationen sind Verständigungsorgane zwischen den beiden Polen Produktion und Konsumtion. Aus der Spannung gegensätzlicher Interessen bei gleichzeitiger gemeinsamer Intention, dass nämlich der Leistungs- und Austauschvorgang tatsächlich zustande kommt, ergibt sich die fruchtbare wirtschaftliche Zusammenarbeit zu einem Mehr, während das

Gespräch zwischen gleichgerichteten Interessen zu einem Weniger führt."

In das System der Assoziationen von Produzent, Lieferant und Verbraucher bzw. deren Repräsentanten müsse der Handel einbezogen werden, denn dieser stehe als Absatzmittler zwischen den beiden Parteien. Diese Vermittlungsfunktion könne er deshalb wahrnehmen, weil er beide Interessenseiten und deren Möglichkeiten besser kenne als diese selbst.

Assoziative Prozesse mit dem Ziel einer *gerechten Waren- und Leistungsverteilung* unter gleichzeitiger *Verwirklichung der persönlichen Individualität* könnten sich nur dann entwickeln, wenn keines der drei gleichberechtigten Wirtschaftssubjekte – Produzent, Händler oder Konsument – bestimmte Vorrechte beansprucht, die ihren Ursprung außerhalb der wirtschaftlichen Vorgänge haben. Dazu gehört insbesondere das Privateigentum an Produktionsmitteln einschließlich Grund und Boden. Die Rechte eines Unternehmers ergäben sich nicht aus dem Eigentum, sondern ausschließlich aus der unternehmerischen Funktion.

Das Entgelt für die Arbeitsleistung der Menschen wird als *Anteil des gemeinsam erwirtschafteten Gewinns* betrachtet. Keinesfalls sei der Lohn als Preis für Arbeit zu bezeichnen. Nur Waren und Leistungen, die gehandelt werden, könnten mit einem Preis bewertet werden. Die Entscheidung über die Höhe des Anteils am Gewinn sei eine Frage des autonomen Rechtslebens.

Um nicht in die Gefahr ideologischer Einseitigkeit zu geraten, war Bernhard Mollenhauer für einige Jahre Mitglied in der AGP (Arbeitsgemeinschaft für Partnerschaft in der Wirtschaft, Kassel), die insbesondere die immaterielle und die materielle Mitarbeiterbeteiligung zum Ziel hat. Sie hat dazu die unterschiedlichsten Beteiligungsmodelle entwickelt und hilft dabei, sie in die Praxis einzuführen. Bezüglich der immateriellen Beteiligung fand sich der Flötenbauer hier in seinem Bemühen bestätigt, das eigene Unternehmen als einen Raum zu verstehen, wo sich Initiativkräfte, Selbstbestimmung und Verantwortlichkeit im Rahmen der gestellten Aufgaben frei entwickeln können. Daraus ergab sich dann auch im eigenen Betrieb eine neue Organisationsstruktur und über entsprechende Organe auch die Mitsprache bei betrieblichen Entscheidungen.

Eine materielle Beteiligung der Mitarbeitenden am Unternehmen lehnt Mollenhauer dagegen aus verschiedenen Gründen ab. Das hat einerseits mit seiner Ansicht über die Entstehung des Firmenkapitals zu tun, andererseits mit dessen Veräußerlichkeit, die er, wie auch die Vererbbarkeit, ablehnt nach dem Grundsatz: „Kapital muss initiativen und fähigen Menschen zum freien Einsatz zur Verfügung stehen." In diesem Sinne strebt er eine *Kapitalneutralisierung* eines Unternehmens an. Im Verbund Freier Unternehmensinitiativen wurden zu diesem Thema erste Rechtsformen erarbeitet und umgesetzt.

Inwieweit seine „Mitarbeitenden" diese Gedanken nachvollziehen können, müsse die zukünftige Entwicklung zeigen. So sehr ihm dabei einerseits der ideologische Hintergrund ein tiefes Anliegen ist, so möchte er andererseits vermeiden, seine Philosophie anderen zu oktroyieren. Das Verständnis und die Notwendigkeit für einen Wertewandel sollen sich aus den jeweils eigenen Beobachtungen und aus der Sache heraus ergeben. Dazu braucht es nach seinen Worten einen langen Atem, Vertrauen in die Entwicklungsfähigkeit der Menschen und die Bereitschaft mitzumachen.

## 2.  Praktische Ausgestaltungen

### 2.1  Die dispositive Arbeitsgestaltung: Regelung der Kommunikations-, Entscheidungs- und Koordinationsrechte und -pflichten

Der Versuch, die Mitarbeitenden möglichst umfassend an den Entscheidungen partizipieren zu lassen, führte bei Mollenhauer zu für einen kleinen Betrieb erstaunlich zahlreichen Organen bzw. Gremien, u. a.:

Der *Leitungskreis* (LK) bildet die Geschäftsleitung des Unternehmens. Ihm gehören der Geschäftsführer, der Produktions- und Einkaufsleiter, der Vertriebs- und Verwaltungsleiter, und beratend Herr Mollenhauer an. Hier werden in wöchentlich stattfindenden Sitzungen die übergeordneten Entscheidungen getroffen. Dazu gehören Unternehmensziele, Personalentwicklung, langfristige Investitionen, neue Produktionsverfahren und -materialien. Mollenhauer hat die Zusammensetzung vor vier Jahren selbst bestimmt. Die Entscheidungen im Leitungskreis sollen möglichst einstimmig bzw. einmütig getroffen werden. Dies gelinge auch in den meisten Fällen. Inzwischen nimmt Mollenhauer im Allgemeinen nur noch auf Wunsch des LKs an einzelnen Sitzungen beratend teil.

Drei Personen werden von der Belegschaft aus ihrer Mitte für drei Jahre in die *Mitarbeitervertretung* (MV) gewählt. Diese ist als eine Art Betriebsrat zu verstehen und bildet damit den Gegenpol zum Leitungskreis. Konfrontationen zwischen beiden Gremien habe es bisher nie gegeben. Es wird versucht, die sozialen Probleme gemeinsam zu lösen. Die Mitarbeitervertreter sind an der Erstellung der monatlichen Erfolgsrechnung und an wichtigen Entscheidungen bezüglich der Geschäftspolitik beteiligt. Ihre Treffen finden etwa alle 14 Tage statt. Zur Zeit der Erhebung bestand keine Mitarbeitervertretung mehr, da sich niemand aus der Belegschaft zur Wahl gestellt habe. In diesem Fall werden drei Personen per Losentscheid bestimmt, wenn entsprechende Entscheidungen anstehen.

In der *Budget- und Tarifrunde* verteilen Leitungskreis und Mitarbeitervertretung im ersten Quartal eines Jahres die finanziellen Mittel im Unternehmen. Es wird die vom Geschäftsführer aufgestellte Plankostenrechnung zugrunde gelegt. Gleichzeitig passt man die Löhne an. Dabei wird geprüft, ob die Geldverteilung ausgewogen zwischen dem Bedarf des Unternehmens und des Einzelnen ist.

Aufgabe der *Lohnkommission* ist die Prüfung, ob der Antrag eines Mitarbeiters auf eine Lohnerhöhung in Bezug auf seine Person und im Verhältnis zu den anderen berechtigt und finanziell zu tragen ist. Dieses Gremium setzt sich zusammen aus einem Leitungskreismitglied, einen Mitarbeitervertreter, dem Betroffenen, seinem Bereichsleiter und evtl. einem Sprecher des Betroffenen. Es gibt also keine feste Besetzung und keine bestimmten Termine. Sie wird je nach Bedarf vom Geschäftsführer einberufen.

Das *Weihnachtsgeldgremium* entscheidet jedes Jahr im November über die Verteilung der Weihnachtsprämie. Hierzu werden alle Mitarbeiter per Aushang eingeladen. Die Prämie ist dem Sinn nach als Beteiligung am Gewinn zu verstehen.

Im *Qualitätszirkel* (QZ) treffen sich der Geschäftsführer, die vier technischen Bereichsleiter, der Werkzeugmacher und eine Mitarbeiterin aus dem Bereich Endfertigung, die für die Endkontrolle zuständig ist. Diese Personen legen die Qualitätsmaßstäbe für die Fertigung fest und sorgen für deren Einhaltung. Ihre Kompetenzen reichen bis hin zur Stillegung des Warenversands. Aus der Alltagspraxis heraus finden solche Treffen nur bei Bedarf, d. h. zu konkreten Anlässen und unter Einbezug der betroffenen Personen statt.

Zwei- bis dreimal jährlich findet eine *Mitarbeitervollversammlung* statt. Bei dieser Gelegenheit informiert der Leitungskreis über aktuelle Themen aus dem Tagesgeschäft, Messeinformationen, wirtschaftliche Lage etc.

Mit dem *Beirat* wurde ein Organ geschaffen, das seine endgültige Bedeutung erst noch erarbeiten muss. Gedacht ist u. a. an die Wahrnehmung folgender Aufgaben:

- Spiegelfunktion für den Leitungskreis
- Vorbereitung der angestrebten Neutralisierung des Firmenkapitals
- dem LK von außerhalb beratend zur Seite stehen
- Mitwirkung bei der Bestellung des Geschäftsführers

Der Beirat sollte vorzugsweise mit Persönlichkeiten von außerhalb des Unternehmens zusammengesetzt sein, die mit dem Wirtschaftsleben, mit Musik/Kunst und sozialer Gestaltung vertraut sind.

Einmal jährlich treffen sich die Mitarbeiter aller Unternehmen des Verbundes Freier Unternehmensinitiativen zum Erfahrungsaustausch über betrieblich übergeordnete Fragestellungen, die sich aus dem Wirtschaftsleben ergeben. Hier wird z. B. der Wert der Arbeit erörtert. Diese Tagung findet üblicherweise in einem der Betriebe statt. Durchschnittlich nehmen zwei bis vier Beschäftigte pro Firma teil.

## 2.2 Die Einkommensgestaltung

Bei Mollenhauer gibt es einen hauseigenen Manteltarifvertrag, den man allerdings hier „Regeln der Zusammenarbeit" nennt und der als gegenseitige rechtliche Verpflichtung bei Abschluss von Arbeitsverträgen dient. Dieser wurde gemeinsam von Geschäftsleitung und Mitarbeitervertretung erstellt und kann auf Antrag am Ende einer Laufzeit geändert werden.

Daneben besteht ein Haustarif, der die Lohnzahlungen regelt. Man unterscheidet nicht zwischen Lohn- und Gehaltsempfänger. Alle Mitarbeitenden erhalten einen sogenannten Monatslohn. Änderungen des Tarifs (z. B. Lohnerhöhung) werden zu Jahresbeginn auf der Grundlage einer aktuellen Plankostenrechnung von Leitungskreis und Mitarbeitervertretung beraten und bei positiver Geschäftsentwicklung neu festgelegt. Die Verteilung der Einkommen geschieht nach einem eigenen Lohnmodell, das sich in kleinen Veränderungsschritten über Jahrzehnte zu der heutigen Form behutsam entwickelt hat. Dieses nennt zuerst einen *Grundlohn*, der für alle gleich hoch ist und jedem Mitarbeitenden eine Grundversorgung sicherstellen soll. Er macht den größten Teil des Monatslohnes aus. Darüber hinaus wird ein *Individuallohn* ausgezahlt, der die unterschiedlichen Fähigkeiten, extreme körperliche und/oder geistige Belastungen, überdurchschnittliche Verantwortung für ein bestimmtes Aufgabengebiet bzw. für die Betriebsgemeinschaft und die Aufgabenstellung als solches berücksichtigt. Der Unterschied zwischen niedrigstem und höchstem Einkommen beträgt das 2,2-fache.

## Erfahrungen mit der Sozialordnung

Die Befragungen der Mitarbeiter machten unterschiedliche Beurteilungen der betrieblichen Situation deutlich. Hier war insbesondere ein Bruch zwischen jung und alt zu erkennen, gerade in der sensiblen Frage der Einkommensgestaltung und dem offenen Umgang damit. Mit der Einrichtung der Lohnkommission war die Mehrzahl der Beschäftigten grundsätzlich zufrieden, obwohl in der Praxis bisher mehr Anträge auf Lohnerhöhung abgelehnt als angenommen wurden. Begrüßt wurde die Möglichkeit, sich selbst darzustellen und aufgrund der unterschiedlichen Teilnehmer eine gerechtere Bewertung zu erhalten.

Die Vielzahl der Gremien und der damit verbundenen zeitaufwändigen Sitzungen wurde häufig als Belastung erlebt, was dazu führte, dass manche Veranstaltungen nicht mehr so regelmäßig wie vorgesehen stattfinden oder auch ganz „einschlafen". Entscheidungsprozesse würden dadurch oftmals unnötig verzögert bzw. seien wirtschaftlich nicht mehr vertretbar.

Die flache hierarchische Struktur, Teamarbeit und der bewusst von der Geschäftsleitung gepflegte kollegiale Führungsstil führten im Betrieb zu einem sehr persönlichen Klima mit sehr weiten Entscheidungsspielräumen für den einzelnen Mitarbeiter. Dabei ließen sich allerdings nicht immer Kompetenzüberschreitungen vermeiden. Das führte in einzelnen Bereichen zeitweilig zu Schwankungen im Betriebsklima.

Insgesamt versteht man sich als werdende Organisation, die bereit ist, aus den eigenen Fehlern zu lernen.

In der Fallstudie zitierte Literatur:

HERRMANNSTORFER, U.: Scheinmarktwirtschaft – Die Unverkäuflichkeit von Arbeit, Boden und Kapital, Stuttgart, 2. Aufl. 1992.

STEINER, R.: Die Kernpunkte der sozialen Frage in den Lebensnotwendigkeiten der Gegenwart und Zukunft, Dornach, 6. Aufl., 1976 (1. Aufl. Basel 1919, GA 23).

# Fallstudie 5

*Recherchiert von Christine Machwirth*

# Plansecur-Gesellschaft für Vermögens-beratung und -vermittlung mbH, Kassel: „Christsein im Unternehmen"

## Allgemeine Charakterisierung

Plansecur wurde 1986 von Klaus Dieter Trayser zusammen mit 27 weiteren Personen, zum Teil aus seinem bisherigen engeren beruflichen Umfeld, gegründet. Das Unternehmen für Vermögensberatung, dessen Firmensitz sich seit April 1997 in Kassel befindet, ist mittlerweile bundesweit an mehr als 100 Orten tätig. Plansecur betreut derzeit gut 45.800 Kunden. Die angebotene Produktpalette reicht von Lebensversicherungen, Immobilienfonds und Investment bis zu Renten- und anderen Versicherungen. Im Gegensatz zu anderen „Allfinanz"-Anbietern gehört das Unternehmen keinem Konzern an.

Die 205 Berater im Außendienst erwirtschafteten im Geschäftsjahr 1998/99 eine Provisionssumme von rund 37 Mio. DM.

In der zentralen Verwaltung von Plansecur sind gut 70 Mitarbeiter, davon etwa 70 Prozent weiblich, mit einem Durchschnittsalter von unter 30 Jahren beschäftigt. Es existiert kein Betriebsrat.

Das Unternehmen behauptet sich am Markt für Finanzdienstleistungen offensichtlich recht gut, betrachtet man beispielsweise die Entwicklung des jährlich kontinuierlich wachsenden Kundenstamms, der sich im Januar 2000 auf

45.790 Kunden belief. Auch beim Umsatz ist trotz der etwas schwankenden Mitarbeiterzahlen im Außendienst eine ständig ansteigende Tendenz zu verzeichnen.

Die Stornoquote insgesamt betrug im Jahr 1996 beispielsweise lediglich 2,8 Prozent bei einem Branchendurchschnitt von 6 Prozent, im Lebensversicherungsbereich lag sie sogar nur bei 0,4 Prozent.

## Innovative und prägende Sozialordnungselemente

### 1. Die Ideen des Gründers Klaus Dieter Trayser

Klaus Dieter Trayser wurde 1939 in Darmstadt geboren und ist in einem evangelischen Elternhaus mit drei Geschwistern aufgewachsen. Nach dem Besuch der Volksschule schloss er die staatliche Handelsschule mit der Mittleren Reife ab. Die Kaufmannsgehilfenprüfung im Jahre 1958 beendete die Ausbildung zum Groß- und Einzelhandelskaufmann. Nachdem er anschließend drei Jahre als Filialleiter im Einzelhandel tätig war, schlug er den Weg des Versicherungskaufmanns bei der Allianz ein. Berufsbegleitend besuchte er mehrere Managementseminare.
Klaus Dieter Trayser machte schnell Karriere: 1965 wurde er Zweigstellenleiter im Gerling-Konzern und stieg 1970 zum Prokurist der Herold-Gesellschaften auf. Schließlich baute er die Bonnfinanz AG auf (Herold und Bonnfinanz gehören heute zur Gruppe der Deutschen Bank). Bei Bonnfinanz war er seit 1974 im Vorstand und die letzten fünf Jahre bis zu seinem Austritt im Jahr 1985 Vorstandssprecher. In dieser Funktion standen ihm neben einem sehr guten Gehalt (ca. 450.000 DM Jahreseinkommen) ein Assistent, zwei Sekretärinnen, ein Dienstwagen einschließlich Chauffeur und weitere Privilegien zur Verfügung.

Bereits bei Gründung im Jahr 1986 wurde festgehalten:

„Jeder Mensch besitzt ein nicht vorhersehbares individuelles Entwicklungspotenzial. Ein erfolgreiches Unternehmen, das dieses Entwicklungspotenzial nutzen will, benötigt eine dementsprechende Organisationsstruktur. Sie muss für den Einzelnen solche Arbeitsbedingungen schaffen, die es ermöglichen, dass seine Begabung und seine eigenverantwortliche Entfaltung bestmöglich gefördert und unterstützt werden" („Von der Notwendigkeit, eine neue Vermögensberatungs-Gesellschaft zu gründen", 19.04.1986).

Privat engagierte sich der Familienvater von fünf Kindern immer stark in sozialen Bereichen. So war er viele Jahre lang als ehrenamtlicher Diakon in einer freien evangelischen Gemeinde tätig. Über zwanzig Jahre lang betrieb er neben seiner Gemeindearbeit aktive Entwicklungshilfe im brasilianischen Urwald. In Bonn gründete er einen evangelisch orientierten Diakonie- und Buchverein. „Nebenbei" war er außerdem zehn Jahre lang Vorsitzender des Aufsichtsrates der Spar- und Kreditbank des Bundes freier evangelischer Gemeinden.

Trotz aller geschäftlicher Erfolge war Klaus Dieter Trayser beruflich nicht glücklich und wollte bei seiner Arbeit keine „deformierten Wahrheiten" mehr gelten lassen.

„Ich habe dann überlegt, wie müsste eine Firma aussehen, die solche Rahmenbedingungen hat, dass ich als Christ ungespalten arbeiten kann. Dass ich mein Christsein nicht nur in der Familie, in der Gemeinde lebe, sondern dass ich auch im Beruf als Christ meine Arbeit tun kann" („Ehrlich währt am längsten", Sendung des Evangeliums-Rundfunks am 8. November 1994).

Die Gesellschafter legten fest, dass jährlich mindestens 1,0 Prozent ihrer Netto-Provisionseinnahmen zu gemeinnützigen oder mildtätigen Zwecken zu verwenden ist (vgl. Kommandit-Gesellschaftsvertrag § 12, Abs. 3, 19.04.1996).

Daraus ist der Verein Planimpuls für engagierte Hilfe e.V. entstanden, der im Juni 1999 in der neu errichteten Stiftung aufging. Der Verein unterstützt bundesweit ungefähr vierzig Projekte und verleiht jährlich einen mit 10.000 DM dotierten Förderpreis an Persönlichkeiten, die sich in besonderer Weise im sozialen Bereich betätigen. Mitglieder des Vereins sind neben Mitarbeitern von Plansecur zum Teil deren Ehepartner und auch Kunden sowie Geschäftspartner. Es wird jedoch nicht nur mit Geld geholfen, sondern aktiv an den Projekten mitgearbeitet.

Bei einem ersten Blick auf die Plansecur-Unternehmensgruppe ist festzustellen, dass Trayser in fast allen Teilen der Unternehmensgruppe als Geschäftsführer bzw. geschäftsführender Gesellschafter fungiert. Dazu sagt er:

„Ich tue das aber alles als Treuhänder, ich habe nie den Eindruck vermittelt und auch für mich nicht gelten lassen, dass ich etwas besitze in dem Unternehmen."

So habe er beispielsweise „... noch nie einen Pfennig aus dem Unternehmen genommen", er beziehe ausschließlich Gehalt. Änderungen des Gesellschaftsvertrages können nur mit einer Mehrheit von 75 Prozent beschlossen werden, so dass Trayser mit seiner „Sperrminorität" von 26 Prozent zwar alles verhindern, jedoch keine gesellschaftlich wichtigen Entscheidungen allein gestalten kann. Als geschäftsführender Gesellschafter genießt er, was eine Kündigung angeht, keine Sonderrechte. Eine einfache Mehrheit der Gesellschafter wäre ausreichend, ihm jederzeit die Geschäftsführung zu entziehen, wobei Trayser selbst nicht mitstimmen dürfte.

„Wenn die Mehrheit der Gesellschafter mit meiner Arbeit nicht zufrieden ist, dann darf ich sie nicht weiter machen."

Trayser versucht, als Vorbild auf egoistische Ziele wie Machtausübung, Prestige und dergleichen zu verzichten und nach dem Neuen Testament zu leben. „Wir sind offen für Christen und Noch-Nicht-Christen ... Aber eines muss bei uns sein: Wer bei uns anfängt, muss unsere Grundwerte bejahen."

Es stellt sich die Frage, wie gewährleistet werden kann, dass die Mitarbeiter gleicher Einstellung sind. Dazu meint Trayser: „Wir können das gar nicht überprüfen, wir können nur vorleben."

Sämtliche Gespräche und Interviews zeigten, dass Klaus Dieter Trayser von sämtlichen Mitarbeitern des Unternehmens sehr hoch geschätzt, ja fast bewundert wird.

„Ich werde oft gefragt: Herr Trayser, wie können Sie nur als Christ in der Finanzbranche arbeiten? Und ich frage dann zurück: Wie kann man nur umgekehrt – wie kann man ohne Christ zu sein dort arbeiten? Wo nimmt man dann seine Maßstäbe her?" („Ehrlich währt am längsten", Trayser, ERF, 08.11.1994).

Trayser möchte, „... dass Menschen, die bewusst als Christen leben wollen, ungespalten arbeiten können. Das heißt, sie dürfen die gleichen Regeln und göttlichen Gebote, die sie für ihr privates Leben anerkennen, auch in ihrem beruflichen Alltag praktizieren."

Er betont ausdrücklich, dass es für ihn kein christliches Unternehmen gäbe – genauso wenig wie eine christliche Zahnbürste – sondern lediglich Christen in einem Unternehmen (vgl. ebenda; „Ehrlich währt am längsten", Trayser, ERF, 08.11.1994).

Das christliche Menschenbild soll die Mitarbeiter in ihren Grundeinstellungen prägen. Ethische Vorstellungen, wie „Achtung der Würde des Einzelnen, Gesetzestreue, Wahrhaftigkeit und Verlässlichkeit gegenüber uns selbst und anderen sowie der Verzicht auf manipulative Strategien" sollen von allen Mitarbeitern des Unternehmens getragen werden. Dies seien Vorstellungen, mit denen sich laut Trayser auch Humanisten identifizieren dürften.

## 2. Praktische Ausgestaltungen

### 2.1 Eigentums- und Einkommensgestaltung

Holding der Plansecur ist eine Kommanditgesellschaft mit einer GmbH als einzigem Komplementär. Alleiniger Gesellschafter dieser Management GmbH ist Klaus Dieter Trayser, der als Vertreter des Komplementärs die Geschäftsführung der KG ausübt. Die Management GmbH als Komplementär hält 26 Prozent des Gesellschafterkapitals und verfügt über ein Stimmrecht in gleicher Höhe. Die übrigen 74 Prozent des Kapitals verteilen sich auf die derzeit 68 Kommanditisten (darunter drei Frauen), die nahezu ausnahmslos selbst als Berater tätig sind. Im Außendienst der Plansecur Gesellschaft für Vermögensberatung und Vermittlung mbH sind 205 Berater als selbständige Handelsvertreter im Sinne der §§ 84ff HGB tätig, deren Bezahlung auf erfolgsabhängigen Provisionen basiert. Aus steuerrechtlichen Gründen wurde für die Vertragsabschlüsse mit den Handelsvertretern diese weitere GmbH mit Klaus Dieter Trayser und Jens Paysen als Geschäftsführer gegründet (vgl. die folgende Übersicht).

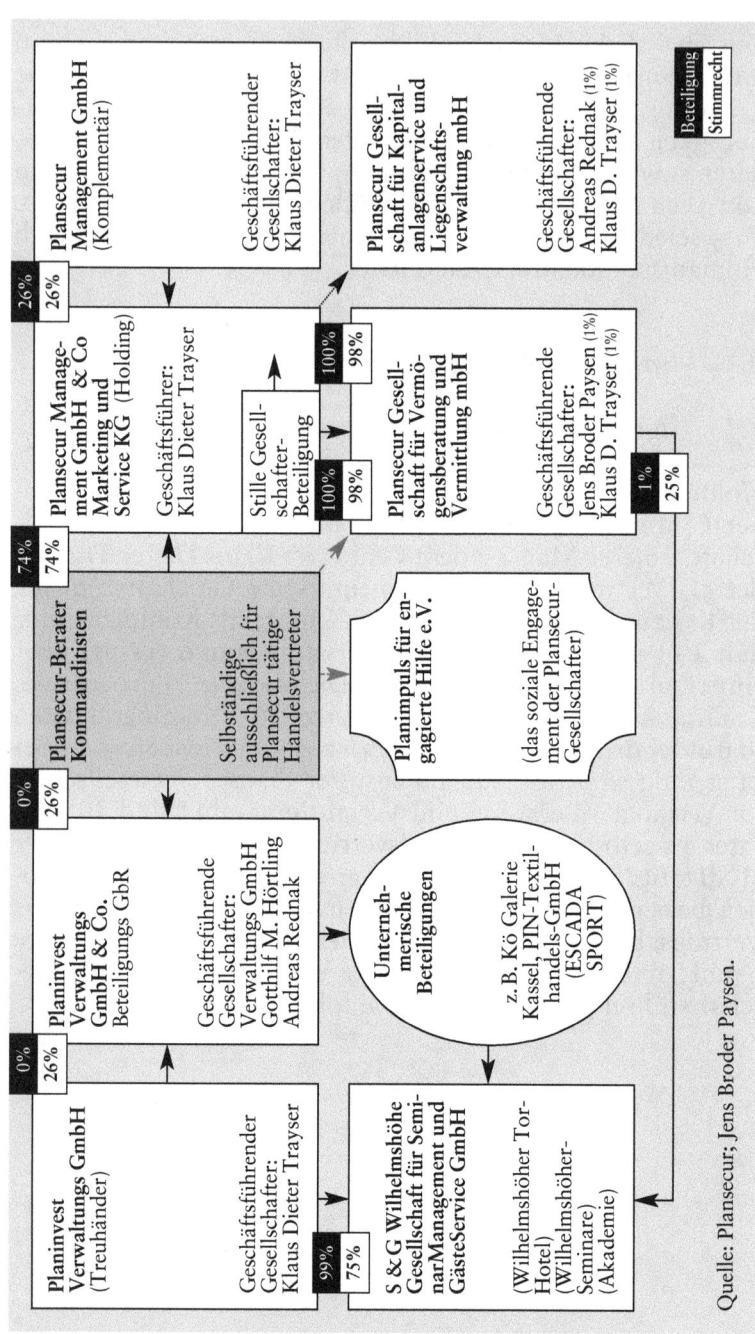

*Übersicht der Gesellschaften der Plansecur-Unternehmensgruppe*

Quelle: Plansecur; Jens Broder Paysen.

Bis 1996 konnten Berater bereits nach drei Jahren erfolgreicher Tätigkeit Kommanditist werden. Seitdem können sie sich zunächst lediglich als stille Gesellschafter an der KG beteiligen, bevor sie als Kommanditisten aufgenommen werden. Auf diese Weise verlängert sich der Weg bis zum Miteigentum an der Gesellschaft. Paysen begründet dies mit der Notwendigkeit, durch eine gewisse Zeit der Zugehörigkeit zum Unternehmen einen „Erfahrungshorizont" zu erlangen. Ansonsten wäre die „Kommunikation erschwert" zwischen einem jungen, erfolgreichen Berater und den bereits langjährigen Gesellschaftern.

Grundsätzlich erhält ein Berater zu Beginn seiner Tätigkeit für die Plansecur Gesellschaft für Vermögensberatung und Vermittlung mbH zunächst einen auf zwölf Monate befristeten Vertrag, bevor das Vertragsverhältnis unbefristet weitergeführt wird. Voraussetzung für den ersten Schritt – die stille Beteiligung – ist eine mindestens zweijährige erfolgreiche Beratertätigkeit nach Beginn des unbefristeten Vertragsverhältnisses innerhalb des Unternehmens. Erfolgreich bedeutet, dass der Berater einen bestimmten, regelmäßigen Umsatz erbracht haben muss und damit eine vorgegebene Honorierungsstufe erreicht hat. Außerdem darf ein Stornosatz von 6 Prozent von dem Berater und auch seinem Team nicht überschritten werden. Sobald diese Voraussetzungen erfüllt sind, kann sich der Berater mit einer Vermögenseinlage von maximal 20.000 DM an der Plansecur Management GmbH & Co. Marketing & Service KG beteiligen. Die eingezahlte Einlage erhält eine Verzinsung von 6 Prozent und zusätzlich, je nach Umsatzleistung des Beraters, einen Bonus zwischen 10 und 25 Prozent des Dividendensatzes der Kommanditgesellschaft. Am Verlust nehmen stille Gesellschafter nicht teil. Allerdings kann diese Option auf Beteiligung nach fünf Jahren verfallen, falls die Voraussetzungen bis dahin nicht erfüllt wurden. Über begründete Ausnahmefälle entscheidet die Geschäftsleitung mit Zustimmung des Gesellschafterausschusses (vgl. „Richtlinien für die Beteiligung von Handelsvertretern als stille Ge-

sellschafter der Plansecur KG", 7/96, S. 1). Ist die Einlage des
stillen Gesellschafters in voller Höhe erbracht, entsteht eine
Option auf Beteiligung an einem weiteren Unternehmen der
Plansecur-Gruppe: der Planinvest Verwaltungs-GmbH & Co.
BeteiligungsGbR (im weiteren Planinvest genannt), einer Gesellschaft, die sich hauptsächlich an anderen Unternehmen
beteiligt und auch Immobilien sowie sonstige Kapitalanlagen
erwirbt.

Auch als stiller Gesellschafter kann der Berater bereits zu der
jährlichen Gesellschafterversammlung als Gast eingeladen
werden, sobald er voraussichtlich innerhalb des nächsten Jahres die Bedingungen zum Kommanditisten erfüllt, d. h. konkret, sobald er zwei weitere stille Gesellschafter bzw. Kommanditisten entwickelt hat, „so dass die Gesellschafter nie unter sich sind und dann zu Lasten der nachfolgenden Generation entscheiden dürfen" („Leben mit Gott", ERF, 1994).
Eingeladen sind außerdem die Ehepartner und Kinder der
Kommanditisten. Die stille Gesellschaft endet mit Umwandlung der stillen Einlage in eine Kommanditeinlage. Es besteht
die Möglichkeit zur Kündigung der stillen Beteiligung, sie endet spätestens mit Beendigung der Tätigkeit für die Plansecur
Gesellschaft für Vermögensberatung und Vermittlung mbH
(vgl. „Vertrag über die Aufnahme ... als stille Gesellschafter ..."
§ 3, 01.08.1996, S. 3). In der Regel nach drei weiteren Jahren Tätigkeit für das Unternehmen und einer bestimmten
Umsatzleistung sowie der Entwicklung von drei stillen Gesellschafter, hat der Berater die Möglichkeit, Kommanditist
der Plansecur Management GmbH & Co, Marketing und
Service KG, zu werden.

Die Höhe des Zeichnungsrechtes für das Gesellschafterkapi-
tal errechnet sich anhand mehrerer Faktoren, die sich aus dem
jeweiligen beruflichen Leistungserfolg und der Dauer der Zugehörigkeit zum Unternehmen begründen. Ebenso wie bei der
stillen Beteiligung setzt die Kommanditbeteiligung die aktive
Mitarbeit innerhalb der Plansecur-Unternehmensgruppe vor-

aus, d. h. mit Ausscheiden des Beraters endet auch die Beteiligung. Über diesbezügliche Annahmen, beispielsweise bei alters- oder krankheitsbedingter Aufgabe der Berufstätigkeit entscheidet die geschäftsführende Gesellschafterin mit Zustimmung des Gesellschafterausschusses (vgl. Kommandit-Gesellschaftsvertrag § 14, Abs. 6, 19.04.1996). Über die Kommanditbeteiligung hinaus wird dem Gesellschafter eine weitere Kapitalbeteiligung an der Planinvest angeboten. An Planinvest können sich neben den Gesellschaftern, Geschäftsführern und Führungskräften des Innendienstes auch die Ehe- und Lebenspartner und deren Kinder beteiligen, sowie langjährige externe Berater der Unternehmensgruppe. Diese Beteiligung bleibt auch bei Beendigung der Tätigkeit für das Unternehmen bestehen und kann sogar vererbt werden (vgl. „Informationsbroschüre für künftige Gesellschafter der Planinvest", 11/96): „Damit bleibt auch die langjährige Verbundenheit mit den noch immer aktiv tätigen Kollegen der Plansecur erhalten" („Vom Mitarbeiter zum Unternehmer", 5/96).

Erwähnenswert ist, dass auch die Mitarbeiter des Innendienstes seit 1997 stille Beteiligungen von Plansecur erwerben können; aus steuerlichen Gründen wurde für den Innendienst diese Form der Beteiligung gewählt. Vor dem Jahre 1997 erhielten die Innendienstmitarbeiter je nach Betriebszugehörigkeit als Gewinnbeteiligung einen Anteil, der sich an den Dividenden der Gesellschafter orientierte. Mit der neuen Regelung wolle man jedoch den Status an die Außendienstmitarbeiter angleichen. Die Beteiligung ist auf 13.000 DM beschränkt und soll mindestens sechs Jahre gehalten werden. Nach einer Betriebszugehörigkeit von zehn Jahren wird zusätzlich zu der Verzinsung von 6 Prozent ein jährlicher Bonus von 10 Prozent des Kommanditdividendensatzes gewährt (vgl. „Personalinformation", 6/97, S. 1ff). Für die Kommanditisten macht die Dividendenzahlung jedoch nur einen geringeren Teil ihres Verdienstes aus, der größere Teil entsteht durch ihre Beratungstätigkeit.

Neben eigenen Beratungsprovisionen sind Teamleiter sogar zu einem kleinen Teil an der Provision der Berater in ihrem Team beteiligt. Dieser Anteil sinkt immer weiter, je höher der ausgebildete Berater in den fünf Honorierungsstufen aufsteigt, also mit längerer Unternehmenszugehörigkeit und steigendem Umsatz. Der Teamleiter partizipiert also sein gesamtes „Beraterleben" lang an den Provisionen des von ihm begleiteten Beraters, wenn auch später nur noch zu einem sehr geringen Anteil. Ein Provisionsanteil steht dem Teamleiter, der den anderen „entwickelt" hat, sogar dann noch zu, wenn der andere Gesellschafter geworden ist, und bleibt auch über diesen Zeitpunkt hinaus in minimaler Höhe bestehen. Auf diese Weise wird das Interesse des Teamleiters an der Weiterbildung der Teammitglieder zusätzlich gewährleistet. Bereits seit Gründung des Unternehmens beabsichtigt Trayser, seinen Geschäftsanteil in eine gemeinnützige Stiftung* einzubringen (vgl. „Lebensziele der Management GmbH", 24.01.1997). Dies ist im Juni 1999 erfolgt. Seither besteht ein Testament, in welches Trayser den Vorsitzenden des Gesellschafterausschusses als Testamentsvollstrecker eingesetzt hat. Dieser hätte im Todesfalle Traysers die Rechte und Pflichten der Anteile der Management GmbH wahrzunehmen, wobei die Familie Trayser die Anteile innerhalb von zwei Jahren abzugeben hätte.

Ziel ist, dass die Plansecur-Gruppe unabhängig von dessen Gründer weiterleben und die Gründungsidee und die damit verbundenen Grundwerte aufrecht erhalten werden können. Dazu bedürfe es nach Traysers Auffassung eines „Wächteramtes", welches er zur Zeit noch selbst inne habe. Mit einer Stiftung möchte er „den späteren Generationen soviel Handlungsspielraum geben, dass sie wirklich frei entscheiden kön-

---

* Zur Stiftung mit ihren juristischen Elementen der eindeutigen Stiftungsabsicht und des Stiftungszwecks sowie den Voraussetzungen einer Dauerwirkung, die gemeinwohlkonform zu sein hat und des Vorhandenseins sowohl des erforderlichen Vermögens als auch einer Organisation vgl. POTTHOFF, 1992, S. 2334; vgl. auch weiterführend hierzu BRANDMÜLLER, 1988.

nen, aber auch Leitlinien, die nicht überschritten werden dürfen". Diese der Orientierung dienenden Leitlinien sind für die Nachfolger als erleichternde Entscheidungshilfen gedacht. Ein konkretes Ziel soll dabei sein, dass Plansecur nicht von einer Versicherungsgesellschaft oder Bank aufgekauft werden kann und sich andererseits auch nicht bei seinen Produktpartnern beteiligen darf, um Abhängigkeiten zu vermeiden. In dem siebenjährigen Periodenplan des geschäftsführenden Gesellschafters von 1993 ist dessen Ziel nachzulesen, bis zum Jahre 1999 ein Stiftungskonzept erarbeitet und vertragsreif ausgestaltet zu haben (vgl. „Periodenplan II 1993–1999", Trayser, 1/97): Dies wurde auch entsprechend umgesetzt.

## 2.2  Koordinations- und Kommunikationsgestaltung

Plansecur weist eine sehr flache Hierarchie auf. Meist fünf oder sechs Berater bilden ein Team, geführt von einem selbst als Berater tätigen Teamleiter. Erfolgreiche Berater mit der Befähigung zur leitenden Teamarbeit haben die Möglichkeit, Teamleiter zu werden. Die Berater können sich, wie oben dargestellt, nach einem Zwischenstadium als stille Gesellschafter (derzeit ist dies eine Person) zum Kommanditisten entwickeln. Zur Zeit gibt es 40 Teamleiter – darunter zwei Frauen – und 41 Gesellschafter. Teamleiter und Gesellschafter sind weitgehend identisch. Gesellschafter, Teamleiter und Berater können sich zu je acht bis zwölf Personen in den derzeit sechs Ausschüssen bzw. Arbeitskreisen (Grundabsicherung, Vermögensaufbau, Kapitalanlagen, Betriebliche Altersvorsorge, Internet und InfoNet, Weiterentwicklung der Finanzplanung) engagieren, um an der Gestaltung des Unternehmens aktiv mitzuwirken. Diese Arbeitskreise werden größtenteils auf Vorschlag der Gesellschafterversammlung gebildet, wobei die Abstimmung der Aufgaben und Ziele mit der Geschäftsführung und der Gesellschafterversammlung erfolgt. Die Gesellschafter wählen den aus zur Zeit vier Personen bestehenden Gesellschafterausschuss\*, der die Interessen der Gesellschafter wahrt und die Geschäftsführung in ihrer Tätigkeit beratend unterstützt. Die Gesellschafterversammlung als höchstes Organ mit Entscheidungskompetenzen tagt zweimal im Jahr i. d. R. zwei bis drei Tage lang.

*Teamarbeit*
Die Berater sind in Teams organisiert. Die Teamleiter begleiten ihre meist fünf bis maximal sechs Berater nicht nur im fachlichen, sondern besonders auch im persönlichen Bereich. Für die Berater, vor allem für die neuen, ist ihr Teamleiter ein Coach, der ihnen in ihrer Entwicklung hilft und sie unterstützt. Zu dem Beratungskonzept des Unternehmens gehört, dass ein individuell vom Berater erstellter Vermögensplan für den Kunden noch einmal von seinem Team anonym diskutiert und optimiert wird, bevor der endgültige Vorschlag dem Kunden vorgestellt wird. „Kooperation statt Konkurrenz lautet das Motto auf allen Ebenen der Plansecur" („Plansecur Spezial: Plansecur im Portrait", 1997). Auch auf der Ebene der Arbeitskreise und Ausschüsse wird auf der ständigen Suche nach neuen Erkenntnissen und Verbesserungen im Team gearbeitet. Diese ganzheitlich teamorientierte Arbeitsweise wäre wohl in einer ausgeprägteren Hierarchie weniger möglich. So scheint es nicht verwunderlich, dass von allen befragten Diskussionsgruppen die Arbeit im Team als Stärke des Unternehmens benannt wurde.

*Feedbackkultur*
Bei vielen Ereignissen wird Feedback abgeholt bzw. gegeben, sei es beim Beratungsgespräch mit dem Kunden, bei Seminaren oder auch bei Gesellschafterversammlungen. Am Ende des Beratungsgesprächs mit einem Kunden beispielsweise fragt der Berater, wie sich der Kunde bei der Beratung gefühlt hat. Bei dem „Einweisungsseminar" lautet die Schlussfrage:

---

\* Vgl. Kommandit-Gesellschaftsvertrag vom 19.04.1986 in der Fassung vom 19.04.1996, § 10 Abs. 1, wonach der Gesellschafterausschuss i. d. R. aus fünf Personen besteht.

„Wie haben Sie die zwei Tage erlebt?" Eine ähnliche Frage wird mindestens einmal am Ende jedes Seminars gestellt.

Wesentlicher Inhalt des „Berater-Feedback-Tages" ist individuelles Feedback mit folgenden Spielregeln:

Im ersten Teil des Tages werden die Berater ermuntert, von ihrer Arbeit zu berichten, dabei sind Fragen zum Verständnis erwünscht, Wertungen, Interpretationen und Ratschläge aber an dieser Stelle noch nicht erlaubt, da jedem Teilnehmer die Möglichkeit gegeben werden soll, selbst die Lösung für seine Schwierigkeiten zu finden.

Die zweite „Runde" zum Feedback wird mit Ratschlägen und Empfehlungen durch den Geschäftsführer und Seminarleiter Paysen durchgeführt auf der Grundlage seiner langjährigen Erfahrungen als Berater. Dabei fiel auf, dass Umsätze gar nicht erwähnt wurden, weil es „nicht darum geht, Schuldige zu finden, sondern die Ursachen" (Paysen). Im Unternehmen gilt offenbar einvernehmlich die Annahme, dass die Lösung für auftretende berufliche Probleme immer zunächst im persönlichen Bereich vermutet werden. „Im Umgang miteinander berücksichtigen wir, soweit uns bekannt, den persönlichen Lebensweg und die individuelle Lebenssituation" („Grundsätze beziehungs- und ergebnisorientierter Führung", 6/97). Diese Art und Weise des Umgangs mit Schwierigkeiten und Problemen war auch auf dem „Berater-Feedback-Tag" sehr gut zu beobachten. Der Mitarbeiter „muss zu Stärken und Schwächen, also zu seiner Person, stehen; er muss es akzeptieren, dass er auch Schwächen hat" (Trayser).

Im Unternehmen wird sehr offen von persönlichen Empfehlungen und Ängsten gesprochen. Diese Offenheit, auch bezüglich der eigenen Schwächen, wird von den Teamleitern und Gesellschaftern vorgelebt. Das dadurch entstehende Vertrauen wird noch weiter vertieft, wenn die Betroffenen merken, dass ihnen ihre Schwächen nicht vorgehalten und ihnen

vielleicht sogar Hilfe und Unterstützung angeboten werden.
Dieser beispielsweise auf den Seminaren zu bemerkende ver-
trauensvolle Umgang miteinander scheint sämtliche Mitarbeiter zu verbinden: „Wir haben den Mut, zu unseren
Schwächen und Stärken zu stehen, gewinnen so Vertrauen zueinander" („Grundsätze beziehungs- und ergebnisorientierter
Führung", 6/97).

In den Gruppendiskussionen wurde dieser *menschenorien-
tierte Umgang miteinander* als Stärke des Unternehmens
mehrfach genannt. Die exemplarisch ausgewählte dritte Gruppe nannte als Kennzeichen des Umgangs der Menschen bei
Plansecur am häufigsten *Offenheit und Ehrlichkeit* und die
Achtung der individuellen Persönlichkeit. Trayser zählte „Die
Art und Weise, wie wir miteinander umgehen – das ist die Art,
wie wir Mensch sein dürfen und sind mit Stärken und
Schwächen" als favorisierte Stärke von Plansecur auf.

Ein permanentes Feedback erhalten Berater, Teamleiter und
Gesellschafter ebenfalls durch ihre Arbeit im Team vor Ort
sowie in den Arbeitskreisen und Ausschüssen.

Auch die Gesellschafter geben ihrer Geschäftsführung eine
Rückmeldung über deren Geschäftspolitik: „Unter den Gesellschaftern herrscht Mut zur Offenheit und zu gegenseitigem
Vertrauen anstelle von Angst und Konkurrenzkampf" („Ge-
sellschafter-Feedback 1997", 1/98). Dieses *Gesellschafter-
Feedback* besteht im Einzelnen aus einem Fragebogen, der offene Fragen zur Beurteilung der Marktchancen, zum Produkt-
angebot, zu den Produktpartnern und sechs Fragen zu Ereignissen des letzten Jahres beinhaltet, wie z. B. die Verlegung des
Geschäftssitzes nach Kassel, neu hinzugekommene Produkt-
partner oder die regionale Standortentwicklung. Außerdem
werden Fragen zur Bewertung der Dienstleistungen sämtlicher
zu Plansecur gehöriger Gesellschaften gestellt. Abschließend
wird die Einschätzung der Arbeit des Gesellschafterausschusses,
der Arbeitskreise und außerdem der Geschäftsleitung erfragt.

Für das Feedback durch die Gesellschafter gelten ebenso wie
für alle anderen Feedbacks im Unternehmen folgende Regeln:

- sowohl das Annehmen als auch das Geben von Feedback
  ist Pflicht;
- der Feedback-Geber muss Begründungen abgeben, Recht-
  fertigungen sind nicht notwendig;
- der Feedback-Geber hat die Gewissheit, dass ihm keinerlei
  Sanktionen oder Repressalien drohen;
- der Feedback-Nehmer darf sich nicht rechtfertigen.

Konsequenterweise erhielt Frau Machwirth bei ihren Recherchen im Unternehmen auf Initiative eines Gesellschafters ebenfalls ein persönliches Feedback zu ihrer Moderation der letzten Gruppendiskussion und wurde umgekehrt ebenfalls aufgefordert, eigene Eindrücke über Plansecur zu beschreiben.

*Zielvereinbarung*
In der schon seit dem dritten Jahr nach Gründung in der jetzigen Form bestehenden Entwicklungs- und Leistungsvereinbarung (ELV) wird die Verbindung der persönlichen und beruflichen Weiterentwicklung deutlich.

Die ELV besteht aus zwei Teilen. Mit dem ersten Teil, der von
jedem Berater in jährlichem Abstand bearbeitet und mit dem
Teamleiter besprochen wird, soll die persönliche Entwicklung
als Selbstkonzept geplant werden. Dazu sind zunächst in einer Checkliste im Durchschnitt jeweils elf Fragen zu Persön-
lichem (z. B. Selbstwertgefühl, Fitness, Familie), sozialer Kompetenz (z. B. Umgang mit Menschen, im Gespräch, mit Ängsten), fachlicher Kompetenz (Arbeitsweise, Arbeitsorganisation, Beratungskonzept) und zur unternehmerischen Kompetenz
(Ziele, Finanzangelegenheiten) auf einer Skala von „1 = trifft
zu" bis „5 = trifft nicht zu" anzukreuzen. Danach erfolgt eine
genauere Analyse der zuvor am schlechtesten beurteilten drei
Punkte (maximal). Das bereits Erreichte, die Situation, die
Zielvorstellung, mögliche Wege zu Lösungen, hierbei einzube-

ziehende Stärken sowie Vorbilder und schließlich die konkreten Maßnahmen werden schriftlich niedergelegt (vgl. „Entwicklungs- und Leistungsvereinbarung (ELV) Teil 1" 6/94). Dieser persönliche Teil der Entwicklungsvereinbarung wird in den Teams leicht voneinander abweichend bearbeitet. Zum Teil wird sie als reine Selbsteinschätzung gehandhabt, teilweise geschieht gleichzeitig eine Fremdeinschätzung des jeweiligen Teamleiters, die dann mit der eigenen Einschätzung verglichen wird.

Mit dem zweiten Teil wird die Geschäftsentwicklung der Berater analysiert und geplant. Dieser Teil der ELV wird vierteljährlich intensiv mit dem jeweiligen Teamleiter mitunter innerhalb des Teams besprochen, um auf diese Weise die persönlichen Ziele mit denen des Teamleiters bzw. des Teams und letztendlich des Unternehmens abzustimmen. Der Schwerpunkt der Vereinbarung liegt in der Zielsetzung des einzelnen Beraters, nicht bei Leistungs-, z. B. Umsatz-Vorgaben.

„Dabei verzichten wir auf Manipulation und fremdbestimmten Leistungsdruck. Der Plansecur-Berater setzt sich selbst seine Ziele innerhalb der gemeinsamen Aufgabenstellung. Denn Menschen mit selbstgesetzten Zielen können und wollen wesentlich mehr leisten, da sie mit ihrer ganzen Person hinter ihrer Arbeit stehen" („Entwicklungs- und Leistungsvereinbarung (ELV Teil 2", 5/93).

Die Vereinbarung des Beraters enthält eine aus fünfzehn Fragen bestehende Checkliste zur eigenen Beurteilung seiner Beratungsqualität, und es folgen mehrere detaillierte Aufstellungen bezüglich seiner Geschäftsdaten, Kundendaten und Planungsdaten. Beratern, die ihre selbst aufgestellten Ziele nicht erreicht haben, wird empfohlen, am „Berater-Feedback-Tag" teilzunehmen, wie bereits beschrieben: „Dabei geht es uns nicht um Schuldzuweisung, sondern um Erkenntnis- und Veränderungschancen" („Grundsätze beziehungs- und ergebnisorientierter Führung", 6/97).

Neu ist als Erweiterung des ersten Teils der ELV die sog. Dienstleistungs-Entwicklungs-Vereinbarung (DEV), welche sich zur Zeit noch in der Einführungsphase befindet. In 21 offenen Fragen sollen die Berater Visionen der eigenen Geschäftsentwicklung beschreiben. Ausgehend von einer Bestandsaufnahme der Beratungsleistung und -organisation werden daraus Maßnahmen formuliert und einzusetzende Fähigkeiten benannt, um aus den Visionen konkrete Ziele werden zu lassen: „Ziele zu erreichen ist eine Frage der Vorstellungskraft" („Berater-Entwicklungs- und Leistungsvereinbarung/Dienstleistungs-Entwicklungs-Vereinbarung", 1/97).

Auch die Teamleiter arbeiten innerhalb einer Teamleiter-Entwicklungs- und Leistungsvereinbarung Ziele in Abstimmung auf die Entwicklung „ihres" Teams aus.

Alle Innendienstmitarbeiter formulieren seit 1993 detaillierte Jahresziele. Darüber hinaus existieren für die einzelnen Unternehmen von Plansecur Jahresziele. Periodenpläne über einen Zeitraum von sieben Jahren und schließlich die *Lebensziele der Unternehmensgruppe*:

---

**Die Lebensziele der Unternehmensgruppe**

Bei der Erfüllung unserer Hauptaufgaben verhalten wir uns so, dass wir die für die Plansecur-Unternehmensgruppe gültigen allgemeinen Zielsetzungen erfüllen.

Im Einzelnen sind dies:

1. *Wir verwirklichen eine vorbildliche Unternehmenskultur, die auf den schriftlich formulierten Grundwerten der Plansecur-Unternehmensgruppe beruht.*

Wir achten darauf, dass Anspruch und Wirklichkeit weitestgehend deckungsgleich sind und somit die beteiligten
Personen ungespalten, dass heißt ohne Bruch zwischen persönlicher Werthaltung und Anforderungen des Unternehmens, arbeiten können.
Wir orientieren uns bei unseren Aktivitäten an der Wirklichkeit; an der eigenen und der des Marktes. Wir lassen sie
gelten und versuchen nicht, sie zu verschleiern oder zu
schönen.
Wir streben bei allem, was wir tun, nach ganzheitlichen
Problemlösungen, die über die wirtschaftlichen Belange
hinaus auch die menschlichen Beziehungen und Empfin-
dungen berücksichtigen.

*2. Für alle Beteiligten sind wir ein vertrauenswürdiger
Partner.*

Wir sind gegenüber allen Geschäftspartnern und den Unternehmen, deren Finanzprodukte wir vermitteln, ein ver-
lässlicher, konstruktiv kritischer und vertrauenswürdiger
Partner. Dabei nehmen wir im Interesse unserer Kunden gestaltend Einfluss.
Wir sind für die Meinung der anderen offen, um zu unserer eigenen Meinungsbildung zu gelangen und bemühen
uns um eine Kommunikation im Dialog.
Wir achten darauf, dass in der gesamten Unternehmensgruppe im Innen- und Außenverhältnis Verträge und Ver-
abredungen eingehalten werden. Damit dokumentieren
wir, dass wir uns gegenseitig ernst nehmen und uns als ver-
lässliche Partner verstehen.

*3. Bei der Personalauswahl achten wir darauf, dass die
ausgewählten Personen die gleichen Grundwerte bejahen, die wir für wesentlich erachten.*

Richtschnur unseres Handelns ist eine von christlichen Grundwerten geprägte humane Ethik. Sie zeichnet sich durch ein Menschenbild und Wertesystem aus, das in der Würde des Einzelnen wurzelt und von einer lebenbewahrenden und lebensentfaltenden Grundeinstellung getragen ist.

4. *Wir bekennen uns zu den aus der sozialen Marktwirtschaft abgeleiteten Prinzipien:*

– der Leistungsorientierung,
– der Wirtschaftlichkeit,
– der Wechselwirkung zwischen Nutzen bieten und Gewinn erwirtschaften,
– der Verursacherverantwortung,
– des ökonomischen und ökologischen Gleichgewichts,
– der sozialen Ausgewogenheit.

5. *Wir bilden unserem Geschäftsvolumen entsprechend ausreichend Eigenkapital und Rücklagen.*

Wir werden unsere finanziellen Möglichkeiten in keinem Fall überfordern. Damit wollen wir sicherstellen, dass wir unser höchstes unternehmerisches Gut, unsere wirtschaftliche Unabhängigkeit, erhalten.

6. *Wir führen das Unternehmen so, dass wir stets innovative Lösungen für die Problemstellung unserer Zielgruppen bieten.*

Wir wollen Lernfähigkeit als Unternehmenseigenschaft praktizieren.
Bei unseren Problemlösungen wollen wir für neue Marktentwicklungen offen sein, ohne Bewährtes leichtfertig aufzugeben.

Wir beobachten und verarbeiten interne und externe Ideen
und Impulse, um Entwicklungschancen frühzeitig aufzu-
spüren und Wachstum in alten und neuen Arbeitsfeldern zu
forcieren. Dabei lassen wir uns von Arbeitskreisen und
Ausschüssen helfen.
Wir lassen uns in unserer Entwicklung durch externe Berater fordern und fördern. Bei Bedarf binden wir sie in unsere internen Arbeitsausschüsse mit ein.

*7. Wir erbringen eine vorbildliche Serviceleistung, weil
zufriedene Kunden die Grundlage eines dauerhaft erfolgreichen Unternehmens sind.*

In allen Unternehmensteilen leisten wir vorbildlichen, kun-
denorientierten und auf Dauer angelegten Service. Wir bedienen uns dabei leistungsstarker und zeitgemäßer Methoden und Hilfsmittel.
Im Bereich der immobilen Kapitalanlagen bieten wir mit
der Service GmbH einen über die Serviceleistung der Pro-
duktpartner hinausgehenden Kapitalanlegerservice.

*8. Wir nutzen die Synergie der Unternehmensgruppe für
unsere Dienstleistungen.*

Wir unterstützen uns gegenseitig, um so die Beziehungen
und Verbindungen der einzelnen Unternehmen der Gruppe nutzbringend für alle individuellen Aktivitäten einsetzen
zu können.

*9. Wir schaffen Raum zur Begegnung.*

Wir nutzen den zentralen Firmensitz und die regionalen Fir-
menstandorte als Begegnungsstätten vielfältiger Aktivitäten
im sozialen, wirtschaftlichen und kulturellen Leben.

**10. Wir fördern die Idee und Arbeit von Planimpuls (seit Juni 1999 Stiftung).**

Wir unterstützen den Verein Planimpuls aktiv, weil es uns ein Anliegen ist, das soziale Engagement der Plansecur-Berater als Gegengewicht zu den beruflichen Tätigkeiten zu fördern.

**11. Wir informieren die Öffentlichkeit wahrheitsgemäß über Fakten und geschäftspolitische Zielsetzungen.**

Es liegt uns daran, dass die Öffentlichkeit ein möglichst wirklichkeitsgetreues Bild unserer Unternehmensaktivitäten erhält. Zugleich wollen wir mit der wirtschaftlichen Information unsere Grundwerte zum Ausdruck bringen.
Beides zusammen fordert uns heraus, diese Unternehmensphilosophie im praktischen Lebens- und Geschäftsalltag möglichst umfassend zu verwirklichen.

**12. Wir streben ein Erscheinungsbild an, das unserer Unternehmenskultur entspricht.**

Wir bemühen uns darum, dass jede werbliche oder rein informative Veröffentlichung, in welcher Darstellungsform sie sich auch präsentiert, etwas von unserer Werthaltung durchscheinen lässt.
Unser Auftreten am Markt und ganz allgemein in der Öffentlichkeit gestalten wir in der Unternehmensgruppe so einheitlich und unverwechselbar, dass wir trotz unterschiedlicher Aufgabenstellung als Unternehmenseinheit wahrgenommen werden können.

## Erfahrungen mit der Sozialordnung

Jedes Jahr findet ist ein großes Fest mit Rahmenprogramm für die Berater und ihre Familien statt (1998 wurde dazu die Stadthalle Kassel gemietet), auf dem neben Klaus Dieter Trayser immer auch ein Gast referiert. Auf dem Jahrestreffen 1990 in Frankfurt löste der Vortrag „Zeitenwende – Wertewandel" des Gastreferenten Eberhard Hofmann, Bundespresseamt, Auseinandersetzungen aus, die dazu führten, dass 21 Prozent der Berater kündigten.

Der Gastreferent erzählte von seinem eigenen Wertewandel, seinem Bekenntnis zum Christsein und dessen Notwendigkeit. Viele Diskussionen wurden im Anschluss geführt, über Werte und darüber, was es bedeutet, nach biblischen Grundsätzen zu leben. Erneut wurden Fragen nach Wettbewerb und dergleichen aufgeworfen. Die darauf kündigenden Berater wollten sich keine „Predigt" anhören und gingen zurück zu einem Strukturvertrieb. Trayser bezeichnet diese Auseinandersetzung mit den Werten im Unternehmen als „richtigen Gesundungsprozess nach einer schweren Krankheit".

Dass die christlichen Werte „gelebt" werden, zeigt sich glaubwürdig nicht nur im beruflichen Umgang untereinander. Von den zehn Mitgliedern der zweiten Gruppe sind zum Zeitpunkt des Interviews sechs Gruppenmitglieder in ihrer Freizeit mit Gemeindearbeit beschäftigt, ein Mitglied ist zusätzlich bei Planimpuls aktiv, drei Personen gaben diverse andere Hobbies an, eine Angabe fehlte. In der dritten Gruppe nannten acht der achtzehn Teilnehmer Freizeitaktivitäten im sozialen Bereich. Es handelte sich hierbei fast ausschließlich um Jugend- und Gemeindearbeit in evangelischen oder freien Kirchen. Dieses private Engagement lässt das Handeln im Unternehmen nach christlichen Werten überzeugend erscheinen.

Auf die Frage nach den drei größten Stärken von Plansecur ergaben die schriftlichen Antworten und anschließenden drei Gruppendiskussionen, dass die Werte nicht nur auf dem Papier stehen, sondern von grundlegender Bedeutung für die Mitarbeiter sind: zwei der drei Beratergruppen hielten das *klare Wertekonzept* für die größte Stärke, neben anderen wie z. B. *Konzernunabhängigkeit* und dem *Beratungskonzept*.

In Zusammenhang mit den christlich-ethischen Grundsätzen im Unternehmen könne leicht eine Diskriminierung durch das Umfeld erfolgen, so eine Führungskraft des Innendienstes. Plansecur konnte sich erfolgreich durch die Veranstaltung eines Workshops in Zusammenarbeit mit der IHK, Kassel, beispielsweise von der Sekte Scientology abgrenzen. Daher ist auch zu erklären, warum in den Anstellungsverträgen des Innendienstes unter § 10 eine entsprechende Erklärung enthalten ist, durch welche der Mitarbeiter versichert „... weder Sympathisant noch Anhänger von Scientology bzw. des Gedankengutes von L. Ron Hubbard ..." (vgl. „Anstellungsvertrag", o. J., S. 5) zu sein. Auch die Berater müssen in einer Anlage zu ihren Verträgen eine entsprechende Erklärung unterzeichnen.

Einige Mitarbeiter sahen während der ersten Gruppendiskussion Grenzen bezüglich der Unternehmenskultur und verwiesen auf die Gefahr einer „Vermarktung des Wertekonzeptes".

Ein externer Personalberater deutete darauf hin, dass Plansecur „erpressbar" sei mit „Menschlichkeit". Er erzählte, dass viele Berater sich in ihrer früheren Tätigkeit für ein anderes Unternehmen nicht wohlfühlten, bevor sie zu Plansecur wechselten. Das Verhalten in Einklang mit ethischen Werten habe einen großen Stellenwert im Unternehmen, dementsprechend hoch seien die Erwartungen an die Erfüllung. So fiele es schwer, damit umzugehen, wenn ein Berater behaupte, unfair behandelt zu werden. Noch schwieriger wäre es für die Mitglieder von Plansecur, auf den Vorwurf eines Betroffenen zu reagieren, er hätte ebenso an seiner früheren Arbeitsstelle bleiben können, weil man sich bei Plansecur genauso verhielte. Man würde bei Worten wie „unfair" oder „ungerecht" regelrecht „zusammenzucken" in Hinblick auf Wahrung der ethischen Werte und wäre somit „erpressbar".

In der Fallstudie zitierte Literatur:

BRANDMÜLLER, G.: Gewerbliche Stiftungen, Bielefeld 1988.

DREHER, E./DREHER, M.: Gruppendiskussionsverfahren. In: Handbuch quantitative Sozialforschung – Grundlagen, Konzepte, Methoden und Anwendungen. Hrsg.: Fink, Uwe et al., Psychologie Verlags Union, München 1991, S. 186 – 188.

POTTHOFF, E.: Stiftung, Organisation, in: Frese, E. (Hrsg.): Handwörterbuch der Organisation, Stuttgart 1992³, Sp. 2334-2344.

TIETZ, B.: Strukturvertrieb. In: Wirtschaftswissenschaftliches Studium, 23, 1994 (12), S. 629.

WEHLING, M.: Strukturvertrieb – Kurzfristige Modeerscheinung oder Vertriebsorganisationsform der Zukunft? (Teil I) In: zfo 63, 1994(a) (3), S. 203 – 209.

# Fallstudie 6     *Recherchiert von Alfred Ronczka*

# Risse & Co. GmbH, Warstein: „Von den Idealen zur Normalität"

## Allgemeine Charakterisierung

Als Gegenstand der Firma Risse & Co. GmbH ist beim Amtsgericht Warstein die „Herstellung, Verarbeitung und der Vertrieb von Kunststoffen und Spritzgusserzeugnissen aller Art" angegeben. Am einzigen Standort in Warstein-Suttrop verarbeitet das Unternehmen über 200 verschiedene Thermoplast-Typen als Ausgangswerkstoffe mit der Spritzgießtechnik zu diversen kleinen bis mittleren Kunststoffprodukten. Beim Spritzgießen werden die Thermoplaste erwärmt und mit Automaten in gekühlte Spritzgießformen gedrückt.

Mit diesem Produktionsgebiet ist das Unternehmen im Bereich der Kunststoff-Zulieferteile tätig und hat einen Kundenstamm von ca. 800 Unternehmen, wovon 350 als Stammkunden bezeichnet werden. Von dem im Jahr 1999 erwirtschafteten Umsatz von 27,7 Mio. DM entfielen 51 Prozent auf den Bereich Maschinenbau, 17 Prozent auf Sanitär und Wasser, 13 Prozent auf Elektrotechnik, 7 Prozent auf ein eigenes Normprogramm und die verbleibenden 12 Prozent auf diverse andere Bereiche. Dabei lag die Exportquote bei ca. 5 Prozent. Von den insgesamt 140 Mitarbeitern im Unternehmen sind ca. 20 Prozent Angestellte, bei den Gewerblichen liegt die Facharbeiterquote bei ca. 50 Prozent. Das Stammkapital der Risse & Co. GmbH beträgt 1,38 Mio. DM.

Das Unternehmen ist Mitglied im Gesamtverband der kunststoffverarbeitenden Industrie (GKV) und in der Arbeitsgemeinschaft für Partnerschaft in der Wirtschaft (AGP), gehört aber keinem Arbeitgeberverband an.

Die Umsätze der kunststoffverarbeitenden Industrie in Deutschland sind zwischen 1978 und 1996 von 20,5 Mrd. auf 65,6 Mrd. DM gestiegen und haben sich somit um das 3,2-fache erhöht (GKV, 1996, S. 38). Bei der Firma Risse stieg im gleichen Zeitraum der Umsatz von 3,4 Mio. auf 23,1 Mio. DM und erhöhte sich somit um das 6,8-fache.

Risse zählt also mit den 140 Mitarbeitern zu den etwas größeren Betrieben in der Branche.

Die Exportquote betrug im Jahr 1996 in der Kunststoffverarbeitung 23 Prozent (GKV, 1996, S. 37). Die Risse GmbH lag hingegen mit ihrem Exportanteil von ca. 5 Prozent weit unter dem Branchendurchschnitt.

Im Norden des Sauerlandes ist das Unternehmen im Großraum Stadt Warstein angesiedelt. Diese Stadt wurde am 1.1.1975 im Zuge einer kommunalen Gebietsreform durch den Zusammenschluss von neun Städten und Gemeinden geschaffen und ist mit rund 30.000 Einwohnern von ihrer Struktur her eine Industriestadt, da rund 70 Prozent aller Beschäftigten in Industrie- und Gewerbebetrieben beschäftigt sind (vgl. WERNER, 1984, S. 9).

Die Firma wurde 1959 von Egon Risse und zwei weiteren Gesellschaftern als offene Handelsgesellschaft gegründet, wobei sich jeder Gesellschafter mit 10.000 DM zu 1/3 am Stammkapital beteiligte. Aktiv arbeitete aber nur Egon Risse im Betrieb mit und durchlebte in den ersten Jahren aufgrund wechselnder Auftragslage starke wirtschaftliche Schwankungen. Nach der Überwindung dieser Schwierigkeiten kam es zu einer Entwicklung des Betriebes, die von Kontinuität und einem fast stetigen Wachstum ohne existenzbedrohende Situationen gekennzeichnet ist.

Ein in der Unternehmensgeschichte wichtiges Datum war der 1. Januar 1978; seit diesem Tag sind die Mitarbeiter am

Stammkapital des Unternehmens beteiligt. Im gleichen Jahr wurde das Unternehmen in eine GmbH umgewandelt.

Ein weiteres wichtiges Ereignis in der Geschichte des Unternehmens war das Ausscheiden von Egon Risse in den Ruhestand, der 1982 mit 60 Jahren die Geschäftsführung an den Manager Heinz Kamann abgab.

## Innovative Sozialordnungselemente

### 1.  Die Ideen des Unternehmensgründers Egon Risse

Der Unternehmer Egon Risse bezeichnet sich als „Gefühlsmensch", dessen Handeln nicht auf wissenschaftlich begründeten Erkenntnissen beruhe, sondern sich auf seine persönliche Lebenserfahrung und christliche Prägung stütze. Als er 1959 die Firma Risse gründete, war er 38 Jahre alt und hatte viele Erfahrungen gesammelt.

Als eines von 11 Kindern wurde Egon Risse 1923 in Warstein geboren. Von seinen Eltern wurde er im christlichen Glauben erzogen und sammelte schon früh Erfahrungen als Gruppenführer in der kirchlichen Jugend. Nach einer 3 ½ jährigen Ausbildung als Werkzeugmacher und seinem Kriegseinsatz fand er in der Region eine Einstellung als technischer Zeichner. Doch in dieser Zeit als Angestellter fühlte er sich nicht glücklich und entwickelte zu seinem Arbeitgeber ein gespaltenes Verhältnis. Er sah in dem Unternehmer eine Person, die von den Arbeitern alles verlangte, aber selbst nicht bereit war, alles zu geben. Risse wurde Gewerkschafter und Betriebsratsmitglied, sah sich aber nur als kleinen Angestellten und fühlte sich stets als zweites Glied im Kapitalverwertungsprozess, der nach seiner Ansicht nur dazu diente, einzig und allein den Unternehmer persönlich zu bereichern.

Der ausschlaggebende Grund für Risse, sich nach 22 Jahren
als Arbeitnehmer selbständig zu machen, war eine Auseinandersetzung mit seinem Arbeitgeber. Als Risse bei seinem Arbeitgeber einen Vorschlag für eine technische Verbesserung
machte, wurde dieser Vorschlag zwar umgesetzt, jedoch über-
ging der Arbeitgeber Risse bei der Patentanmeldung und ließ
die Erfindung als eigenes Patent eintragen. Risse bekam noch
nicht einmal eine Gehaltserhöhung und zog deshalb gegen
diese „Demütigung" mit Hilfe der Gewerkschaft vor ein Arbeitsgericht und verklagte seinen alten Arbeitgeber. Das Arbeitsverhältnis wurde daraufhin gelöst. Die Aussicht bei einer anderen Firma in Warstein zu arbeiten, scheiterte nach der
Einschätzung von Risse daran, dass die damaligen Warsteiner Unternehmer untereinander eine Absprache hatten, nach
der entlassene Arbeitnehmer nur mit Genehmigung des alten
Arbeitgebers eingestellt werden durften. Diese Erlaubnis gab
der alte Arbeitgeber nicht. Weil Risse seiner Heimatstadt
Warstein verbunden war und sie auf keinen Fall verlassen
wollte, blieb ihm anstatt der Arbeitslosigkeit nur die Möglichkeit, sich selbständig zu machen. Das Arbeitsgericht gab
ihm im Prozess gegen seinen alten Arbeitgeber Recht und
sprach ihm 18.000 DM als Abfindung und Erfindervergütung
zu, die von Risse sofort in seine Firma investiert wurden.

Aus diesen Erfahrungen entstand für Risse ein negativ ge-
prägtes Bild von den Verhaltensweisen typischer Unternehmer. Der typische Unternehmer ist für Risse eine Person, die
ausschließlich nur an ihre eigene Bereicherung denkt und
dafür ihre Arbeiter ausnutzt und ausbeutet. Sie mache ihren
Arbeitern zwar viele Versprechungen, halte aber aus Selbst-
sucht von den Versprechen kaum welche ein. Der typische
Unternehmer ist für Risse einfach ein „Gauner".

Er selbst wollte als selbständiger Unternehmer ein ganz anderes Unternehmerbild darstellen. Eine persönliche Bereicherung auf Kosten anderer lässt sich für ihn allein schon nicht
mit seiner christlich-sozialen Grundhaltung vereinbaren. Sei-

ner Weltanschauung entspricht es, dass alle Menschen, die zu einem gemeinsamen Projekt etwas beitragen, auch an dessen Erfolg beteiligt werden müssen. Konkret bedeutete dies für ihn als Unternehmer, dass nicht nur ausschließlich er und die anderen Kapitalgeber vom wirtschaftlichem Erfolg des Unternehmens profitieren sollen, sondern auch die Personen, durch deren Arbeit der Erfolg überhaupt erst möglich wird, die Mitarbeiter. Diese Leitidee verfolgte Risse bei der Unternehmensgründung.

Eine weitere Leitidee entwickelte sich dann in den Anfangsjahren der Firma. Egon Risse wollte sich in seiner größer gewordenen Firma nicht nur immer an den Geist der Gründerjahre, an die Leistungsbereitschaft, an den Leistungswillen und an den unermüdlichen Einsatz aller für die Firma erinnern. Er wollte den damaligen Geist der „Leistung in Freiwilligkeit" weiterhin erhalten wissen und auch allen neuen Mitarbeitern nahe bringen.

Die Umsetzung seiner Leitideen wollte Risse mit folgenden Maßnahmen erreichen:

- menschliche Behandlung der Mitarbeiter
- Bezahlung über Tarif
- überdurchschnittliches Weihnachtsgeld
- großzügige Betriebsfeste
- Sonderprämien
- Kapitalbeteiligung der Mitarbeiter
- „Diplom der Unkündbarkeit"

## 2. Der neue Geschäftsführer

Als Heinz Kamann 1982 die Geschäftsführung von Egon Risse übernahm, erzielte die Firma mit ca. 70 Mitarbeitern einen Umsatz von 6 Mio. DM. Heute erwirtschaften die 140 Mitarbeiter, wie erwähnt, einen Umsatz von 27,7 Mio. DM und

machen dabei einen „ordentlichen" Gewinn. Kamann hat
Maschinenschlosser gelernt, danach Maschinenbau und
Kunststofftechnik studiert und anschließend Arbeitserfah-
rungen bei zwei größeren Unternehmen in Nordrhein-West-
falen gesammelt. Bei diesen Großunternehmen sah Heinz
Kamann keine Möglichkeit, sich und seine Ideen zu verwirklichen und wechselte deshalb zur Risse & Co. GmbH als
Kundenberater. Nachdem er fünf Jahre diese Tätigkeit ausgeführt hatte, übergab ihm Egon Risse die Geschäftsführung
des Unternehmens.

Heinz Kamann sieht seine wesentliche Aufgabe darin, den
Kunden der Firma zu helfen. Die Kunden stehen für ihn im
Mittelpunkt, denn man arbeite nicht für sich selbst oder die
Firma sondern für die Kunden. Er hat großes Zutrauen in die
Mitarbeiter und geht davon aus, dass alle Beschäftigten entsprechend ihrer Position arbeiten. Der Manager mischt sich
nicht in die Sphären der einzelnen Abteilungen ein, sondern
lässt die dortigen Vorgesetzten ihre Aufgaben selbständig erfüllen. Führung durch Autorität funktioniert für Kamann
nicht, denn sie erzeuge bei den Mitarbeitern nur Frust. Diese
Erfahrung machte Kamann bei seinen früheren Arbeitgebern,
wo ein Großteil der Arbeitszeit durch unnötiges Kompetenz-
gerangel und durch Bürokratisierung verloren gegangen sei.
Diese Reibungsverluste sieht der Manager bei Risse auf ein
Minimum reduziert.

Allgemein ist er modernen Strömungen und Managertheo-
rien abgeneigt und bezeichnet sie als „Quatsch". Jede Firma
müsse ihren Weg gehen und, so sagt er selbstbewusst, was
heutzutage als Lean Management angepriesen werde, ver-
wirkliche die Firma Risse schon seit 30 Jahren.

## 3.   Praktische Ausgestaltungen

## 3.1   Einkommens- und Eigentumsgestaltung

Das Unternehmen hat in seiner Geschichte mehrere Modelle einer materiellen Beteiligung der Mitarbeiter am Unternehmen umgesetzt.

Im Jahre 1972 gab es die erste systematische Umsetzung einer Erfolgsbeteiligung der Mitarbeiter in Form einer *Leistungsbeteiligung*, die sich an den eingesparten Lohnkosten orientierte. Fielen die Lohnkosten auf unter 33 Prozent der Gesamtkosten, wurde die Hälfte der Ersparnis an die Arbeitnehmer ausgeschüttet. Um die Mitarbeiter auch heute noch über den Lohnanteil und den gesamten Umsatz zu informieren, gibt es in der Kantine ein „grünes Brett", an dem diese Zahlen jeden Monat veröffentlicht werden.

Als 1976 einer der drei Gesellschafter aus der Firma mit seinem vollen Anteil ausscheiden wollte, bot sich Risse die Möglichkeit, seine Mitarbeiter auch in einer anderen materiellen Form am Unternehmen zu beteiligen. Durch das Ausscheiden des Gesellschafters stand ein Drittel des damaligen Stammkapitals von 600.000 DM zur Verfügung.

Bei der ersten Modellerstellung scheiterte die Hilfestellung eines externen Beraters und so arbeiteten Risse und der verbliebene Gesellschafter ein eigenständiges Modell der *Kapitalbeteiligung* aus. Das damalige Kapitalbeteiligungs-Modell der Firma Bertelsmann diente dazu als Vorlage.

Dieser erste Vorschlag sah vor, dass sich jeder Mitarbeiter mit einer Kapitaleinlage von 10.000 DM am Kapital des Unternehmens beteiligen sollte. Diese Einlage wollte dann die Firma auf 12.000 DM aufstocken. Über dieses Beteiligungsmodell wurde in der Firma in einer Mitarbeiterversammlung, an der 9 der 40 Mitarbeiter teilnahmen, diskutiert und man hielt

folgendes Ergebnis auf einer Tafel fest: (Betriebsversamm-
lung, 6.11.77)

1. Die alten Pläne werden vorläufig auf Eis gelegt
2. *Alle* Mitarbeiter(innen) sollen beteiligt werden
3. Der Einstieg soll ermöglicht werden durch:
   a) nicht ausgezahlte Erfolgsprämien
   b) durch freiwillige Einlagen (auch kleine Scheine)
   c) durch eine Starthilfe von der Firma
   d) eventuell Anlage des vermögenswirksamen Sparens
      (nach gesetzlicher Regelung)

Anhand dieses Forderungskatalogs der Mitarbeiter wurde
von Risse das heute praktizierte Modell entwickelt, das 1978
mit 39 beteiligten Mitarbeitern startete.

Die Mittelaufbringung für die Kapitalbeteiligung sollte dabei
nach den Vorstellungen der Mitarbeiter durch eine Erfolgsbeteiligung und durch andere Formen erfolgen. Dazu wurde
die Kapitalbeteiligung zum überwiegenden Teil durch eine
Gewinnbeteiligung der Mitarbeiter am Bilanzgewinn finanziert. Wenn der Betrieb in einem Jahr einen Gewinn erwirtschaftete, beschloss die Gesellschafterversammlung eine Gewinnausschüttung an die neu gegründete Risse-Mitarbeiter-
Gesellschaft (RMG).

Über die Mittelverwendung entschied dann die Risse-Mitarbeiter-Gesellschaft. Es handelt sich hierbei um eine zwischen
Unternehmen und dem einzelnen Mitarbeiter geschaltete
BGB-Gesellschaft, in der die Interessen der beteiligten Mitarbeiter gebündelt werden. Die Risse-Mitarbeiter-Gesellschaft,
die durch zwei gewählte Geschäftsführer vertreten wird, beschloss eine Verteilung des ihr zugesprochenen Gewinnanteils
nach Leistungsgesichtspunkten. Pro geleistete Arbeitsstunde
des verflossenen Jahres erhielt jeder Mitarbeiter einen für alle Mitarbeiter gleichen DM-Betrag auf ein für ihn bei der
RMG eingerichtetes Konto gutgeschrieben (zu den Proble-

men bei der Erfolgsbeteiligung s. SCHNEIDER/ZANDER, 1993, S. 67). Die beteiligten Mitarbeiter sollten bei diesem Verfahren davon ausgehen, dass sie ihren Anteil buchstäblich erarbeiten müssen. Wenn sich bei einem Mitarbeiter aus der Erfolgsbeteiligung 500 DM auf seinem Konto summierten, erstand er dafür automatisch einen Anteilschein, mit dem er sofort voll am Gewinn des Unternehmens beteiligt wurde. Bei den erworbenen Anteilscheinen musste jeder Mitarbeiter eine Sperrfrist von mindestens 5 Jahren einhalten, ehe er die Anteilscheine an einer innerbetrieblichen Börse handeln konnte. Falls der einzelne Mitarbeiter seinen Gewinn nicht entnahm, wurde dieser auf das persönliche Konto bei der RMG gutgeschrieben und verzinst.

Zusätzlich zu dieser Art der Anteilscheinerwerbung wurde den Mitarbeitern die Möglichkeit geboten, weitere Anteilscheine aus ihrem Privatvermögen zu erstehen. Obwohl die Firma bei diesem Privatkauf der Anteilscheine 20 Prozent Prämie dazugab, dauerte es einige Jahre, bis die ersten Mitarbeiter ihr eigenes Geld in ihre Firma investierten. 1984 erreichte das Mitarbeiterkapital ein Drittel am Stammkapital. Seit diesem Zeitpunkt entfallen je ein Drittel des Stammkapitals auf die Familie Risse, auf die Familie des zweiten Gesellschafters und auf die Mitarbeiter.

Im Laufe der Jahre entstanden bei dieser Beteiligungsart einige Probleme:

Die nach 1984 bei Risse eintretenden Mitarbeiter hatten keine Möglichkeit mehr, Anteilscheine zu bekommen. Da es sich aber um eine Kapitalbeteiligung aller Mitarbeiter handeln sollte, mussten auch diese neuen Mitarbeiter beteiligt werden. Als Voraussetzung für den Erwerb von Anteilscheinen wurde ein festes Arbeitsverhältnis und eine Betriebszugehörigkeit von zwei Jahren festgelegt. Danach wurden die neuen Mitarbeiter an der innerbetrieblichen Börse und bei Kapitalerhöhungen bevorzugt behandelt.

Des Weiteren legte man im Gesellschaftervertrag der RMG
die maximale Anzahl von Anteilscheinen im Depot eines Mitarbeiters auf 5 Prozent des Nennwertes aller im Umlauf befindlichen Anteilscheine fest. Ferner brachte man Anteilscheine zu 100 DM heraus, um auch finanzschwächeren Mitarbeitern die Beteiligung zu ermöglichen.

Eine weitere Änderung im Gesellschaftsvertrag erfolgte vor
kurzem. Rentner müssen ihre Anteilscheine spätestens vier
Jahre nach Ausscheiden aus dem Betrieb abgeben und sie an
der innerbetrieblichen Börse verkaufen. Mittlerweile werden
die Anteilscheine mit ca. dem $2\,{}^1\!/_2$-fachen des Nennwertes gehandelt. Seit Bestehen der Mitarbeiter-Kapitalbeteiligung
wurde bisher jedes Jahr ein Gewinn an die Inhaber der Anteilscheine gezahlt. Sollte jedoch einmal ein Jahresverlust eintreten, wird dieser zu Lasten eines Verlustvortragskontos verbucht.

Die folgende Übersicht fasst die wichtigsten Elemente der
Mitarbeiter-Kapitalbeteiligung bei Risse noch einmal zusammen:

**Übersicht über die Mitarbeiter-Kapitalbeteiligung bei Risse**

Rechtsgrundlage:        Betriebsvereinbarung
                        gemäß § 77 BetrVG

Beteiligung an:         Risse-Mitarbeiter-Gesellschaft (GbR)

Teilnahmeberechtigt:    Mitarbeiter mit festem Arbeitsvertrag
                        nach zwei Jahren Betriebszugehörig-
                        keit

Anteilscheine:          à 500 DM und à 100 DM

Gesamtwert              1/3 des Stammkapitals der Risse
der Anteilscheine:      & Co. GmbH von 1.380.000 DM

| Maximalanteil pro Mitarbeiter: | 5 Prozent des Nennwerts aller im Umlauf befindlichen Anteilscheine |
|---|---|
| Vertretung: | zwei Geschäftsführer; Wahl abwechselnd alle zwei Jahre |
| Rückgabe der Anteilscheine: | vier Jahre nach Ausscheiden in den Ruhestand |

## 3.2 Koordinations- und Kommunikationsgestaltung

Die Gestaltung der innerbetrieblichen Kommunikation bewegt sich im Rahmen des Üblichen. Jeden Montag findet eine Produktionsversammlung mit dem Geschäftsführer, dem Betriebsleiter, den Meistern, den Schichtführern und einigen Vorgesetzten statt, bei der auftretende Schwierigkeiten besprochen werden.

Geschäftsführer Kamann hält keinen persönlichen Kontakt zu den Arbeitern. Alle Mitarbeiter persönlich zu kennen, würde für ihn zu weit führen. Damit sich kein Arbeitnehmer vom Geschäftsführer bevorzugt und benachteiligt fühlt, spricht er stets den jeweiligen Vorgesetzten an. Er versucht eine klare hierarchische Struktur in der Firma aufzubauen, die es seiner Meinung nach in dieser Form beim alten Geschäftsführer Egon Risse nicht gab, da Risse die Arbeiter direkt ansprach und somit den entsprechenden Vorgesetzten übersprang. Vorgesetzte wurden deshalb damals von vielen Mitarbeitern nicht ernst genommen.

Seitdem Heinz Kamann die Geschäftsführung innehat, trifft er alle für das Unternehmen wichtigen Entscheidungen, ohne dabei vom Gründer und ehemaligen Geschäftsführer eingeengt zu werden. Auch die Gesellschafterversammlung der GmbH erkennt die Position des Managers an und vertraut auf seine Fähigkeiten, so dass seinen strategischen Planungen und Entscheidungen normalerweise zugestimmt wird. Bei der Entscheidungsfindung arbeitet Kamann intensiv mit dem Betriebsleiter Stratmann zusammen. Beide vertrauen sich „blind". Sie kennen sich aus einer früheren Beschäftigung bei einem anderen Unternehmen, in dem sie beide tätig waren. Kurze Zeit nachdem Heinz Kamann zu Risse wechselte, vollzog auch Werner Stratmann diesen Schritt. Allein schon wegen seiner Funktion als Betriebsleiter hat Stratmann wesentlich mehr Kontakt zu den Mitarbeitern als der Geschäftsführer. Er sucht auch einen persönlichen Kontakt und interessiert sich für die einzelnen Arbeiter und den Arbeitsablauf. So informiert er sich zum Beispiel bei der Erstellung des Investitionsplans bei den Mitarbeitern, welche Maschinen sie denn in der Zukunft benötigen.

Der schon seit den Anfängen des Unternehmens bestehende *Betriebsrat* stellt in der heutigen Zusammensetzung keine streitbare Opposition zur Geschäftsführung dar. Beide Seiten sind nicht auf Konfrontation aus, sondern versuchen zusammenzuarbeiten. Der Betriebsrat in der alten Zusammensetzung hatte eine wesentlich stärkere gewerkschaftliche Einstellung. Jedoch fühlten sich nicht alle Mitarbeiter, von denen ca. 30 Prozent in der Gewerkschaft sind, von ihm vertreten und wählten die Mitglieder des alten Betriebsrates ab. Die wichtigste Aufgabe des Betriebsrates besteht darin, jährlich mit der Geschäftsführung den Lohn auszuhandeln, da das Unternehmen in keinem Arbeitgeberverband vertreten ist.

## Erfahrungen und Wertungen

Ein Ergebnis der Mitarbeiterbefragung war, dass die Mitarbeiter zu dem von Egon Risse oft zitierten und benutzten Begriff der „Partnerschaft" keinen Bezug hatten. Auf die Frage: „Hatte Egon Risse Ideen, die er im Betrieb verwirklichen wollte?" antwortete keiner mit dem Ausdruck „Partnerschaft" oder einem sinnverwandten Begriff. Zwei Mitarbeiter verbanden mit seinen Leitideen die Kapitalbeteiligung. Als im weiteren Verlauf des Gespräches nach der persönlichen Definition des Begriffes „Partnerschaft" für den jeweiligen Mitarbeiter gefragt wurde, verstanden drei Personen darunter, den anderen Mitarbeitern zu helfen und einer sah sich in der Vermittlerposition zwischen „oben und unten". Beim letztgenannten handelte es sich um einen Vorgesetzten.

Kein Mitarbeiter konnte bei der Befragung die in Richtung Mitunternehmer zielenden Ideen von Egon Risse nennen, trotzdem wurden alle Mitarbeiter im Interview zur Mit-Unternehmerschaft befragt. Mit einer Ausnahme antworten alle Mitarbeiter auf die Frage: „Sind sie Arbeitnehmer oder Partner im Sinne von Mit-Unternehmer" mit Arbeiter oder Angestellter. Selbst als vom Interviewer der Einwurf kam, dass der entsprechende Mitarbeiter Anteilscheine am Unternehmen besitze (alle Befragten hatten Anteilscheine) und somit auch ein Mit-Unternehmer sei, blieben die Mitarbeiter bei ihrem Lohnarbeiterbewusstsein. Eine Ausnahme hierbei bildete ein befragter Träger des „Diploms der Unkündbarkeit", der sich sofort als motivierten Mit-Unternehmer ansah. Obwohl alle Befragten selbst Anteilscheine besaßen, standen sie der Kapitalbeteiligung eher gleichgültig gegenüber. So glaubten nur vereinzelt Mitarbeiter an einen positiven Einfluss der Kapitalbeteiligung auf das Verhalten der anderen Arbeitnehmer. Eine motivierende Wirkung wurde der Kapitalbeteiligung von den meisten Mitarbeitern nicht zugesprochen, einer bezeichnete sie sogar als „totes Kapital". Auch die im Vergleich zu anderen Geldanlagen überdurchschnittliche Rendite der Beteiligung wurde im Allgemeinen nicht als Anreiz verstanden, eigenes Geld in das Unternehmen zu investieren. Ein jüngere Person wollte die gehaltenen Anteilscheine in nächster Zeit verkaufen, um Konsumgüter zu kaufen.

Einigen Mitarbeitern war die hierarchische Organisation im Betrieb nicht ganz bewusst. Für die meisten Arbeiter endete die Hierarchie beim Betriebsleiter. Auf den Geschäftsführer angesprochen, waren die Mitarbeiter mit seiner Tätigkeit zufrieden und lobten seine professionellen Qualitäten. Sie sahen in ihm die Person, die Risse erst groß gemacht hatte. Jedoch hatte kaum einer der Arbeiter persönlichen Kontakt zum Geschäftsführer, aber im Grunde interessierten sich die befragten Mitarbeiter auch nicht sonderlich für seine Tätigkeit. Dieser Sachverhalt hing zum großen Teil mit der guten wirtschaftlichen Situation des Unternehmens zusammen. Der Geschäftsführer mache seine Arbeit „ordentlich", weil das Unternehmen jedes Jahr einen Gewinn erwirtschaftet und zudem würde er die einzelnen Beschäftigten in „Ruhe" arbeiten lassen.

Insgesamt bezeichneten die Arbeiter, die schon Erfahrungen in einer anderen Firma gemacht haben, die Arbeit bei Risse im Vergleich zu ihrem alten Arbeitgeber als selbständiger, sauberer und leichter.

Als die „Altgedienten" nach dem alten Geschäftsführer Egon Risse gefragt wurden, stockte oft das Interview. Die Arbeit unter seiner Geschäftsführung wurde von allen Befragten als „schwieriger" und seine Führungsart als „strenger" bezeichnet. So habe Egon Risse seinen Mitarbeitern schon mal „auf die Finger" gesehen oder habe bei Problemen wortstark „dazwischengehauen". Das bedeutete für die meisten Mitarbeiter einen eingeschränkten Freiraum bei ihrer Arbeit.

In der Fallstudie zitierte Literatur:

SCHNEIDER, H. J./ZANDER, E.: Erfolgs- und Kapitalbeteiligung der Mitarbeiter in Klein- und Mittelbetrieben, Freiburg 1993[4].

WERNER, C.: Portrait einer jungen Stadt, in: Verkehrsverband Warsteiner Land (Hrsg.): Die Stadt Warstein stellt sich vor, Warstein 1984.

# Fallstudie 7 *Recherchiert von Frank Balsliemke*

# WALA-Heilmittel GmbH, Boll-Eckwälden: „Im Einklang mit der Natur und individuelle Entwicklung"

## Allgemeine Charakterisierung

„Was ist Leben?" – Diese Frage des Chemikers Dr. Rudolf Hauschka anläßlich einer anthroposophischen Tagung in Holland im Jahre 1924 beantwortet Rudolf Steiner mit dem Vorschlag: „Studieren Sie die Rhythmen, Rhythmus trägt Leben." Er gibt Dr. Hauschka so den Anstoß, sich mit den Möglichkeiten natürlicher Rhythmen bei der Heilmittelherstellung zu befassen (vgl. KOSSMANN 1991, S. 10). Auf Einladung von Dr. Ita Wegman, der ärztlichen Mitarbeiterin Steiners, geht Hauschka 1929 in das Labor ihrer Klinik nach Arlesheim in der Schweiz, um seine Forschungen zu intensivieren. Das Ergebnis ist eine spezielle rhythmische Herstellungsmethode von Heilmitteln, der das Unternehmen seinen Namen verdankt: WALA ist die Abkürzung des Wärme-Asche-Licht-Asche-Verfahrens.

Im Jahre 1935 gründet Rudolf Hauschka das erste selbständige Labor in Ludwigsburg. Unter der Bezeichnung WALA meldet er ein Jahr später sein mittlerweile ausgereiftes Verfahren als Warenzeichen an.

Im Laufe der wechselhaften Entwicklungsgeschichte bildet sich ein Freundeskreis, der die bis dahin durch Hauschka als Einzelunternehmung geführte WALA 1953 in eine OHG umwandelt. Bis 1960 wächst die Zahl der Beschäftigten auf ungefähr 50 Mitarbeiter an, heute arbeiten etwa 300 Menschen für das Unternehmen.

Im Jahre 1980 erfolgt eine Umwandlung des Unternehmens. Die OHG bleibt bestehen, ist aber nur noch die Eigentümerin des jetzt als GmbH firmierten Betriebes. Die neue Organisationsstruktur ist nicht von langer Dauer. 1986 überführen Karl Kossmann und Heinz-Hartmut Vogel ihr Unternehmenskapital in zwei Stiftungen: die Dr. Hauschka-Stiftung und die WALA-Stiftung. Letztere ist seitdem, anstelle der aufgelösten OHG, alleinige Gesellschafterin der GmbH.

Anthroposophische Heilkunde erweitert die Medizin um die Betrachtung geisteswissenschaftlicher Aspekte. Das Unternehmen stellt Produkte her, die eine entsprechende Behandlungsweise unterstützen sollen. Viele der insgesamt rund 7.000 Produkte sind apothekenpflichtig, einige wenige nur auf Rezept zu beziehen. Sämtliche Artikel werden weitgehend nach ursprünglichen Verfahren Dr. Hauschkas hergestellt. „Die WALA-Heilmittel GmbH behält jene Produktionsmethoden bei oder entwickelt sie weiter, welche die natürlichen Lebenskräfte erhalten, steigern und so umwandeln, dass das therapeutische Ziel erreicht und dabei mit der Natur in heilsamer Weise umgegangen wird. Dabei bilden rhythmische Vorgänge und Prozesse, wie die Einbeziehung der Morgen- und Abendkräfte, eine wesentliche Grundlage" (WALA-Stiftung 1996, S. 3).

Von den rund 300 Beschäftigten sind 175 Frauen. Etwa 60 Mitarbeiter sind im kaufmännischen Bereich tätig. 30 Personen haben als Gruppen-, Abteilungs- oder Ressortleiter Führungsaufgaben zu erfüllen; eine mit 10 Prozent aller Beschäftigten recht hohe Quote.

Die Mitarbeiter haben 1999 einen Umsatz von 62,3 Mio. DM erwirtschaftet. Die Gewinnsituation hat sich gegenüber früheren Jahren im Jahr 1999 deutlich verbessert. Das hängt u. a. mit der ausgelaufenen Sonderabschreibung für einen Neubau zusammen, ferner auch mit Rationalisierungsmaßnahmen im Betrieb und einer wesentlichen Umsatzerhöhung.

Einige Vergleichszahlen mit anderen Unternehmen der gleichen Branche haben sich in den letzten Jahren deutlich verbessert. Der pro Mitarbeiter erreichte Umsatz betrug im Jahr 1997 207.000 DM. Dieser Pro-Kopf-Umsatz stieg im Jahr 1999 auf 245.000 DM, wenn die Zahl der stundenweise beschäftigten Mitarbeiter auf 8 Stunden der Stamm-Mitarbeiter umgerechnet wird.

Das Unternehmen hatte 1999 eine Eigenkapital(EK)-Quote von 30 Prozent, die im Zeitverlauf seit 1993 keinen großen Schwankungen unterworfen war. Auch hier zeigen sich im Vergleich mit anderen Branchenmitgliedern große Unterschiede. So weist BASF 1994 eine EK-Quote von 40 Prozent aus, ein ebenfalls anthroposophisch ausgerichteter Heilmittelhersteller kommt gar auf 52 Prozent. Auch die Rendite-Kennzahlen der WALA liegen unterhalb denen von Vergleichsunternehmen. Beispielsweise sei in diesem Zusammenhang die Gesamtkapital-Rendite von 1996 mit 1,9 Prozent gegenüber einem anderen Heilmittel-Hersteller mit 4,1 Prozent genannt.

## Innovative Sozialordnungselemente

### 1. Leitideen

Die Leitidee der WALA-Heilmittel GmbH fußt, wie ihre ganze Existenz, auf der Anthroposophie. In der Verfassung des Unternehmens wird sie als „WALA-Idee" explizit dargestellt. Sie basiert auf zwei Grundannahmen. Zum einen sei der Mensch mit der Natur eng verbunden, weshalb Heilmittel so hergestellt werden sollen, dass die Heilkräfte der Natur nutzbar werden. Zum anderen geht man davon aus, dass der Mensch ein entwicklungsfähiges Wesen sei, das zu seiner Entwicklung jedoch der Anregung bedürfe. Aufgrund dieser Annahmen möchte die WALA eine soziale Umgebung bilden, in der die Aufgabe des Unternehmens im Einklang mit der Natur und

der Weiterentwicklung des Einzelnen erfüllt werden kann. Um
dieser Leitlinie zu entsprechen, sind in der Verfassung einige
langfristige Ziele formuliert, die wie folgt von den drei Organen der heutigen Gesamtorganisation zu erfüllen sind.

Die GmbH soll als wirtschaftlicher Betrieb für die Herstellung
und Verbreitung der Produkte sorgen. Dabei ist ausdrücklich
formuliert, dass die Erwirtschaftung von Gewinn nur Mittel
zum Zweck ist, oder wie es Karl Kossmann, ein Vorstandsmitglied der WALA-Stiftung, ausdrückt: „Das heißt, Heilmittel herzustellen, den Menschen zu helfen, in zweiter Linie
auch Geld zu verdienen. Aber wir sollten nicht hier sein, um
Geld zu verdienen und nebenbei Heilmittel herstellen, sondern genau umgekehrt." Das wirtschaftende Kapital soll die
Unternehmenspolitik nicht dominieren, sondern nur als
Werkzeug zur Zielerreichung dienen. Um dies zu ermöglichen, sollen die Mitarbeiter gezielt für die Belange und Ziele
des Unternehmens interessiert werden, damit bei ihnen Eigeninitiative und Gemeinschaftssinn entstehen.

Die WALA-Stiftung ist als Trägerin der GmbH für deren
Existenzsicherung zuständig, des Weiteren sorgt sie für die
Bewahrung der grundlegenden Ideen. Dabei wird zusätzlich
das Ziel verfolgt, „den Antagonismus von Kapital und Arbeit
zu überwinden, und zwar im Sinne einer zukunftsfähigen
Entwicklung des sozialen Miteinanders."

Die Dr. Hauschka-Stiftung ist eine gemeinnützige Einrichtung. Beim Stiftungszweck in der Satzung heißt es:

§ 2 Stiftungszweck:
(1) Die Stiftung verfolgt ausschließlich und unmittelbar gemein-
    nützige Zwecke.
(2) Es ist Aufgabe der Stiftung, aus den Erträgen ihres Vermögens
    solche Leistungen zu bewirken, die die medizinische Wissen-
    schaft und die medizinische Ausbildung auf den Gebieten einer
    durch die Geisteswissenschaft Rudolf Steiners erweiterten Me-
    dizin, Pharmazie und Naturwissenschaft, der Naturheilkunde
    und der Homöopathie fördern.

(3) Als Nebenzweck soll die Stiftung die Volksbildung auf den in Absatz 2 aufgeführten Gebieten fördern.

Die Stiftungen und die GmbH sind als Teile eines Ganzen zu sehen. Alle genannten Ziele bilden deshalb gemeinsam die WALA-Idee.

Nach anthroposophischer Auffassung darf Kapital, im Sinne von Grund und Boden, Gebäuden und Maschinen keine Ware sein, die handelbar und normal verkäuflich ist. In der Verfassung des Unternehmens ist dieser Aspekt ausdrücklich festgehalten: „Kapital soll weder die Arbeit noch die Existenz der Menschen bestimmen, sondern der Gemeinschaft und den Fähigkeiten der Menschen dienen" (WALA-Stiftung, 1996, S. 3).

Daraus wird die Schlussfolgerung gezogen, Kapital nicht in die Hände einzelner Personen oder Gruppen zu legen, die damit persönliche Interessen verfolgen, sondern auf möglichst viele Mitarbeiter zu verteilen. Eine Möglichkeit besteht darin, das Kapital in eine Stiftung einzubringen. Auf diese Art soll eine Verwendung für individuelle Motive ausgeschlossen werden.

## 2.   Praktische Ausgestaltungen

## 2.1   Eigentumsgestaltung

Nach Auskunft der AGP (Arbeitsgemeinschaft für Partnerschaft in der Wirtschaft) in Kassel verfügen in Deutschland zur Zeit etwa 100 Stiftungen über Anteile an Unternehmen (Unternehmensstiftungen).

Bei der rechtsfähigen Stiftung (§§ 80–88 BGB) handelt es sich um eine Rechtsform, der als Eigentümerin eines bestimmten

Stiftungsvermögens die Aufgabe zukommt, auf Dauer einen vom Stifter festgelegten Zweck zu erfüllen. Der Gründer überträgt Teile seines Privatvermögens auf diese Institution. Dabei kann es sowohl um finanzielle Zuwendungen als auch um Gebäude, Anteile an Kapitalgesellschaften oder andere Vermögensgegenstände gehen. In der Regel ist dann in der vom Gesetzgeber verlangten Satzung festgelegt, welchen Zwecken der gestiftete Besitz dienen soll. Die Organe der Stiftung, gesetzlich vorgeschrieben ist ein Vorstand, sind in ihren Handlungen strikt an die schriftlich niedergelegte Satzung gebunden. In den meisten Fällen existiert deshalb ein Aufsichtsrat zur Kontrolle und ein Kuratorium zur Beratung des Vorstandes. Bei den Mitgliedern der verschiedenen Gremien handelt es sich normalerweise um angesehene Personen mit einer hohen Reputation, die sich den Zielen der Einrichtung verpflichtet fühlen und sich deshalb für ihr Fortbestehen uneigennützig einsetzen.

Um Rechtsfähigkeit zu erlangen, benötigt eine Stiftung die Genehmigung der zuständigen Landesbehörde nach § 80 BGB. Diese beaufsichtigt dann auch zukünftig die satzungsgemäße Arbeit. So müssen nach Ende jedes Geschäftsjahres Tätigkeitsberichte und die Jahresabschlüsse zur Rechtfertigung vorgelegt werden.

In der Praxis ist die gemeinnützige Form (= gemeinnützige Stiftung) am weitesten verbreitet. Bei ihr ist eine Rückübertragung des Kapitals auf den ursprünglichen Besitzer oder seine Erben nicht mehr möglich. Auch eine Änderung der einmal festgelegten Zwecke ist nicht ganz einfach. Grundsätzlich anders verhält es sich mit den nicht gemeinnützigen Unternehmensträgerstiftungen, deren Erträge dem Erhalt eines bestimmten Betriebes dienen. Bei dieser Form kann das Vermögen durchaus wieder in private Hände übergehen, wenn der Stiftungszweck durch einfachen Beschluss des Vorstandes geändert wird. Allerdings sind solche Einrichtungen aufgrund der fehlenden Gemeinnützigkeit nicht abgabenbefreit. Sie un-

terliegen der Körperschaftssteuer ebenso wie der Vermögens-
und Gewerbesteuer; selbst das Stiftungsgeschäft als solches ist
über die Erbschaftssteuer zu veranlagen. Die Haftung ist,
ähnlich wie bei einer GmbH oder Aktiengesellschaft, auf das
eingelegte Stiftungsvermögen beschränkt.

Die Verfassung des betrachteten Unternehmens nun schließt
die WALA-Stiftung, die WALA-Heilmittel GmbH und die
Dr. Hauschka-Stiftung ein. Diese Dreigliederung besteht formal seit 1986. Jedoch ist die Idee, das Kapital als Privateigentum zu neutralisieren, älteren Ursprungs. Schon seit 1962
führt das Unternehmen seine Gewinne einem sogenannten
„Sozialkapital" zu. Es setzt sich aus den Beteiligungen der Gesellschafter zusammen und entzog sich bereits zu Zeiten der
OHG deren direktem Zugriff; sogar der übliche familiäre Erbgang war ausgeschlossen. So dienten die Einlagen also schon
damals im Prinzip allein den Zwecken der Unternehmung,
auch wenn die Verrechtlichung erst viel später erfolgte.

Die WALA-Stiftung ist per Satzung verpflichtet, aus den Erträgen ihres Vermögens die Kapitalausstattung der GmbH zu
verbessern. In diesem Zusammenhang ist der Neubau ein ge-
eignetes Beispiel. Als Eigentum der Stiftung wird er lediglich
an die GmbH vermietet. Die Einnahmen daraus müssen zwar
von der Stiftung versteuert werden, können aber selbstverständlich als Einlagen wieder zurückfließen (= Gewinnthe-
saurierung in der GmbH). Für die GmbH stellen die Mieten
ohnehin zunächst einmal Aufwand dar und ermöglichen ihr
so teilweise erhebliche Steuereinsparungen. Zudem gewährleisten die Mieten eine gute Ertragslage der Stiftung, so dass
laut Stiftungsvorstand Karl Kossmann die wechselnde Gewinnsituation des Unternehmens keine Bedrohung darstellt.

Weiterhin ist der Vorstand der Stiftung dazu aufgefordert,
sein Stimmrecht so auszuüben, dass eine leistungsfähige Unternehmensleitung gewährleistet ist. So ist die Ernennung einer Geschäftsführung, die sich der WALA-Idee verpflichtet

fühlt, eine der wichtigsten Aufgaben. In diesem Zusammenhang sei erwähnt, dass eine Personalunion von Mitgliedern des sechsköpfigen Stiftungsvorstandes und der Geschäftsführung im Normalfall nicht möglich ist.

Über die erwähnten Punkte hinaus sind Eingriffe in die operative unternehmerische Arbeit in der Satzung nicht vorgesehen. Sie finden nach Aussage aller Befragten auch nicht statt. Der Geschäftsführer betont jedoch, dass er regelmäßig das Gespräch mit Mitgliedern der Stiftung sucht, um sich über anstehende Entscheidungen oder allgemeine wirtschaftliche Fragen mit ihnen auszutauschen. So finden einmal jährlich ca. vier bis fünf gemeinsame Arbeitstreffen statt.

Eine Aufhebung der WALA-Stiftung ist im Prinzip jederzeit möglich, da sie nicht als gemeinnützig anerkannt wurde. Jedoch ist eine entsprechende Änderung der Firmenstruktur nach Aussage von Karl Kossmann auf absehbare Zeit kein Diskussionsthema. Das dritte Element der Organisation, die Dr. Hauschka-Stiftung, spielt zwar für die Verwirklichung der WALA-Idee eine wichtige Rolle, jedoch besteht kein betriebswirtschaftlicher Zusammenhang mit der WALA-GmbH.

## 2.2  Koordinations- und Kommunikationsgestaltung

Wie das Organigramm (S. 142) zeigt, ist die Struktur der WALA-Heilmittel GmbH grundsätzlich streng hierarchisch angelegt. Jedoch besteht hier ein evidenter Unterschied zwischen den formalen Regelungen und der praktischen Wirklichkeit. Geschäftsführer Holger Schüle dazu: „Das sieht so aus, in der Struktur, dass es streng hierarchisch ist. Man muss das aber wie ineinandergreifende Kreise betrachten."

Auf allen Ebenen gibt es sich personell überschneidende Gesprächsrunden, in denen über anstehende Entscheidungen diskutiert wird. So konsultieren sich Ressortleiter und Geschäftsführer in regelmäßigen Abständen. Innerhalb der Ressorts wiederum setzen sich einmal wöchentlich die entsprechenden Vorgesetzten mit den Arbeitsleitern der Gruppen in sogenannten *Betriebskreisen* zusammen. Auch auf der untersten Ebene gibt es je nach Bedarf Meinungsaustausche, wobei deren Häufigkeit zwischen täglichen Besprechungen wie im Pflanzenlabor und sehr unregelmäßigen Treffen wie im Versand schwankt. Die Intensität hängt vor allem vom jeweiligen Führungsstil des Vorgesetzten und von der Art der auszuführenden Tätigkeiten ab. So sind zum Beispiel im Versand nur selten gegenseitige Abstimmungen nötig, da das vollautomatische Computersystem die Arbeit stark determiniert und die Abläufe vorgibt.

Die Führungskräfte des Unternehmens praktizieren also eine hohe *Partizipation*. Die Ergebnisse der Gespräche finden durchaus Berücksichtigung bei den jeweiligen Entscheidungsträgern und unterstützen sie auf allen Ebenen. An einem Beispiel aus dem Bereich der Rekrutierung von Personal sei dies gezeigt. Benötigt eine Gruppe einen neuen Mitarbeiter, muss der Bedarf mit dem Ressortleiter abgestimmt und vom Geschäftsführer genehmigt werden. Im Anschluss wählen die Mitarbeiter aber häufig allein den passenden Bewerber aus, indem sie gemeinsame Gespräche führen. Seine Entscheidung legt das Team dann dem Geschäftsführer vor, der sich besonders in Personalfragen die letzte Entscheidung vorbehält, in der Regel aber dem Vorschlag folgt.

Fallweise einberufene *Projektgruppen* ergänzen die turnusmäßigen Unterredungen. Speziell bei der Gestaltung des Neubaus und der Einführung des Gehaltssystems wurden Arbeitskreise einberufen, die sich mit entsprechenden Möglichkeiten und aufkommenden Problemen befasst haben. Dabei konnten die Mitarbeiter intensiv mitwirken, wenn sie den Wunsch dazu äußerten. So wurde im Neubau auf Anregung der Mitarbeiter ein Wasserspiel installiert, um die trockene Luft im dort untergebrachten Versand erträglicher zu machen.

## Das Organigramm der WALA-GmbH:

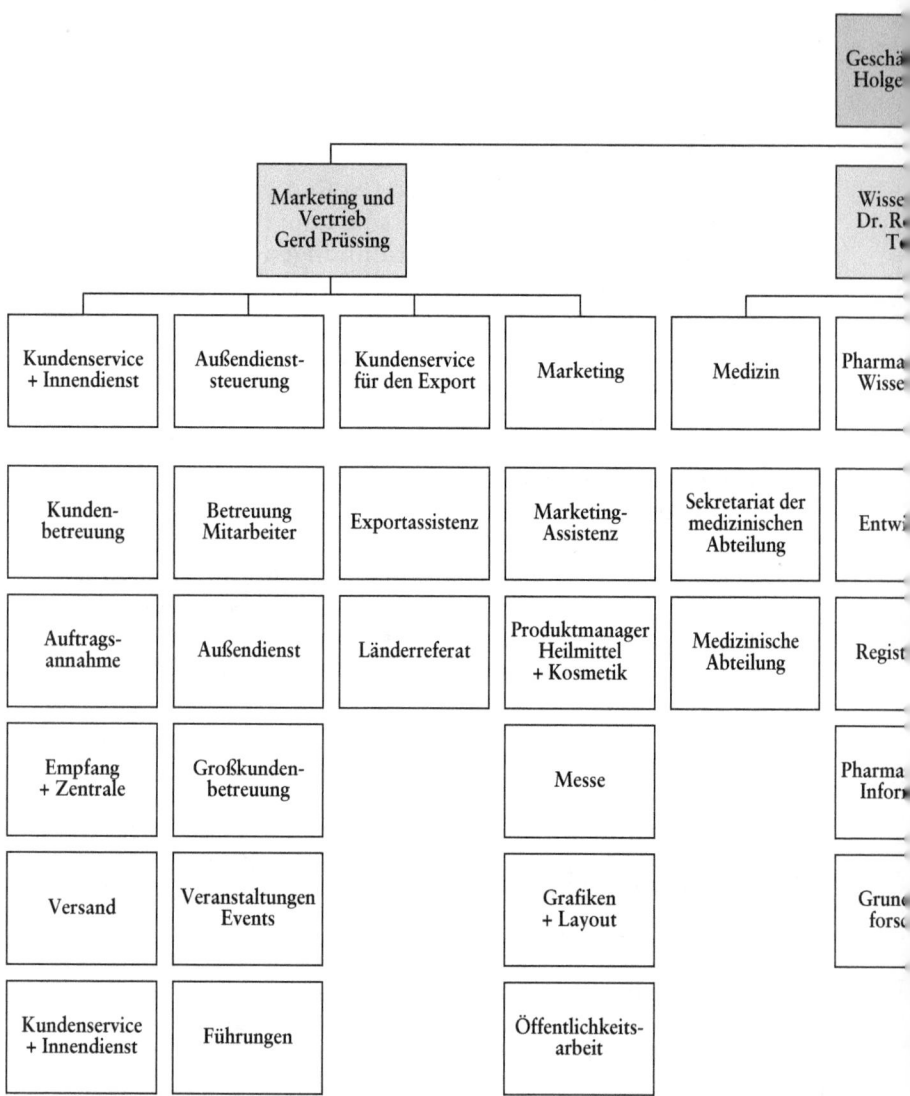

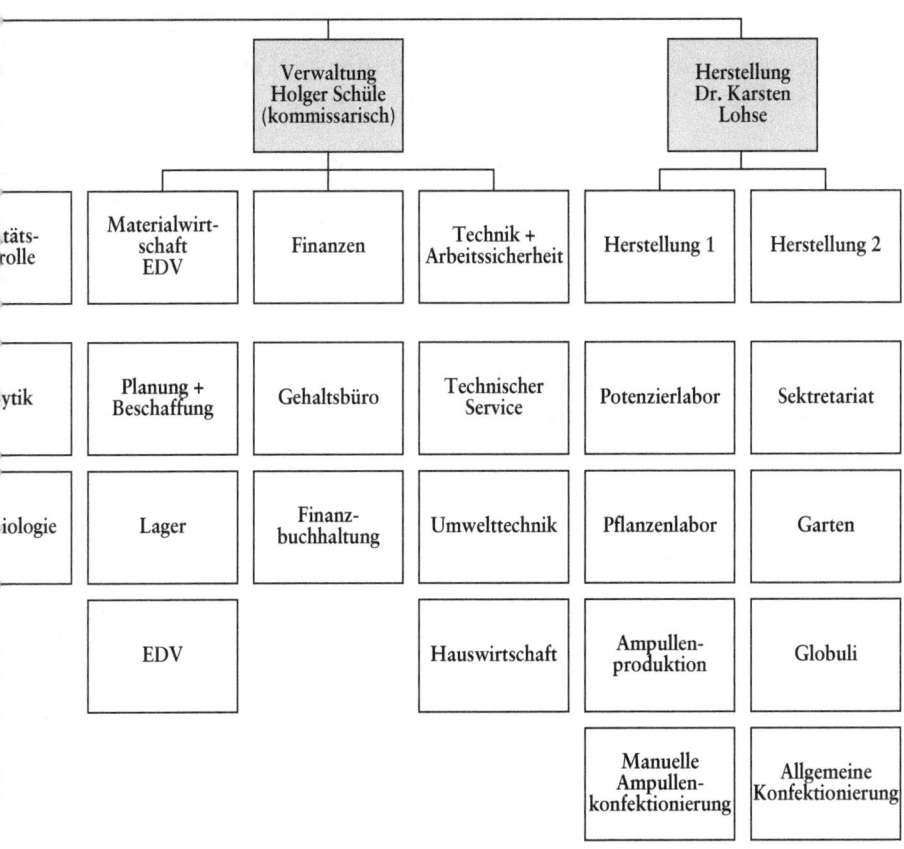

Das vorliegende System drängt die Bedeutung von formaler Positionsmacht bei der Entscheidungsfindung deutlich in den Hintergrund. Wo zahlreiche Sachverhalte in Gruppensitzungen und Projekten vorbereitet und zum Teil gleich entschieden werden, spielen eher andere Faktoren, wie zum Beispiel Experten- oder Identifikationsmacht, eine Rolle. Jemand, der auf einem bestimmten Gebiet überdurchschnittliche Kenntnisse hat, kann die Verantwortlichen mit treffenden Argumenten ebenso beeinflussen wie zum Beispiel eine besonders respektierte Persönlichkeit des Unternehmens.

„Es gibt schon Entscheidungen, die gehen die Mitarbeiter nichts an." Folgt man Holger Schüle, dann ist die Beteiligung der Beschäftigten allerdings nicht unbegrenzt. Speziell wenn es um rein wirtschaftliche Belange geht, entscheidet er, eventuell in Absprache mit dem Stiftungsvorstand, allein. Aber selbst in einem solchen Fall findet zumindest eine Information der Mitarbeiter statt. Zu diesem Zweck gibt es *monatliche Veranstaltungen*, an denen alle Beteiligten teilnehmen können. Die Geschäftsleitung stellt dann aktuelle Probleme und Entwicklungen vor, wobei natürlich für alle Anwesenden die Möglichkeit zu Fragen und Anregungen gegeben ist. Zusammengefasst: Es herrscht formal eine streng hierarchische Entscheidungsfindung vor, welche jedoch faktisch überwiegend nicht erfolgt. Statt dessen sind eine ausgeprägte Delegation und Partizipation sowie eine gezielte Informationspolitik kennzeichnend.

## 2.3 Materiell-inhaltliche Arbeitsgestaltung

Die WALA-Heilmittel GmbH hat ein sogenanntes *flexibles Fertigungssystem*. Bei dieser Organisationsform arbeiten die einzelnen Arbeitssysteme nicht völlig autonom, sondern in Verkettung mit vor- und nachgestellten Bereichen. Ein Beispiel aus der Herstellung soll diesen Zusammenhang verdeutlichen. Im Pflanzenlabor arbeitet eine Arbeitsgruppe mit einem fest umrissenen Tätigkeitsfeld, das sie intern weitgehend selbständig koordinieren kann. Bei der Aufbereitung der Pflanzen ist jedoch gerade wegen der anschließenden einjährigen Lagerungszeit der Grundsubstanzen besonders zu berücksichtigen, welche Bedarfe in den nachgeordneten Gruppen für die Weiterverarbeitung vorhanden sind.

Trotzdem stehen den einzelnen Gruppenleitern umfangreiche Gestaltungsmöglichkeiten zur Verfügung. Beispielsweise regeln die Teams die interne Aufgabenverteilung völlig frei, wobei dies unterschiedlich intensiv genutzt wird. Während bei manchen Gruppen jeder Mitarbeiter alle anfallenden Arbeiten nach Bedarf ausführen kann, sind in anderen die Tätigkeiten fest zugeordnet. In einem System mit ausgeprägter gruppenspezifischer Selbständigkeit ist nun die Lösung der Kontrollproblematik von großer Bedeutung. Sie erfolgt in diesem Fall ausschließlich über implizite Mechanismen, unter anderem über die beschriebene gegenseitige Abhängigkeit der Arbeitsgruppen. Ein Interviewpartner hat die Funktion dieses Systems erläutert: „Es wird durch die Arbeit selbst kontrolliert, denn so viele Dinge greifen so ineinander, dass es gar nicht anders geht. Was der eine nicht gemacht hat, kann der nächste nicht weiterarbeiten. Sobald er es merkt, geht er sofort zu dem anderen und sagt: ‚Warum hast Du das nicht gemacht?'" Dies wirkt nicht nur im Verhältnis zu anderen, sondern auch innerhalb der Gruppe.

Ein weiterer Aspekt, über den Kontrolle erfolgt, ist das *Budget*. Jede Gruppe handelt über ihre Abteilung mit der Geschäftsleitung einen Etat für das ganze Jahr aus. Orientiert an den geplanten Vorhaben, ist er im Prinzip einzuhalten, jedoch darf jeder Gruppenleiter einzelne Bestandteile des Budgets durch andere ersetzen oder ergänzen, solange die Gesamthöhe der Kosten nicht überschritten wird. Dies hat natürlich ebenfalls Folgen für die Entscheidungsfindung im Unternehmen, wie an anderer Stelle noch ausgeführt wird.

Es liegt also eine Form der *Gruppenorganisation mit impli-*
*ziten Kontrollmechanismen* vor. Eine ausdrückliche Beauf-
sichtigung des Verhaltens erfolgt nur im Zusammenhang mit
den gesetzlichen Hygiene- und Sicherheitsvorschriften. Alle
Mitarbeiter in der Produktion müssen beispielsweise eine entsprechende Schutzkleidung tragen, um Verunreinigungen der
Heilmittel zu vermeiden.

Das weitgehende Fehlen verhaltenssteuernder Regelungen ist
auch für die Gestaltung der Arbeitszeit kennzeichnend. Gibt
es doch dazu im Unternehmen kaum verbindliche Vorschrif-
ten. Für die Mitarbeiter ist lediglich festgelegt, die täglichen
acht Arbeitsstunden in einer Spanne zwischen 6 und 22 Uhr
abzuleisten. Dieses Konzept der *flexiblen Arbeitszeit* verzichtet völlig auf Kernzeiten. Jeder kann innerhalb des Zeitrah-
mens die Lage und Dauer der Arbeit, unter Berücksichtigung
der wechselseitigen Abhängigkeiten mit den Kollegen sowie
der Einhaltung von Terminen und Qualitäten in der Produktion, frei bestimmen. Ein Abteilungsleiter formuliert es in den
Interviews folgendermaßen: „In gewisser Weise können die
Leute anfangen und kommen, wann sie wollen. Wenn heute
einer kommt und sagt, ich möchte nur noch von 10 bis 19 Uhr
arbeiten, da habe ich keine Probleme damit." Praktisch stimmen die Mitglieder einer Gruppe die Anwesenheitszeiten aufeinander ab, damit die Aufgabenerfüllung stets gewährleistet
ist.

Die Regelung erlangt besondere Bedeutung im Bereich der
Produktion. Die Herstellungsweise der Grundsubstanzen erfordert eine entsprechende Anpassung der Arbeitszeit. Gerade im Sommer, wenn die Ansätze nur sehr früh morgens und
spät abends ins Licht der Dämmerung gesetzt werden können, kann das kaum von einem Mitarbeiter allein durchgeführt werden. So arbeitet häufig jemand von 5 bis 13 Uhr und
ein anderer setzt die Arbeit am Nachmittag fort. In den anderen Bereichen werden die Möglichkeiten der flexiblen
Arbeitszeit nicht ganz so extrem genutzt, so dass dort kaum

Unterschiede zu anderen Unternehmen bestehen. Das ist vor allem deshalb bemerkenswert, weil die Einhaltung der vorgeschriebenen Gesamtzeit nicht direkt kontrolliert wird. Es existieren weder Stempeluhren noch andere automatische Zeiterfassungen. Jeder Mitarbeiter führt in Selbstkontrolle schriftliche Arbeitsnachweise entsprechend den geltenden Bestimmungen durch. Diese sind an jedem Monatsende dem Gruppenleiter zur Bestätigung vorzulegen. Auch die individuellen Pausenzeiten werden nicht kontrolliert und sind vom Mitarbeiter selbständig in den Arbeitsablauf einzuordnen.

Die beschriebenen Regelungen des Unternehmens sind in der „Arbeitsordnung", der Zusammenfassung der verschiedenen Betriebsvereinbarungen, schriftlich fixiert. Darin heißt es zur Begründung für die große Freiheit in der täglichen Gestaltung der Arbeit: „Ein Leitgedanke dieser Arbeitsordnung ist, dass die Würde des Menschen in der Verantwortung für seine Taten liegt. Deshalb wird ein Führungs- und Arbeitsstil angestrebt, in dem Selbstverantwortung, Selbstkontrolle und der Wille zur Selbsterziehung die Grundlage der Zusammenarbeit in Vertragsverhältnissen bilden." Die Mitarbeiter der WALA sollen ihren Beitrag zum Unternehmen also nicht deshalb erbringen, weil sie dazu aus den verschiedensten Gründen, zum Beispiel finanzieller Art, gezwungen sind. Statt dessen soll Freude an der Arbeit entstehen, da jeder Einzelne weiß, welchen Anteil er selbst an der Herstellung der Produkte des Unternehmens hat. Wenn dieser als sinnvoll erachtet wird, bringt jeder Mitarbeiter seine Leistung freiwillig. Stiftungsvorstandsmitglied Karl Kossmann sagt es folgendermaßen: „Das Unternehmen so zu gestalten, dass dann in den einzelnen Arbeitsbereichen die Arbeitsgruppen einen solchen Kontext haben, dass dann der Antrieb zur Arbeit eigentlich immer dieser therapeutische Ansatz ist, den wir haben."

Die Idee geht auf Rudolf Steiner zurück, der anregte, Arbeit und Verdienstmöglichkeiten getrennt zu behandeln. Voraussetzung dafür, dass Menschen ihre Arbeitskraft freiwillig der

Gemeinschaft zur Verfügung stellen, sei es, dass jeder die
Möglichkeit habe, aufgrund eigener Entscheidung seine Ta-
lente und Fähigkeiten sinnvoll für die Herstellung eines Pro-
duktes einzusetzen. Wenn Menschen die Arbeit als solche
hoch schätzen, werden sie sie gerne und freiwillig tun. Eine
Kontrolle erübrigt sich dann.

## 2.4  Einkommensgestaltung

Das Entgelt wird unter anderem in Abhängigkeit vom
Schwierigkeitsgrad der Arbeit festgelegt. Eine weitere Be-
messungsgrundlage sind die Bedürfnisse der einzelnen Mit-
arbeiter. Schließlich praktiziert das Unternehmen noch eine
Beteiligung der Mitarbeiter an Gewinn und Kapital. Quanti-
tative Leistungsaspekte, zum Beispiel über Akkordlohn oder
Mengenprämien, finden bei der Lohnfindung keine direkte
Berücksichtigung.

Ein Sockelbetrag von 1.050 DM, den jeder Mitarbeiter unabhängig von seiner Aufgabe und seinen individuellen Bedürfnissen erhält, bildet die erste Komponente der Entlohnung. Seine Höhe orientiert sich am gesetzlich festgelegten
Existenzminimum. Die Differenzierung der Gehälter erfolgt
dann nach Anforderungen. Die Arbeitsplätze der WALA sind
dazu gemäß ihren Anforderungen in Gehaltsstufen eingeord-
net. Sie reichen von Stufe I, „Aufgaben nach Anleitung mit
weitgehend detailliert festgelegten Abläufen", bis zu Stufe
VII, „Leitung mit Geschäftsverantwortung für Personal des
definierten Verantwortungsbereiches sowie Einhaltung von
Ziel- und Budgetplanung in Vorbildhaltung". Laut Arbeitsordnung hat ein Einstufungsausschuss die quantitative und
qualitative Analyse der Stellen unter Berücksichtigung spezi-
eller arbeitswissenschaftlicher und betriebswirtschaftlicher
Studien durchgeführt. Anschließend wurde dann das Lohn-
stufenmodell festgelegt, in dem alle Mitarbeiter außer dem
Geschäftsführer und den Ressortleitern erfasst sind.

Der monatliche Verdienst aus *Sockel-* und *Aufgabenanteil* schwankt zwischen 3.080 DM als niedrigstem Betrag in Stufe I und um die 10.400 DM in Stufe VI. Die Gehälter der obersten Stufe sind dann nicht mehr festgelegt, sondern frei mit der Geschäftsführung auszuhandeln. Innerhalb der Abstufungen gibt es je nach Betriebszugehörigkeit eine gewisse Bandbreite in der Höhe des Entgelts.

Das Grundgehalt erhöht sich anschließend noch um den *Sozialanteil*. Er setzt sich aus einer Reihe freiwilliger Sozialleistungen zusammen, die nach individuellen familiären Bedürfnissen an die Mitarbeiter weitergegeben werden. Mit den durchschnittlich gewährten Zulagen erreicht das unterste Gehalt in der WALA ein Niveau um die 3.500 DM. Die nachfolgende Tabelle zeigt eine Übersicht über die zusätzlichen Zahlungen. Daneben gibt es noch eine ganze Reihe unentgeltlicher Zuwendungen wie Betriebsfeste, Massagen oder die kostenlose Bereitstellung von Kaffee und Tee während der Pausen.

### Die freiwilligen sozialen Leistungen der WALA

| Zuschuss | Höhe | Zahlungsweise | Voraussetzungen |
|---|---|---|---|
| Heiratsbeihilfe | 300 DM nach BV | einmalig | Vorlage der Heiratsurkunde |
| Geburtenbeihilfe | 700 DM nach BV | einmal je Kind | Vorlage der Geburtsurkunde |
| Kindergeldzulage | bis 200 DM pro Kind | monatlich | Geburtsurkunde, Adoptionsnachweis |
| Kindergarten-zuschuss | bis 100% des Beitragssatzes | monatlich | Kindergarten-bescheinigung |
| Schulgeld | bis 350 DM je Familie | monatlich | Besuch einer privaten Schule |
| Jubiläum | 1.200 DM | einmalig | nach 25, 40 und 50 Jahren |
| Fahrgeldzuschuss | max. 50 DM | monatlich | Benutzung öffentlicher Verkehrsmittel |
| Mitarbeiterrabatt | 27,5% nach BV | bei Waren-bestellung | keine |
| Umzugskosten | nach BV | einmalig | auf Antrag |

Die *kombinierte Erfolgs- und Kapitalbeteiligung*, welche das Unternehmen praktiziert, rundet die Gehaltsordnung ab. Die genannten drei Elemente des monatlichen Entgeltes werden in dem Zusammenhang als Vorauszahlung für die finale Entlohnung angesehen. Die Erfolgsbeteiligung hat zwei Standbeine. Einerseits gibt es eine kollektive Form in Gestalt des „Sozialen Hilfsvereins e.V.", der, finanziert aus Unternehmensgewinnen, in Not geratenen Mitarbeitern unter die Arme greift. Die freiwilligen Sozialleistungen gehören sicherlich ebenfalls zu diesem Bereich. Zum anderen ist auch eine individuelle Form der Erfolgsbeteiligung vorgesehen. Und zwar erhalten alle Mitarbeiter aus dem Jahresgewinn Ausschüttungen, die sogenannten „Gratifikationen". In jedem Herbst wird der Gesamtgewinn des Unternehmens auf das Jahresende hochgerechnet und auf dieser Basis, wenn möglich, eine Barausschüttung vorgenommen. Nach Abschluss der Bilanz folgt dann noch eine unbare Gewinnbeteiligung, soweit die wirtschaftliche Situation es erlaubt. Die Höhe der Anteile bestimmt sich proportional zum Jahresarbeitsentgelt. Die endgültige Entscheidungsgewalt darüber obliegt dem Stiftungsvorstand, wobei die Geschäftsführung jedoch eine Empfehlung aussprechen kann. Insgesamt wird ein wesentlicher Teil des Gewinnes „ausgeschüttet", der andere Teil in der GmbH thesauriert oder an die WALA-Stiftung ausgeschüttet. In Jahren mit Verlustsituation müssen die Mitarbeiter auf die Gratifikationen verzichten.

Die Kapitalbeteiligung erfolgt, indem die Ausschüttungen investiv als Mitarbeiterdarlehen im Unternehmen verbleiben. Diese Verbindlichkeiten machen mittlerweile 17,5 Mio. DM, das sind über 40 Prozent der Passivseite der Bilanz, aus. Sie werden mit variablen Zinssätzen vergütet, zur Zeit mit 3,5 Prozent. Die Erträge der Einlagen werden einmal im Jahr bar ausgezahlt.

In der Satzung der WALA-Stiftung ist festgelegt, dass der Anteil der Mitarbeiterdarlehen an der Bilanzsumme nicht über eine Schwelle von 70 Prozent steigen darf. In einem solchen Fall müssten die Darlehen zurückgezahlt werden, bis die Grenze wieder unterschritten wird. In der Regel jedoch ist eine ratenweise Rückzahlung frühestens nach 25 Jahren oder mit dem Bezug einer Rente durch den betreffenden Mitarbeiter in zehn Jahresraten vorgesehen.

Das vorliegende Einkommenssystem hat unter dem firmeninternen Namen „Sterntaler" erst seit dem 01.12.1997 offizielle Gültigkeit. Es wurde von einer eigens geschaffenen Projektgruppe unter Einbeziehung externer Berater erarbeitet. Die Mitarbeiter konnten, wenn der Wunsch bestand, in der Vorbereitung mitarbeiten. Große Teile der jetzigen Regelungen werden jedoch ohnehin schon lange Jahre praktiziert, so besonders die materielle Mitarbeiterbeteiligung bereits seit 1969.

„Das Heil einer Gesamtheit von zusammenarbeitenden Menschen ist um so größer, je weniger der Einzelne die Erträgnisse seiner Leistungen für sich beansprucht, das heißt, je mehr er von diesen Erträgnissen an seine Mitarbeiter abgibt und je mehr seine eigenen Bedürfnisse nicht aus seinen Leistungen, sondern aus den Leistungen der anderen befriedigt werden" (STEINER, 1987, S. 213). Diese einleitenden Aussagen des sozialen Hauptgesetzes nach Steiner bilden die Grundlage für das Gehaltssystem der WALA. Leistung könne nicht direkt entgolten werden, da die Arbeit um ihrer selbst willen getan werde. Die eingesetzten Komponenten der Gehaltsordnung sollen vielmehr für eine möglichst gerechte Verteilung der Unternehmensüberschüsse im Sinne von Bedürfnissen und Anforderungen sorgen.

Die Erfolgs- und Kapitalbeteiligung trägt speziell dem formulierten Ziel Rechnung, den Gegensatz zwischen Arbeit und Kapital zu überwinden. Die Verantwortlichen der WALA wollen Konflikte zwischen unterschiedlichen Interessen von Geschäftsleitung und Belegschaft vermeiden. Dahinter steht

die Hoffnung, dass im Endeffekt jeder Mitarbeiter an seinem
Arbeitsplatz wie ein Unternehmer denkt und seine Ziele mit
denen der Organisation korrespondieren. Es wird davon ausgegangen, dass speziell die Beteiligung am unternehmerischen
Risiko, hervorgerufen durch die Gefahr, bei schlechter wirtschaftlicher Lage die Kapitaleinlagen zu verlieren, für Eigeninitiative und Gemeinschaftssinn sorgt. Dabei zielt die Beteiligung wohl auf eine langfristige Bindung der Mitarbeiter, da
die Gratifikationen erst nach Jahren eine höhere Summe für
den Einzelnen erreichen.

Aus Sicht der WALA ist die materielle Mitarbeiterbeteiligung
nur die logische Fortsetzung der Idee, das Kapital in möglichst viele Hände zu verteilen, wie es auch schon bei den Ursachen für die Gründung der Stiftung ausgeführt wurde.
Selbstverständlich haben auch die Finanzierungsmöglichkei-
ten einer Kapitalbeteiligung, unter anderem durch Steuereinsparungen, eine wichtige Rolle gespielt. Karl Kossmann
sagt es so: „Die Auszahlungsquote wird immer größer. 1998
haben wir 434.000 DM getilgt, 517.000 DM Zinsen gezahlt.
Das sind 951.000 DM, die aus dem Betrieb herausgehen. Im
anderen Falle müssten wir die Zinsen an die Bank zahlen und
diese 17,5 Mio. DM Mitarbeiterdarlehen, die hier stehen,
wenn wir die als Unternehmer realisiert hätten, dann hätten
wir unser Kapital nicht um 17,5 sondern nur um ca. 8,5 Mio.
DM vergrößern können und das andere wären eben Steuern
gewesen."

## Erfahrungen und Wertungen

Alle Befragten, vom Geschäftsführer bis zum einfachen Mitarbeiter, bezeichneten das Betriebsklima als ausgesprochen
gut. Zwei Aspekte können verdeutlichen, dass es sich dabei
wohl nicht nur um Floskeln handelt. Zum einen antwortete
kein Gesprächspartner auf die Frage, ob er denn für bessere
Verdienstmöglichkeiten das Unternehmen verlassen würde,

mit ja. Im Gegenteil, alle sagten übereinstimmend, dass sie das Miteinander im Betrieb oder ihre jeweilige Arbeit nicht aufgeben wollen. Wieder ausnahmslos alle Befragten äußerten auch, dass es natürlich zwischenmenschliche Probleme gebe, diese würden aber relativ schnell bereinigt, indem man sich ausspreche oder die Konflikte offen austrage. Es existiert zwar ein internes Schiedsgericht, das sich aus mehreren gewählten Mitarbeitern zusammensetzt und Streitigkeiten schlichten soll, welches jedoch in den mehr als zehn Jahren seit der Einrichtung nicht angerufen worden ist.

Das angestrebte Ziel, den Mitarbeitern möglichst viel Verantwortung zu geben, ist weitgehend verwirklicht. Jedoch verdient die Arbeitszeitregelung eine besondere Betrachtung. Die einzelnen Mitarbeiter können vielleicht am besten beurteilen, wohin sie ihre Pausen legen, um gerade laufende Arbeiten nicht unnötig zu unterbrechen oder zu verlängern. Es liegt aber auf der Hand, dass damit natürlich auch Probleme verbunden sind. Die Beschäftigten selbst streiten dies nicht ab, so sagt einer von ihnen: „Grundsätzlich ist die Freiheit o.k., aber die Pausenzeiten werden zum Teil gnadenlos überzogen. Ich schätze, deshalb müssen mehr Leute beschäftigt werden, als man eigentlich bräuchte." Das ist zwar eine zunächst unbewiesene These, zumindest aber macht sie deutlich, dass bei einzelnen Personen die Arbeitszeit wohl effektiver sein könnte. Dieser Eindruck wird durch die Art der Zeiterfassung noch verstärkt. Wenn ein Abteilungsleiter am Monatsende vielleicht fünfzehn oder mehr Stundenzettel kontrollieren und abzeichnen muss, kann er einfach nicht überblicken, ob alle Eintragungen stimmen. Speziell an Einzelheiten vom Anfang des Monats wird er sich kaum noch erinnern.

„Das war in der ersten Zeit absolut chaotisch. Ich habe auch das erste halbe, dreiviertel Jahr gedacht: ‚Gehst Du?' Es war niemand da, der sich um dich kümmert. Meine Aufgaben musste ich mir selber formulieren. Das kann ganz reizvoll

sein, aber auf Dauer ist es schwierig." Diese Aussage eines
Mitarbeiters beruht zwar auf einem, durch die Art der Tätigkeit bedingten, Extremfall. In anderen Gesprächen bestätig-
te sich allerdings durchaus die Tendenz, dass Mitarbeiter
möglicherweise überfordert sind, wenn sie vieles in Selbstab-
stimmung regeln müssen. Insbesondere weniger qualifiziertes
Personal, das neu in die WALA kommt, hat zunächst Anpas-
sungsschwierigkeiten. „Gut, das habe ich mitgekriegt, dass
das für viele andere ein Problem ist. Dass man halt irgendwo
was vorgeworfen kriegt, und dann teilweise vielleicht ein
bißchen hilflos dem Ganzen gegenübersteht." Es ist selbstverständlich, dass neue Mitarbeiter die Prinzipien der Firma
erst verinnerlichen müssen, speziell dann, wenn sie es bisher
so nicht gewohnt waren.

Das Gehaltssystem, mit seiner materiellen Mitarbeiterbeteiligung, soll, wie schon gesagt, unternehmerisches Denken am
Arbeitsplatz fördern und auf diese Weise die Schwierigkeiten,
welche sich etwa aus der fehlenden Kontrolle der Arbeitszeit
ergeben, eindämmen. Das setzt natürlich ein gewisses Verständnis dieser Zielsetzung bei den Beschäftigten voraus, das
kurz nach der Einführung des Systems offensichtlich nicht
vorherrschte. Karl Kossmann: „Auch die Selbstverantwortung, bis in die Mitarbeiter hinein, vielleicht auch durch die
Mitarbeiterbeteiligung, sie hat das sicherlich gefördert. Aber
so ganz zufrieden ist man nie, weil man immer wieder Dinge
erlebt, wo man dann sagt: Wie ist das möglich, wenn die
Menschen ein solches Modell praktizieren? Wie kann dann
jemand fragen: ‚Ist es nicht möglich, dass mein Anteil vorzei-
tig ausgezahlt wird?' Er hat eine besondere Not oder was immer. Und ich sage dann: ‚Holen sie sich eine Schubkarre und
nehmen sie sich die Steine, die wir von dem Geld verbaut haben.' Dann sagen die: ‚Um Gottes Willen!' Und sehen es
schnell wieder ein. Das kommt aber ganz selten vor. Aber vor
zehn oder zwölf Jahren war das noch gang und gäbe, dass alle sechs bis acht Wochen ein Mitarbeiter kam, ob er es nicht
doch ausbezahlt haben könnte."

Wie bereits an anderer Stelle gesagt, war kein Interviewpartner bereit, nur für mehr Geld das Unternehmen zu verlassen. Statt dessen wurden andere Faktoren höher angesiedelt. Dazu passt, das viele mit ihrem Gehalt nicht unbedingt zufrieden waren, wohl aber mit ihrer Gesamtsituation. Demnach dürften vielleicht auch die anderen Aspekte der Gehaltsordnung eine eher untergeordnete Bedeutung haben.

Bei der Entscheidungsfindung steht dem Vorteil von Partizipation und Delegation, nämlich das Wissen und die Erfahrungen aller Beteiligten zu nutzen, ein großer Nachteil entgegen: „Manchmal habe ich den Eindruck, dass man auch ein bisschen viel redet, dass man vielleicht mehr agieren müsste. Man kann eine Sache auch totreden." Diese Feststellung trafen mehrere Befragte. In der Regel wird aber auch in der WALA nicht über jede Kleinigkeit lange diskutiert, sondern die Instanzen entscheiden dann oft allein.

In der Fallstudie zitierte Literatur:

KOSSMANN, K.: Biografische Notizen zum Lebensgang von Rudolf Hauschka, in: WALA-Stiftung (Hrsg.): Rudolf Hauschka. Zum 100. Geburtstag am 6. Nov. 1991.

STEINER, R.: Lucifer – Gnosis. Grundlegende Aufsätze zur Anthroposophie 1903-1908, GA 342, neu durchgesehene Auflage, Dornach (Schweiz) 1987.

WALA-Stiftung (Hrsg.): WALA-Verfassung, Bad Boll-Eckwälden 1996.

# Fallstudie 8        *Recherchiert von Sylvia Nettelnstroth*

# WOB Marketing Kommunikation AG, Viernheim: „Ruhm, Spaß und Geld"

## Allgemeine Charakterisierung

WOB steht für Werbung und OrganisationsBeratung GmbH. Sie wurde 1973 von den beiden Mannheimer Studenten Frank Merkel und Kurt Klein, sowie zwei weiteren Freunden gegründet, die jedoch „ziemlich bald wieder ausgestiegen sind, als es anfangs nicht gleich so toll lief" (F. Merkel).

Heute besteht die WOB aus der „Mutter" WOB mit 53 Mitarbeitern und den drei Töchtern die media, WOB Interactive und WOB Event. Die Media, die sich selbst aus zwei Teams in den Bereichen Media und Marktforschung zusammensetzt, hat sieben feste Mitarbeiter. Für die WOB Event arbeiten vier festangestellte und zahlreiche freie Mitarbeiter, die „je nach Bedarf zugekauft" werden. Die WOB Interactive bildet mit 15 Leuten die mitarbeiterstärkste Tochter. Damit gehört die WOB MarketingKommunikation AG mit insgesamt 98 Mitarbeitern bereits zu den größeren Agenturen.

Als sogenannte Full-Service-Agentur bietet sie dem Kunden ein breites Leistungsspektrum, das von klassischer Werbung, die von der „Mutter" WOB übernommen wird, über Werbung mittels interaktiver Medien, von der Tochter Interactive betreut, bis hin zu bild- und tongestützten Unternehmens- und Produktpräsentationen reicht, für deren Planung und Durchführung die WOB Event zuständig ist. Die Tochter Media hat sich demgegenüber auf Marktforschung und Anzeigenschaltung spezialisiert. Damit hat jede Tochter wie auch die „Mutter" ihr Fachgebiet. Nimmt man diese vier Gebiete zusammen, so lag der erwirtschaftete Nettoumsatz 1997 bei

13,3 Millionen, womit die WOB auf Rang 49 der Top 100-Agenturen nach Gross Income lag.

## Innovative Sozialordnungselemente

### 1.   Die Ideen der Gründer

Als Frank Merkel und Kurt Klein mit zwei weiteren Freunden das Unternehmen 1973 gründen, sind sie knapp über 20 Jahre alt. Die beiden haben keine bestimmte Vorstellung, wie ihr Unternehmen idealerweise aussehen soll, sondern geben heute als Gründungsursache an, dies „aus einer Laune heraus" getan zu haben, um sich „neben dem Studium etwas Kohle zu verdienen" (F. Merkel).

Später setzt man sich zum Ziel, unter die Top 100 der umsatzstärksten Agenturen zu kommen, was man 1981 mit einem Rekordwachstum von 75 Prozent erstmals bewerkstelligen kann. Man hat die Vision, den Leuten ein „Arbeiten mit Spaß für alle Beteiligten, d. h. Kunden, Lieferanten und Mitarbeiter" (F. Merkel) zu gewährleisten.

Man will „ganz oben mitspielen". Merkel sagt dazu: „Wir sind ein Hochleistungsbetrieb ... Wir fordern *extrem* viel, aber wer viel fordert, muss viel zurückgeben."

„Werbung ist bei uns Family-Business", dieser Satz sticht jedem ins Auge, der im Internet die Homepage der WOB aufruft.

Die WOB erscheint einerseits als Hochleistungsfamilie, die Vorstellungen von Vertrauen, Zusammengehörigkeit und Sichmögen impliziert. Andererseits basiert ihre Philosophie auf der *Strategie des internen Marketings*, welche sich eine simultane Kunden- und Mitarbeiterorientierung zur Aufgabe macht. Im Vordergrund steht dabei die Annahme, dass der

Mitarbeiter selbst als interner Kunde angesehen werden muss. Ganz nach dem Motto: „Der Kunde ist König", sei auch der Mitarbeiter als solcher zu behandeln, d. h. er muss zufriedengestellt und zur weiteren Zusammenarbeit motiviert werden.

Aber nur derjenige, der in die Familie passt, kann bei der WOB „mitmischen". Man strebt nach einer Corporate-Identity als „ganzheitliches Modell aus Unternehmenskultur, Erscheinungsbild, Kommunikation und tatsächlichem Verhalten" (F. Merkel).

Ein Unternehmen sei in erster Linie dazu da, Gewinne zu erzielen, also müsse eine möglichst optimale Kombination aus Mitarbeiter- und Erfolgsorientierung gefunden werden. Zum wirtschaftlichen Ziel hat die WOB sich daher gesetzt, auf ihrem Gebiet, d. h. der Markenbildung für technische Produkte und Dienstleistungen, weiterhin eine „Bundesliga-Agentur" zu sein. Angestrebt ist eine „größtmögliche Harmonie aus Ruhm, Spaß und Geld" (F. Merkel).

Das gesetzte Mindestmaß an Spaß in der Zusammenarbeit wurde z. B. 1996 bei einem Kunden unterschritten. Daraufhin habe man die Geschäftsbeziehung kurzfristig aufgelöst und damit auf zusätzliches Geld und Ruhm zugunsten der Freude an der Arbeit verzichtet. Auf diese Weise habe die WOB zwar einen Kunden verloren, sei aber gleichzeitig zur Harmonie im Inneren zurückgekehrt, was dem Unternehmen wieder größere Stabilität und mehr Vertrauenswürdigkeit nach außen gegeben habe.

# 2. Praktische Ausgestaltungen der Sozialordnung

## 2.1 Die Eigentums- und Einkommensgestaltung

### Die Eigentumsrechte

Seit 1992 besitzt die ursprünglich als GmbH geführte WOB die Rechtsform der AG, wenngleich sie nicht börsennotiert ist. Aktien können daher zwar von den Mitarbeitern, Geschäftsführern und Vorständen sowie den Aufsichtsratsmitgliedern, nicht aber von Unternehmensexternen erworben werden.

Durch die Wahl dieser Rechtsform, die schließlich als Beteiligungsmodell angelegt ist, hat man sich darauf festgelegt, dass die Eigentumsrechte nicht nur auf die Gründer der Agentur beschränkt bleiben sollen.

Mit der Möglichkeit, sich über das neue Modell am Unternehmen zu beteiligen, sollte den Mitarbeitern ursprünglich die Chance gegeben werden, steuerlichen Belastungen, die sich bei erfolgsorientierten Leistungszulagen immer ergeben, zu entfliehen. Daher war geplant, anstelle der früher üblichen Sonderzahlungen in Form von Boni, die mehr oder weniger „hemdsärmelig" (F. Merkel) ausgeschüttet wurden, kostenlose Aktien zu vergeben. Über diese Art der Leistungshonorierung erhoffte man sich für die Mitarbeiter steuertechnisch günstigere Preise als dies zuvor der Fall war, da man glaubte, die Dividenden, nach Abzug aller auf die WOB als Rechtsperson anfallenden Steuern, voll auszahlen zu können. „Die Geschäftsleitung ist dabei vom amerikanischen Vorbild ausgegangen, was aber, wie sich herausstellte, hier in Deutschland in der Form nicht funktionierte" (R. Peter).

In Anbetracht der Tatsache jedoch, dass Mitarbeiter und Öffentlichkeit bereits über den Plan informiert waren und die WOB ihre Glaubwürdigkeit nicht verlieren wollte, kam ein „Rückzieher" (R. Peter) nicht mehr in Frage, so dass die AG

gegründet wurde. Die Mitarbeiter konnten daraufhin über
die ausgeschütteten Dividenden am Unternehmenserfolg beteiligt werden und durch steigende „Kurswerte" von den positiven Wachstumsraten der WOB profitieren.

Die Idee der Mitarbeiterbeteiligung war allerdings nicht nur
als monetäres Anreizsystem für den Einzelnen gedacht, sondern es wurden damit auch unternehmenspolitische Ziele
verfolgt. Eine breite Streuung der Aktien sollte dafür sorgen,
möglichst viele „gute Leute durch Beteiligung an die Agentur
zu binden" (F. Merkel) und die gewöhnlich hohe bran-
cheninterne Fluktuationsrate wenigstens im eigenen Unternehmen zu senken.

Sämtliche Aktien der WOB sind sogenannte vinkulierte Na-
mensaktien, d. h. Aktien, die auf den Namen des Aktionärs
ausgestellt sind und nur mit Zustimmung des Vorstandes
übertragen werden können. Diese Regelung bringt mit sich,
dass dem Aktionär eine Veräußerung seines Anteils erheblich
erschwert wird. Ein Vorteil besteht darin, dass jegliche
Fremdeinflüsse und solche, die der Unternehmensphilosophie nicht zuträglich sind, selektiert und vermieden werden
können.

Auf ein Grundkapital von 1.268.000 DM kommen heute
10.180 Stamm- und 2.500 Vorzugsaktien jeweils zum Nennbetrag von 100 DM, die, soweit noch verfügbar, von den Mitarbeitern theoretisch nach der üblichen Probezeit von sechs
Monaten erworben werden können. In der Praxis sind jedoch
sämtliche Aktien bereits an Alteingesessene vergeben, so dass
erst mit einer Kapitalerhöhung wieder eine Neuemission und
damit ein Kauf erfolgen kann.

Insgesamt sind zur Zeit 10 Personen – die drei Aufsichtsräte
eingeschlossen – über Aktien an der WOB beteiligt, wobei
von den verbleibenden sieben mehr als die Hälfte dem Vorstand und der Geschäftsleitung angehören, so dass Merkel zu

der Aussage kommt: „Die AG hat sich vor allem auf oberster Ebene bewährt".

Da die WOB nicht an der Börse notiert ist und die Aktien somit nicht über den freien Markt gehandelt werden, kann sich für sie folgerichtig kein gemeiner Wert oder Marktpreis herausbilden. Welcher Wert einer WOB-Aktie zu einem bestimmten Zeitpunkt nun tatsächlich zukommt, wird über das „Stuttgarter Verfahren" näherungsweise ermittelt. Dieses Verfahren zielt darauf ab, nicht notierte Aktien und Anteile an Kapitalgesellschaften mittels Schätzung zu bewerten (vgl. Gabler Wirtschaftslexikon, 1997, „Stuttgarter Verfahren").

Da eine Beteiligung nur für Unternehmensinterne und Aufsichtsräte möglich ist, müssen die Beteiligten, die zukünftig nicht mehr für die WOB arbeiten werden, ihre Anteile bei Verlassen des Unternehmens zurückgeben. Dies geschieht dann im Rahmen der sogenannten Zwangseinziehung, welche von der Hauptversammlung mit einfacher Stimmenmehrheit beschlossen werden kann (vgl. § 6 der Satzung). Nach seinem Ausscheiden aus dem Arbeitsverhältnis bleibt dem Mitarbeiter noch eine Frist von drei Jahren, innerhalb welcher er seine Anteile wieder an andere „Wöbse" zurückverkaufen muss. Ausgenommen von dieser Regelung sind nur die beiden Geschäftsgründer Frank Merkel und Kurt Klein.

In der Hauptversammlung fällt den Stamm-Aktienbesitzern je 100 DM Nennbetrag eine Stimme zu. Besitzer von Vorzugsaktien haben kein Stimmrecht, sie erhalten pro Aktie 1 DM mehr an Gewinnanteilen als die Eigentümer der Stammaktie.

**Lohn- und Gehaltsvereinbarungen**
Weiß man, dass die Lohn- und Gehaltsvereinbarungen innerhalb der Branche i. d. R. individuell ausgehandelt werden und sich diese üblicherweise auch „nur auf Anforderung ändern" (R. Peter), mag es erstaunen, dass die WOB sich bezüglich ihrer Gehaltsordnung an den Tarifen der Banken und

Versicherungen orientiert. Zwar werden Löhne und Gehälter auch in der WOB zunächst individuell ausgehandelt, wobei die Orientierung an den regionalen Marktpreisen erfolgt, allerdings „bekommt jeder Mitarbeiter der WOB schon automatisch mehr", sobald im Sektor Banken und Versicherungen Gehaltserhöhungen stattfinden. „Wer mit dieser Erhöhung nicht zufrieden ist, hat dann die Möglichkeit, zur Geschäftsleitung zu gehen und noch mehr zu verlangen. Diese Tür steht jedem offen" (R. Peter).

Daraus lässt sich bereits ableiten, dass die Mitarbeiter „im Wesentlichen Festgehälter" beziehen, die allerdings jederzeit durch „variable Sonderzahlungen" (F. Merkel) aufgebessert werden können. Eine Ausnahme von dieser Regelung bilden die freischaffenden Mitarbeiter. Diese werden nach Stunden bezahlt und verdienen ein Mehrfaches des Stundenlohns der Festangestellten, da die gesamten privaten Kosten der „Freien" in ihre Kalkulation miteingehen. Auch können sie nicht von den oben erwähnten Sonderzahlungen profitieren. Dass es für diese Boni, die demnach nur an feste Mitarbeiter vergeben werden, keine Bemessungsgrundlage gibt, sondern „einer beispielsweise 500 DM mehr bekommt, wenn etwas super gelaufen ist" begründet Merkel damit, dass die WOB ein „hemdsärmeliges" Unternehmen sei.

### Überstundenbezahlung
Überstunden werden bei der WOB AG nach folgender Staffel vergütet:

## Überstundenregelung bei der WOB

| *monatliches Bruttogehalt* | *unbezahlte Überstunden* <br> *- täglich -* |
|---|---|
| bis  DM 3.499,99 | 0,00 Stunden |
| ab   DM 3.500,00 | 0,75 Stunden |
| ab   DM 3.750,00 | 1,00 Stunden |
| ab   DM 4.000,00 | 1,25 Stunden |
| ab   DM 4.250,00 | 1,50 Stunden |
| ab   DM 4.500,00 | 1,75 Stunden |
| ab   DM 4.750,00 | 2,00 Stunden |
| ab   DM 5.000,00 | keine Überstundenbezahlung |

*Beispiel:*
Bei einem Verdienst von DM 4.000,00 werden im Monatsdurchschnitt nur Überstunden vergütet, die über 1,25 Std./täglich hinausgehen.

## Erfolgsbeteiligung

### Leistungsbezogene Erfolgsbeteiligung
Die WOB, ihre Töchter und die einzelnen Fachbereiche, wurden in zehn Profit Center aufgeteilt. Die Töchter Interactive und Event bilden dabei jeweils allein ein Profit Center, während die Tochter die media aus den Profit Centern Marktforschung und Media-Bereich besteht. Für die „Mutter" WOB verbleiben somit noch sechs Zentren, die sich aus der Produktions- und PR-Abteilung sowie den vier operativen Teams – auch als „Art & Beratung" bezeichnet – zusammensetzen.

Ziel eines jeden Profit Centers der WOB ist, mindestens eine Umsatzvorgabe zu erwirtschaften, die sämtliche Fachbereichskosten deckt. Die Vorgabe errechnet sich für jeden Teilbereich demzufolge aus der Summe der einzelnen Monatsgehälter, multipliziert mit dem branchenüblichen Faktor von

2,75, der als Standard für die sonstigen Aufwendungen hinzugezogen wird.

Wird nun der auf dieser Basis berechnete Monats-Mindestumsatz überschritten, so bildet der entstandene Mehrertrag die Bemessungsgrundlage für die leistungsbezogene Zulage eines Teams, die sich auf 20 Prozent beläuft, während aus den übrigen 80 Prozent Rücklagen gebildet werden, die am Ende des Jahres gegeneinander saldiert werden, in die Bilanz miteingehen und dann für eventuelle Sonderzahlungen an die Mitarbeiter zur Verfügung stehen.

Die 20-prozentige Leistungszulage selbst verteilt sich auf die Teammitglieder noch einmal wie folgt: 75 Prozent werden anhand des Gehaltsschlüssels vergeben, während es bei den restlichen 25 Prozent dem Ermessen der Senioren obliegt, wieviel jedem Einzelnen zukommt. Damit soll garantiert werden, dass diejenigen, die sich in dem entsprechenden Monat besonders verdient gemacht haben, auch eine angemessene Belohnung erhalten. Da dieses System sehr hohes Vertrauen in eine gerechte Urteilsfähigkeit und Weiterverteilung durch die Senioren impliziert, behält sich der Vorstand vor, im Zweifelsfall als „Schiedsgericht" zu fungieren.

### Erfolgsbeteiligung nach dem „Gießkannenprinzip"
Außerdem partizipieren in erfolgreichen Jahren alle Mitarbeiter, unabhängig davon, ob sie Aktien besitzen oder nicht, am Unternehmenserfolg; eine Verlustbeteiligung ist nicht vorgesehen. Nach Abzug der 2 Prozent Gewinnrücklage verbleiben überschüssige Gewinne daher nicht im Unternehmen, sondern werden noch vor Ausschüttung von Dividenden in verschiedenen Varianten an die Mitarbeiter weitergegeben.

So erhält beispielsweise durch eine Ausschüttung nach dem „Gießkannenprinzip" (R. Peter) jeder ein paar „Tropfen" des Gesamtgewinns, unabhängig davon, wie seine Leistungen im vergangenen Jahr waren. Ist dies geschehen, erhalten die Leistungsstarken des Jahres – wieder auf hemdsärmeliger Basis – Boni für besondere Leistungen. Danach erhalten die über Aktien Beteiligten ihre Dividenden. Nach dem Leitsatz: „Geht es dem Unternehmen gut, soll es auch dem Mitarbeiter gut gehen", wird auf diese Weise zunächst jeder am Erfolg beteiligt, ob nun Aktionär oder nicht, ob Auszubildender oder Senior, ob mehr engagiert oder weniger. Erst im Anschluss daran werden die leistungs- und beteiligungsbezogenen Anteile ausgeschüttet.

## 2.2 Die Koordinations- und Kommunikationsgestaltung

Im Sinne von „so viel wie nötig, so wenig wie möglich", versucht man sich auf oberster Ebene, „nur" mit der strategischen Unternehmensführung zu beschäftigen, also eine Rahmenordnung vorzugeben, innerhalb derer alle weiteren Entscheidungen in Bezug auf das „Wie" der Arbeits- und Projektgestaltung voll auf dem Einzelnen bzw. dem Team lasten.

Für die vier operativen Teams der „Stamm"-WOB ergibt sich die Notwendigkeit eines hohen fachspezifischen Knowhows. Daher sind die einzelnen Kunden den Teams nach Sektoren, wie z. B. Handel, Finanzen oder Bausektor zugeteilt. Strukturiert ist jedes Team so, dass auch bei Ausfall eines Mitgliedes wegen Krankheit das übernommene Projekt selbständig fortgesetzt werden kann. Es setzt sich daher aus je einem Senior Kundenberater, einem Senior Art-Direktor und einem Senior Texter, sowie deren Assistenten – den Junioren – zusammen, die alle gemeinsam für die Gesamtkonzeption zuständig sind. Auch die Töchter und die Fachabteilungen wie PR, Produktion, EDV und Finanzen arbeiten teamorientiert, so dass man die WOB letztendlich als ein System vieler kleiner miteinander vernetzter Subsysteme verstehen muss.

Die „Teams sind sehr weit autark" und arbeiten sozusagen als „Agenturen in der Agentur" (F. Merkel). Die Koordination untereinander findet bei Bedarf in den *Kundenberater- und Kreativmeetings* statt. Bei ersterem treffen sich die Senior Kundenberater der einzelnen Teams und deren Assistenten zur Lagebesprechung, während sich bei den Kreativmeetings die Art Direktoren und Texter der Teams konsultieren.

Doch nicht nur im Hinblick auf Aufträge und Kundenkontakt entscheidet das *Team*, was zu tun ist, auch bezüglich der Rekrutierung neuer Mitarbeiter verbleiben ihm außergewöhnliche Mitspracherechte; denn das Team, – nicht die Geschäftsleitung – ist letzte Instanz in dieser Angelegenheit. Zwar wird die Erstauswahl, je nachdem welche Stelle zu besetzen ist, von der Geschäftsleitung und dem jeweiligen Fachsenior des entsprechenden Teams getroffen, doch das letzte Wort, wer nun bleiben darf oder gehen muss, behalten die Mitarbeiter.

Mit dem Wunsch, dass Tipps und Tricks zur Verbesserung auf allen Ebenen – auch auf der zwischenmenschlichen und kommunikativen – entsprechendes Gehör finden, wurde 1995 mit der sogenannten „Sonnenbank", einem „internen Briefkasten für Verbesserungs- und Änderungsvorschläge" das *betriebliche Vorschlagswesen* der WOB eingeführt. Außerdem können sich die Mitarbeiter über den Mitarbeitervertreter im Aufsichtsrat zu Wort melden.

Doch nicht nur auf diesem Weg kann man seine Meinung kundtun. Durch eine *Politik der offenen Türen* hat man häufig Kontakt zu den Mitarbeitern und damit die Möglichkeit zur informellen Kommunikation. Dass diese „von oben" mehr als gewollt ist, zeigt sich zudem in Einrichtungen wie der Boule-Bahn im Garten, der hauseigenen Bibliothek oder dem Billardtisch, die den Leuten als Treffpunkt dienen.

Eine weitere Besonderheit bei der WOB ist, dass die Unternehmenspolitik vom Aufsichtsrat begutachtet und „abgesegnet" wird. Er fungiert somit neben seiner sonstigen Aufgabe als Kontrollinstanz als „Soundingboard für Strategien, was nicht ohne weiteres üblich ist" (F. Merkel).

Mit der Besetzung des Aufsichtsrats durch Prof. Dr. Hans Raffeé von der Universität Mannheim als Vorsitzenden und Prof. Dr. Klaus Wiedemann als weiterem Mitglied holte man sich nicht nur das nötige Kontrollorgan, sondern auch einen „hochqualifizierten Beraterstab in Sachen Marketing" (F. Merkel) ins Haus.

Die Aufsichtsratssitzungen finden dreimal pro Jahr statt. Im Anschluss daran werden die sogenannten *Vollversammlungen* einberufen, in denen die Mitarbeiter über gefasste Entschlüsse informiert werden. Die Teilnahme an diesen Versammlungen ist dabei für jeden Mitarbeiter verpflichtend. So wird garantiert, das jedes Unternehmensmitglied über die wichtigsten Geschehnisse informiert ist und auf dieser Basis weitere Entscheidungen für sein eigenes Handeln treffen kann.

Zur Verwirklichung einer bestmöglichen internen Kommunikation sieht es die Führung der WOB daher im Hinblick auf die Organisationsstruktur als unabdingbar an, die Hierarchiestufen so flach wie möglich zu halten. Die Tatsache, dass solche flachen Hierarchien in der WOB nicht nur Wunschtraum, sondern gelebte Realität sind, wird durch Aussagen der Mitarbeiter bestätigt. So lautet die Antwort auf die Frage, was an der WOB an Außergewöhnlichem ins Auge steche, von verschiedenen Seiten „flache Hierarchien werden gelebt und umgesetzt" (verschiedene Mitarbeiter), deren „plattestes Zeichen nach außen ist, dass du schneller mit den Chefs per du bist, als du gucken kannst" (A. Stundebeek).

Die informelle Kommunikation will man bei der WOB mittels der „Politik der offenen Türen" sowie spontaner oder geplanter Parties fördern, bei denen laut Aussage „fast immer alle Mitarbeiter ausnahmslos anwesend" sind und die „Vorstände und Geschäftsführer auch einmal ihre Kollegen bedienen" (A. Zschiesche), wie beispielsweise bei dem alljährlichen „Captain's Dinner".

Neben den bereits angesprochenen montäglichen Meetings der Geschäftsführer und Vorstände, den teamübergreifenden Treffen zwischen den einzelnen Kundenberatern und Kreativen, sowie den jährlichen Vorstandsklausuren, besitzt man noch eine Anzahl weiterer Kommunikationsmedien. So gibt es seit etwa einem Jahr das sogenannte *Montagsfrühstück*, während dem bei „Brötchen, Marmelade und Kaffee" (WOB Leitfaden, S. 62) Termine für die Woche abgesprochen und die Mitarbeiter über den neuesten Stand der Dinge informiert werden. Im Gegensatz zur Vollversammlung ist hier die Teilnahme nicht zwingend, sondern kann als ein zusätzliches Angebot betrachtet werden, sich nach dem Wochenende in lockerer Atmosphäre wieder auf den Alltag einzustimmen und das Wichtigste auf direktem Wege zu erfahren. Allerdings sollte es doch so sein, dass „mindestens ein Vertreter pro Team und Fachabteilung" am Frühstück teilnimmt, um sicherzustellen, dass alle relevanten Informationen auch tatsächlich ankommen.

Im Aufgabenbereich der PR-Abteilung liegt, sich nicht nur um die Öffentlichkeitsarbeit, sondern auch um viele Dinge, die mit interner Kommunikation zu tun haben, zu kümmern. Ihr untersteht beispielsweise die Gestaltung des „blauen Brettes", an dem die neuesten Presseberichterstattungen über die WOB sowie deren Auszeichnungen, aktuelle Kampagnen, Einladungen zu Veranstaltungen etc. aushängen, das aber auch von den Kollegen direkt zur Weitergabe von Informationen genutzt werden kann. So stellen sich dann auch Neulinge auf diesem Wege gerne der Belegschaft vor.

Aktuelles über das, was in den Teams und Abteilungen vor sich geht, „wer z. B. kommt oder geht, welche neuen Kunden angeworben wurden, welche Meinungen man zu einem bestimmten Thema vorzubringen hat" (A. Zschiesche), über all das gibt der sogenannte „Wobbler", die Mitarbeiterzeitung der WOB, Auskunft. Dieser erscheint derzeit noch vierteljährlich, soll aber in Zukunft alle zwei Monate das Neueste preisgeben.

Auch wenn die Mitarbeiter der PR-Abteilung hauptsächlich für die Herausgabe und Gestaltung des „Wobblers" sorgen, gibt es doch einige „schreibfreudige Kollegen" (WOB Leitfaden, S. 103), welche mit Beiträgen und Kommentaren der Zeitschrift den letzten Schliff verleihen. Denn „wenn die Mitarbeiter darauf (auf Meinungen und Beiträge zu Themen) angesprochen werden, kommt in der Regel ein gutes Feedback" (A. Zschiesche). Gedruckt wird der Wobbler jedoch nicht, sondern stattdessen über das zentrale Mailsystem „Beyond Mail" an die PCs aller Mitarbeiter geschickt, was erst aufgrund einer 100-prozentigen Vernetzung der Rechner möglich ist.

Damit besitzt die WOB eine weitere innovative Kommunikationsquelle, da „es nur wenige Agenturen mit einem so vernetzten Rechnersystem" gibt und es deshalb „verhältnismäßig ungewöhnlich" ist, ein solches zu besitzen (A. Zschiesche). Zur Kommunikationsförderung sind die PCs in der WOB auch per Intranet miteinander verknüpft.

**Feedbackprozesse**
Der offene Dialog gehört auch mit in das Personalentwicklungsprogramm der WOB. In jährlichen Personalgesprächen erhalten die Mitarbeiter ihr persönliches Feedback über das, was sie geleistet oder nicht geleistet haben. Es werden qualitative und quantitative Ziele für den Mitarbeiter festgelegt und sein Karriereplan besprochen.

**Konflikte und Interessenausgleich**
Die Frage nach einem Betriebsrat als Organ für den Interessenausgleich zwischen Arbeitgeber und Arbeitnehmer kommt gar nicht erst auf. Die von mir befragten Mitarbeiter empfinden es als selbstverständlich, dem Kollegen offen und ehrlich zu sagen, „was einem nicht passt".

## 2.3  Materiell-inhaltliche Arbeits(platz)gestaltung

Die WOB-Führung legt besonderen Wert auf ein attraktives Arbeitsumfeld im Hinblick auf das Gebäude, die Räume und auf eine ergonomische Arbeitsplatzgestaltung. Die großen Fenster mit blauem Rahmen und gelben Sonnenrollos repräsentieren die Farben des Firmenlogos und gehören mit zum Corporate Design der WOB und somit zur Unternehmensidentität. Alle Räume sind ebenfalls hell und mit einer Vielzahl von Grünpflanzen ausgestattet, damit man sich auch am Arbeitsplatz wie zu Hause fühlen kann, denn „für die meisten lassen sich Arbeit und Privatleben in der Werbebranche kaum noch trennen". Mit einem Minimum von 40 Arbeitsstunden pro Woche hält sich der Großteil der „Wöbse" am Arbeitsplatz und nicht daheim auf. Und gerade dann, wenn ein Projekt unbedingt fertig werden muss, kann es schon sein, dass auch einmal nächtelang durchgearbeitet wird, was aber aufgrund des „hohen Grades der Versorgung der Mitarbeiter mit Annehmlichkeiten" von diesen als selbstverständlich angesehen wird.

Wer immer eine „spielerische (oder) inspirierende Denkpause" brauche, hat in der WOB an verschiedenen Orten Gelegenheit dafür. So kann man es sich unter anderem im hauseigenen Garten bequem machen und dort auf ebenfalls WOB-eigenen Liegestühlen seine Energiequellen „auftanken". Ergänzend kommt hinzu, dass der Garten auch offizieller Team- und Gruppenarbeitsplatz ist, sofern man bei seinen Arbeitsabläufen nicht eben auf den PC angewiesen ist;

denn an Bänken, Tischen und Stühlen mangelt es im Garten nicht. Als weiterer Ort für interne Meetings kann auch die Bibliothek genutzt werden, welche neben Tisch und Stühlen auch mit einem Sofa ausgestattet ist, auf dem ebenfalls „relaxt" werden darf, wenn es nötig ist (vgl. WOB Leitfaden, S. 44).

Wer es lieber spielerisch mag, kann seinem Denken z. B. beim Billard neuen Anstoß geben oder aber die Boule-Bahn im Garten dafür nutzen. Sogar ein Backgammon-Spiel gehört zu dem Teil der WOB-Ausstattung, die den Mitarbeitern zur Entspannung dienen soll.

Ist eher Nervennahrung oder ein kühles Getränk vonnöten um wieder auf „Hochtouren" zu kommen, hat man im sogenannten Casino die Möglichkeit, sich etwas zuzubereiten. Das Casino ist der WOB-„Speiseraum" (WOB Leitfaden, S. 26), in dem Küche, Mikrowelle, Kühlschrank sowie Töpfe und Pfannen den Mitarbeitern zur Verfügung stehen. Die Nutzung ist dabei kostenlos, wie auch sämtliche kalten und warmen Getränke „von oben" gesponsert werden (vgl. ebenda). Eine „Kaffeekasse" erübrigt sich für die „Wöbse".

Bei der WOB kommen die Mitarbeiter auf insgesamt 30 Urlaubstage im Vergleich zu den in der Branche üblichen 24 bis 26 Tagen.

Auch direkt am Arbeitsplatz findet man arbeitsunterstützende Annehmlichkeiten in Form von technischer Ausstattung. An 90 Prozent der Arbeitsplätze stützt man sich auf einen Pentium Rechner, während die Grafiker sich eines Mac Power-PCs bedienen, wobei die Betriebssysteme (DOS, UNIX, MAC) voll vernetzt sind.

Zu den Freiheiten bei der Arbeitsgestaltung gehört, dass die Mitarbeiter eigene Ideen und deren Umsetzung im Rahmen eines Projektes einbringen können. Sie bestimmen selbst, auf welche Art und Weise bzw. mit welchen Mitteln gearbeitet wird.

Zwar gibt es vorgeschlagene Kernarbeitszeiten von 9 bis 18 Uhr mit einer einstündigen Mittagspause, die für 12.30 bis 13.30 Uhr angesetzt ist, allerdings müssen diese Zeiten nicht zwingend eingehalten werden. Den „Wöbsen" ist es im Rahmen einer fließenden Arbeitszeit selbst überlassen, wann sie kommen oder gehen wollen, jedoch unter der Voraussetzung, dass die Arbeit pünktlich fertig wird. Theoretisch bedeutet dies, dass derjenige, der nichts zu tun hat, nach Hause gehen kann. In der Praxis ist man aber meistens so ausgelastet, dass derartiges nicht vorkommt. Wichtig im Zusammenhang mit dem Kommen und Gehen ist auch die Absprache mit den Teamkollegen, um einen problemlosen Arbeitsablauf zu gewährleisten.

Ebenso verhält es sich mit eingereichtem Urlaub. Auch dieser muss innerhalb des Teams so abgestimmt sein, dass mindestens immer ein Kundenberater, ein Texter und ein Grafiker am Werk sind, damit ein Projekt nicht stillsteht, weil der nötige „Mann" fehlt.

Damit ist jedes Team selbst dafür verantwortlich, dass Projekte „glatt" laufen, was für den Einzelnen bedeutet, dass er seine Freiheiten nur soweit ausleben kann, als er die Freiheit und Leistungsfähigkeit der anderen nicht einschränkt.

### Erfahrungen und Wertungen

Weil sie den Mitarbeitern gerne die Möglichkeit zur materiellen Beteiligung geben möchten, spielten Merkel und Klein 1986 erstmals mit dem Gedanken, die WOB GmbH in eine Aktiengesellschaft umzustrukturieren. Zwar enthusiastisch, aber nur sehr pauschal informiert, versuchten sie diese Vision schnellstmöglich zu realisieren und starteten eine Aufklärungskampagne, die allerdings „voll nach hinten losging, weil man einfach zu blauäugig an die Sache ranging" (R. Peter). Neben informationellen Problemen gab es Schwierigkeiten, die Änderung intern plausibel zu kommunizieren, so dass die Sache an diesen Kommunikationsschwierigkeiten zunächst scheiterte. Im Glauben, dass nur Kapital in das Unternehmen gebunden werden sollte, stimmte bei einer Mitarbeiterumfrage gut ein Drittel der Mitarbeiter gegen das neue Modell. Damit hatten Merkel und Klein immer noch die Mehrheit auf ihrer Seite, aber „es gab, [obwohl] zwar mehr dafür [waren], ... einfach auch zu viele [Stimmen] dagegen, und in einer Firma, die so kontinuierlich wächst, kann man es sich nicht erlauben, seine demokratischen Richtlinien zu verlassen" (R. Peter).

So wurde die Idee vorerst auf Eis gelegt, bis man sich 1990 an einen zweiten Versuch wagt.

Im zweiten Anlauf ging man zur Verwirklichung des Aktienmodells professioneller vor. „Man wartet ab, bis sowohl vom Kapital als auch von der Unternehmensgröße her die Zeit reif ist" (R. Peter). Und wurde beim ersten Versuch in einer „absolut demokratischen Vorgehensweise" noch wirklich jeder, d. h. vom „Chef" bis zum Auszubildenden, nach seiner Meinung gefragt, wendete man sich jetzt nur noch an „urteilsfähige Leute" (R. Peter).

Dennoch sollte die Streuung der Aktien auf so viele Mitarbeiter wie möglich erfolgen, da die Führung überzeugt ist, dass sich eine Emission nur lohnt, wenn eine breite Mitarbeiterschaft beteiligt werden kann.

Allerdings schlichen sich auch bei dieser zweiten Variante wieder Informationsprobleme ein. Glaubten Merkel und Klein anfangs noch, dass, wie in Amerika üblich, das Unternehmen die Steuern in vollem Umfang übernehmen und dann steuerfreie Aktiengewinne ausschütten kann, so wurden sie schnell eines besseren belehrt. In Deutschland fallen auf sämtliche Dividenden noch gesetzlich festgelegte Steuern und Abgaben, wie z. B. Kapitalertragsteuer und Solidaritätszuschlag an (vgl. R. Peter).

In Anbetracht dessen sind bei geschenkten Aktien, die anstelle von Boni und Tantiemen vergeben werden, Ertragseinbußen für den Anteilseigner zu verzeichnen. Dieser Nachteil wurde allerdings erst aufgedeckt, als es für Merkel und Klein schon kein Zurück mehr gab.

Die Mitarbeiter waren bereits informiert und über die Presse war der Schritt auch nach außen publik gemacht worden, so dass auf eine Rückrufaktion verzichtet wurde. Das erste Ziel, welches eine steuerliche Begünstigung der Mitarbeiter vorsieht, konnte somit auf diesem Weg nicht erreicht werden. Blickt man auf die zudem angestrebten Ziele, die Fluktuationsrate zu senken und viele Leute an Wachstum und Wert des Unternehmens zu beteiligen, stellt sich die Frage, inwieweit man in diesen Punkten erfolgreich ist. Befragt man die „Wöbse" nach der Bedeutung des Aktienmodells hinsichtlich der Mitarbeiterbindung, so vernimmt man nicht selten, dass dies, wenn überhaupt, nur geringfügig zur Bindung beiträgt, da die Aktien auf wenige Alteingesessene verteilt sind. Die Fluktuation ist demnach auf diese Weise kaum zu senken und auch vom Wachstum der WOB profitieren heute mittels Dividenden nur wenige Mitarbeiter auf oberster Ebene.

Obwohl keines der Ziele in angestrebter Weise erreicht werden konnte, ist Merkel der Ansicht, das Richtige getan zu haben, da sich über die Beteiligung wenigstens für die bereits langjährig engagierten Top-Leute die Attraktivität der WOB erhöht hat, woraus jetzt für zukünftige Planungen Konsequenzen gezogen werden.

Die Erkenntnis, dass diese Art von Beteiligung vorwiegend den „älteren Hasen" der WOB und den heutigen Führungskräften zusagt, machte man sich zu Nutzen. Nun wird nicht mehr die breite Streuung der Aktien angestrebt, sondern gute Führungskräfte sollen ans Unternehmen gebunden werden. Aus diesem Grund ist für 1999 eine Kapitalerhöhung und damit eine Neuemission von Aktien vorgesehen, welche dem

Unternehmen „über die Beteiligung der Spitzenkräfte eine solide Kapitaldecke mitgeben" (F. Merkel) soll. Die Ausgabe der Aktien wird dann zu dem mittels „Stuttgarter Verfahren" berechneten Verkehrswert erfolgen.

Merkel erklärt sich die Tatsache, dass sich so wenig jüngere Mitarbeiter für eine Kapitalbeteiligung interessieren, damit, dass diese „in dem Alter ganz andere Sorgen haben, als über Eigentumsrechte an einem Unternehmen nachzugrübeln", was einen Verkauf von Aktien an die „Youngsters" erschwert. Diesen kann eher über die Komponenten „Gehaltsordnung", „Handlungs- und Entscheidungsrechte" sowie „eigenverantwortliche Arbeitsgestaltung", „Schulungen" und „attraktives Arbeitsumfeld" ein Anreiz zum Bleiben geboten werden, weswegen auf diesen Ebenen immer nach neueren und besseren Methoden weitergesucht wird. „Wenn Sie also zu uns kommen und mir sagen: Herr Merkel, ich habe Ihre Firma verstanden, und mir dann vorschlagen, auf dem und dem Gebiet könnten Sie Verbesserungen vornehmen", so der Vorstand, „sind Sie damit hier jederzeit willkommen".

Wenn auch nicht jeder seine Bedürfnisse in vollem Umfang befriedigt sieht, so wissen doch alle befragten Mitarbeiter die Tatsache zu würdigen, dass die Unternehmensleitung „eine Menge Anstrengungen" (G. Dziersk) unternimmt, um Zufriedenheit, Motivation und eine von allen akzeptierte und gelebte Unternehmenskultur zu realisieren.

In der Fallstudie zitierte Literatur:

Gabler, Wirtschafts-Lexikon, 1997.

Fallstudie 9* *Recherchiert von Birgit Pauli*

# Siemens Nixdorf Informationssysteme (SNI) – AG, Paderborn: „Geplanter Unternehmenskulturwandel"

## Allgemeine Charakterisierung

Das Unternehmen Nixdorf Computer, gegründet 1952 in den Räumen eines Kellers, wurde zum „Paradebeispiel" deutscher Nachkriegsgeschichte. Die Nixdorf Computer AG war Vorreiter des Minicomputermarktes in Deutschland und entwickelte Hard- und Softwarelösungen für kleine und mittelständische Unternehmen. Während der 70er und frühen 80er Jahre wuchs die Organisation sehr schnell und verzeichnete Umsätze von über 5 Milliarden DM mit großen Gewinnen. In den späten 80er Jahren verpasste das Unternehmen einige bedeutende technologische Entwicklungen, die den Computermarkt neu ordneten. Nixdorf musste erstmalig über Verluste berichten. Verstärkt durch die Rezession in Europa wurden diese Verluste sehr schnell so massiv, über 1 Milliarde DM 1990, dass Nixdorf allein nicht überleben konnte. Im Januar 1990 kündigte die Siemens AG die Übernahme der Nixdorf Computer AG an. Die Nixdorf Computer AG ging in der Siemens Nixdorf Informationssysteme AG (SNI) auf. Als größter deutscher Arbeitgeber hatte Siemens zum Zeitpunkt des Zusammenschlusses in seinem Unternehmensbereich „Computer" Umsätze von 7 Milliarden DM, solide Gewinne und bescheidene Wachstumsaussichten. (vgl. SNI-Info A, S.6)

Bei der Übernahme von Nixdorf hat Siemens die Computertochter großzügig mit Kapital ausgestattet. (vgl. Manager Magazin, April 1997, S. 74). Zum Zeitpunkt des Zusam-

---

* Die Recherchen für die vorliegende Fallstudie wurden 1997 abgeschlossen.

menschlusses zählte die SNI AG 51.000 Angestellte, ungefähr zu gleichen Anteilen von der Siemens AG und der Nixdorf Computer AG. Innerhalb der folgenden vier Jahre wurde die Mitarbeiterzahl um fast 25 Prozent reduziert, so dass die SNI AG Ende September 1994 nur noch 38.400 Mitarbeiter beschäftigte. In diesen ersten Jahren überstiegen die kumulierten Verluste der SNI AG 2,1 Milliarden DM. (vgl. SNI-Info A, S. 8)

Im Geschäftsjahr 1994/95 verzeichnete SNI erstmalig Gewinne in Höhe von 23 Millionen DM. Seitdem stiegen die Gewinne über 29 Millionen DM im Geschäftsjahr 1995/96 auf 57 Millionen DM im Geschäftsjahr 1996/97. (vgl. SNI-Info D, S. 27 u. E)

Bei einem Umsatz von 15,4 Milliarden DM zählte Siemens Nixdorf im Jahre 1998 35.850 Mitarbeiter weltweit. Über die vergangenen drei Jahre betrachtet, waren bei SNI 16.200 Abgänge und 9.100 Zugänge zu verzeichnen. (vgl. SNI-Info E)

Siemens Nixdorf hat mit einem Inlandsanteil von 60 Prozent des Umsatzes geringe internationale Bedeutung. Zwar ist SNI größtes europäisches Unternehmen der DV-Branche, allerdings ist es auf dem wichtigen Absatzmarkt Vereinigte Staaten praktisch nicht präsent. Die Marktanteile in Fernost sind ebenfalls gering. Am internationalen Maßstab gemessen nimmt SNI weder bei Hard- und Software noch im Servicegeschäft eine Führungsrolle ein. (vgl. Manager Magazin, April 1997, S. 75f.)

## Aspekte zur Entwicklung der Unternehmenskultur

Die markante Persönlichkeit des Heinz Nixdorf prägte die Unternehmenskultur von 1952 bis 1986. (Alle folgenden Aussagen zum Unternehmensgründer Heinz Nixdorf sind aus KEMPER, 1987, entnommen).

Heinz Nixdorf hatte großes Vertrauen in seine Mitarbeiter und war bereit, ihnen schon frühzeitig Verantwortung zu übertragen. Die Achtung und Wertschätzung der erbrachten Leistung stand bei Nixdorf im Mittelpunkt. Dabei war der Firmenchef keineswegs der Auffassung, dass man Menschen schonende Wohltätigkeit und Pflege zukommen lassen darf. Für ihn waren Menschen aktiv handelnde Subjekte, von denen man im eigenen Interesse Leistung verlangen muss, je mehr, desto besser für alle.

So war ihm jede nachlässig verrichtete Arbeit ein Dorn im Auge. Zahlreiche Anekdoten, die teilweise heute noch bei SNI in Paderborn kursieren, belegen, dass Nixdorf bei der Aufdeckung einer „Schlamperei" mit Personalentscheidungen vor Ort nicht lange gezögert hat. Der Unternehmer, der immer aussprach, was er gerade dachte, „übte einen unglaublichen Druck auf Menschen aus und erzeugte in ihnen eine ständige innere Spannung, ohne dass es ihm bewusst war. Aber dadurch war er in der Lage, seine Mitarbeiter zu motivieren, zumal er selbst stets Vorbild war und niemals hinter den anderen zurückstand."

Heinz Nixdorf empfand Bürokratie und Verwaltung im Sinne einer nach streng hierarchischen Regeln auf eine zentrale Führung ausgerichteten Organisation als außerordentlich störend. Das dezentrale Organisationsprinzip und die hohe Selbstverantwortung der Mitarbeiter hatten zur Folge, dass Verwaltungsaufwand und Richtlinien auf ein Minimum reduziert waren und schnelle Entscheidungswege durch intensive Kommunikation gefördert wurden. Die Expansion am Ende der 70er und Anfang der 80er Jahre erhob Nixdorf zu einem „Überflieger" der deutschen Wirtschaft.

Bei der Übernahme der Nixdorf Computer AG durch die Siemens AG 1990 fusionierten zwei führende Unternehmen der deutschen Computerindustrie, deren Geschichte und Kultur nicht unterschiedlicher hätte sein können. Nixdorf glich von

Anfang an im Hinblick auf Produktstrategie und Unternehmenskultur eher einem Phänomen des Silicon Valley als einem deutschen Traditionsunternehmen. Während des schnellen Wachstums ließ die Kultur des Unternehmens viel Freiraum für Unternehmertum. Die Siemens AG dagegen verkörpert mit ihrer 150-jährigen Geschichte ein deutsches Traditionsunternehmen und ist Teil des wirtschaftlichen Establishment in Deutschland (vgl. SNI-Info A, S. 6).

„Warum soll jemand von draußen besser sein als unsere Leute?" Das ist der alte Siemens-Geist, der dem Unternehmen Stärke und Stabilität gab. Doch der Stolz auf das Erreichte lässt den Konzern auch immer wieder in Selbstgefälligkeit abgleiten. Dadurch wurden notwendige Veränderungen nicht frühzeitig angeschoben und alte, in der Kultur angelegte Fehler wiederholt (vgl. Manager Magazin, April 1997, S. 71f.).

Theoretisch sollte die Fusion die Disziplin und Stabilität von Siemens mit dem unternehmerischen Geist und der Kundenorientierung von Nixdorf verbinden. Das Zusammenfügen dieser Kulturen sollte für das SNI-Management jedoch eine enorme Herausforderung darstellen (vgl. SNI-Info A, S. 7). Während ihres Praktikums bei der frisch fusionierten SNI AG in Paderborn konnte Birgit Pauli, welche die Recherchen bei der SNI durchführte, teilweise Orientierungslosigkeit im Verhalten der ehemaligen Nixdorf-Mitarbeiter gegenüber ihren neuen Kollegen der SNI-Zentrale in München beobachten. Kennzeichnend für die Stimmung zu dem Zeitpunkt waren Aussagen unter Arbeitskollegen in Paderborn, wie: „Uns muss klar sein, dass nicht *wir* Siemens geschluckt haben, sondern *die* uns!"

Das Selbstbewusstsein der Nixdorf-Mitarbeiter war stark erschüttert. Hatten sie sich jahrzehntelang gegen die Konkurrenz aus Übersee behaupten können, so mussten sie jetzt den Verlust ihrer Selbständigkeit feststellen.

Bei einem weiteren Praktikum 1993 in Paderborn konnte sie feststellen, dass noch immer von den „Siemens-Leuten in München" und den „alten Nixdorfern" gesprochen wurde. Hierbei zeigt sich, dass die Mitarbeiter sich auch nach einigen Jahren noch mit ihren ehemaligen Unternehmen identifizieren und wie resistent ausgeprägte Kulturen gegenüber äußeren Einflüssen sind. MATIS und STIEFEL finden es beeindruckend, wie häufig die Unternehmenskultur formaljuristisch vollzogene Unternehmensfusionierungen überdauert (vgl. 1987, S. 53). Es wurde berichtet, dass es immer wieder zu Spannungen zwischen den „Mitarbeitergruppen" der beiden Standorte kam.

Aufgrund der dominanten Machtposition der übernehmenden Siemens AG rückten die ehemaligen Nixdorf-Mitarbeiter umso enger gegen die Konzernmutter zusammen und kapselten sich mit ihrer Kultur ab.

Die Interviews ergaben, dass in den ersten Jahren der SNI AG die Mitarbeiter in Paderborn nur ungern ihre Kollegen in München kontaktierten.

Die angeschlagene SNI AG konnte während der ersten Jahre ihres Bestehens nur mit Hilfe der Konzernmutter überleben. Das schlechte wirtschaftliche Ergebnis und die Abhängigkeit von der Siemens AG wirkten demotivierend auf die Mitarbeiter des Unternehmens. Eine „Verlierermentalität" machte sich breit (vgl. SNI-Info B, S.16).

In Gesprächen mit Mitarbeitern am Standort Paderborn wurde berichtet, dass die hierarchischen Kontrollmechanismen disziplinierend auf die Mitarbeiter wirkten und eine gewisse Obrigkeitshörigkeit herrschte. Dementsprechend seien die Aussagen und Anweisungen der Führungskräfte für die Arbeitsweise der Mitarbeiter in hohem Maße relevant. Des Weiteren waren lange Kommunikationswege und viel „Papierkrieg" kennzeichnend für eine bürokratische Arbeitsweise. Der

Streit um Prinzipien oder der Ruf nach „einem Oberschieds-
richter" war an der Tagesordnung (vgl. SNI-Info B, S. 43).

## Geplanter Unternehmenskulturwandel

### 1. Die Ideen des Topmanagers Gerhard Schulmeyer

1994 übernahm Gerhard Schulmeyer die Führung mit dem
Ziel, Siemens Nixdorf von der Talfahrt in die Gewinnzone zu
steuern und in die Liga globaler Wettbewerber zu heben. Der
Unternehmensführer wollte den Umschwung bewerkstelligen,
indem er die Mitarbeiter zum Umdenken motivierte und die
SNI-Kultur an die hohe Veränderungsgeschwindigkeit und
die starken Kreativitätserfordernisse der Branche anpasste.

Schulmeyer ist von Erfahrungen in den USA geprägt. Nachdem der gelernte Elektrotechniker fast 10 Jahre bei der Braun
AG in der Entwicklung gearbeitet hatte, nahm er ein zwei-
jähriges Studium an dem „Massachusetts Institute of Tech-
nology" (M.I.T.) auf. Er graduierte 1974 mit dem „Master of
Science". Anschließend war er ein Jahr lang als Produktma-
nager bei Gillette/Braun in den USA beschäftigt. Danach arbeitete er bei Braun Elektrik in Österreich und in der Schweiz
und bei Sony-Wega in der Nähe von Stuttgart, um fünf Jahre später wieder in die USA zurückzukehren. Während der
folgenden 9 Jahre war Schulmeyer Mitglied der Unternehmensführung der Motorola Inc. in Illinois. 1989 wechselte er
zu dem Maschinenbaukonzern Asea Brown Bovery (ABB),
wo er als Chief Executive Officer weitere 5 Jahre die Ge-
schicke des Unternehmens leitete, bis er 1994 als Vorstandsvorsitzender die Führung der angeschlagenen SNI AG übernahm. Gerhard Schulmeyer, der seit über 20 Jahren eng mit
dem M.I.T. verbunden ist, wurde 1997 für fünf Jahre in den
Lenkungsausschuss dieser renommierten Institution ge
wählt.

Schulmeyer wunderte sich, dass die Amerikaner trotz ihrer massiven Unzulänglichkeiten im Sozial- und Bildungswesen in bestimmten Bereichen so stark auf dem Weltmarkt sind. Dieser scheinbare Widerspruch beschäftigte ihn. Während seines Arbeitsaufenthaltes in Silicon Valley lernte Schulmeyer die Strukturen der dort ansässigen Firmen kennen. Er beschreibt, dass diese Strukturen auf Kulturen von Unverbindlichkeiten und hohen Einsätzen basieren. Schulmeyer argumentiert, dass die Amerikaner aufgrund dieser „Spielermentalität" die Fähigkeit besitzen, durch *Verknüpfung von Kompetenzen und hoher Flexibilität* auch Kundenwünsche komplexen Inhalts zu erfüllen. (vgl. Frankfurter Rundschau, 13. März 1997)

Das Problem von SNI waren nach Schulmeyer die unterentwickelten Prozesse und Abläufe. Zur Verbesserung dieser Abläufe sollte sich die Verhaltenskomponente ändern (vgl. SNI-Info H). Anstelle des gelernten Fachwissens sollte das relevante Wissen für Zusammenhänge, zur Steuerung hochkomplexer Prozesse und das Wissen für immer neue Verknüpfungen von Wissen im Mittelpunkt stehen. Dazu sei eine Atmosphäre erforderlich, die aufregend und anregend zugleich ist und in der die Arbeit in wechselnden Zusammenhängen erkannt wird. Die Menschen im Betrieb sollten ständig neugierig bleiben, hochflexibel und bereit sein, etwas schnell anzupacken und auszuprobieren, aber auch wieder schnell aufzuhören, falls sich das Begonnene als unergiebig oder überholt erweist.

Das Hauptaugenmerk des angestrebten Wandels legte Schulmeyer auf die *Verknüpfung von Kompetenzen*. SNI müsse möglichst stark von einer funktionalen Organisation abkommen und dafür in der gesamten Firma unternehmerische Organisationseinheiten bilden. Unter unternehmerischem Denken versteht Schulmeyer, dass ein Mitarbeiter einen Überblick über all seine Ressourcen besitzt und diese sehr schnell kombiniert einsetzen kann. Der Mitarbeiter sollte wissen, wo für ihn notwendiges Wissen vorhanden ist, damit Kompetenzen miteinander verknüpft werden können. Ein Manager sollte idealerweise in durchgängigen Prozessen denken, sich im Durchführen jedoch auf seine Kernkompetenz beschränken. Dabei orientiert Schulmeyer sich wiederum an US-amerikanischen Arbeitsstrukturen und argumentiert, dass die Amerikaner durch die Unverbindlichkeiten im Bildungs- und Sozialsystem die Fähigkeit besäßen, solche Strukturen zu leben (vgl. Frankfurter Rundschau, 13. März 1997).

Eine *Kommunikation ohne Schranken* in Form von offener Diskussion und Erfahrungsaustausch sollte die Veränderungen und Verbesserung beschleunigen. Die Kultur von SNI sollte Gemeinsamkeit vermitteln, die Mitarbeiter sollten sich als „Partner im gleichen Spiel" fühlen und dementsprechend kollegial zusammenarbeiten (vgl. SNI-Info F).

## 2.    Mit „Culture Change-Programmen" zu neuen    . Kommunikations- und Koordinationsformen?

### 2.1    Vorbereitende und flankierende Maßnahmen

Ein wichtiges Element im Wandel sollte die zum 1. Oktober 1995 eingeführte *Matrixorganisation* sein. Es wurden firmenintern 250 kleine Geschäftseinheiten gebildet. Die unternehmerische Verantwortung erhielt – zwei Ebenen tiefer als in der alten Struktur – der „Leiter der Geschäftseinheit" (vgl. SNI-Info B, S. 23).

Es waren hohe Erwartungen mit der neuen Struktur verbunden. Kleine, übersichtliche Geschäftseinheiten mit durchschnittlich 50 Mitarbeitern sollen dazu ermutigen, Freiräume zu nutzen und unternehmerisches Verhalten zu zeigen (vgl. Frankfurter Rundschau, 13. März 1997). Gleichzeitig sollte die Flexibilität, die sonst nur kleine Unternehmen auszeichnet, gefördert werden. Für den einzelnen Mitarbeiter sollte der Zusammenhang zwischen Kundenforderungen, eigenen Leistungen und wirtschaftlichem Ergebnis offensichtlicher werden (vgl. SNI-Info B, S. 23). Die Unternehmensführung glaubte, einen häufig gemachten Fehler zu vermeiden, indem sie nicht zuerst ein Reengineering der Hauptprozesse durchführte, um erst danach an die Mitarbeiter zu denken, die diese Struktur leben müssen. Es sollte zuvor ein Wandel der Unternehmenskultur mit dem Schwergewicht auf verändertem Verhalten eingeleitet werden (vgl. SNI-Info B, S. 8f.).

Bevor Gerhard Schulmeyer im Oktober 1994 die Führung des Unternehmens offiziell übernahm, hatte er in den vergangenen Monaten viel Zeit darauf verwandt, durch die Firma zu reisen, mit insgesamt 7.000 Mitarbeitern zusammenzutreffen und mit ihnen ins Gespräch zu kommen. Ein Mitarbeiter beschrieb das Treffen mit Schulmeyer folgendermaßen: „Es war etwas völlig Neues für uns, dass der Vorstandsvorsitzende zu uns kommt und wir gemeinsam unsere Probleme diskutieren. Das war eine Art Kulturschock."

Schulmeyer engagierte gleich zu Beginn seiner Tätigkeit bei SNI einen US-amerikanischen Unternehmensberater, der sich auf Beratungen zum „Business Process Design" spezialisiert hat. Bei einer Präsentation mit dem Titel „Corporate Transformation: Integrating a customer-focused Organizational Architecture and Culture Change" stellte Mark Maletz einer Gruppe von 30 ausgewählten Mitarbeitern sein Konzept einer *Corporate Transformation Journey* vor. Neben Maßnahmen zum „Baselining", der Ausarbeitung einer strategischen Vision und Verbesserungen der Geschäftsprozesse beinhaltet dieses Konzept ein Programm zum Kulturwandel. Grundgedanke des „Culture Change"-Konzeptes war es, neue Ideen mit Aktionen zu beleben und dadurch neue Verhaltensweisen zu erzeugen, die zu einer neuen Kultur führen.

## 2.2   Das „SNI Culture Change Program"

Durch einen Multiplikator- oder Kaskadeneffekt sollten möglichst viele Mitarbeiter in den Wandel der Unternehmenskultur einbezogen werden. Am Anfang standen drei Mitarbeiter – aus dem Personalbereich, von der zentralen Unternehmenskommunikation, sowie der Unternehmensstrategie. Sie sammelten Meinungen und Erfahrungen von insgesamt 7.000 Mitarbeitern, mit denen der Vorstandsvorsitzende in den ersten Monaten bei SNI sprach. Aus 3 Mitarbeitern wurden 30 „Facilitators", aus denen wiederum 300 „Opinion Leaders" hervorgingen, die an der ersten Groß-Veranstaltung in Hannover teilnahmen. Dieser Veranstaltung folgten drei weitere, an denen jeweils 300 neue „Opinion Leaders" beteiligt waren. SNI-intern wird von „Hannover-Veranstaltungen" gesprochen. Die Teilnehmer sollten die bei der Veranstaltung gewonnenen Erkenntnisse in der Funktion eines „Meinungsmachers" an die Arbeitskollegen herantragen und außerdem weitere Mitarbeiter in die Aktionsaktivitäten einbeziehen.

Die 30 von der Geschäftsführung ausgewählten „Facilitators" sollten Probleme und Schwachstellen innerhalb der Organisation diskutieren. Die „Facilitators" kamen aus dem unteren und mittleren Management und waren an verschiedenen Standorten in Deutschland überwiegend im Vertriebs- und Ingenieursbereich oder als Geschäftsstellenleiter tätig. Während des viertägigen Workshops im August/September 1994 wurde die Gruppe zunächst durch eine Reihe von Vorträgen in das Thema Unternehmenskultur eingeführt. Unter anderem schilderte Heinz Fischer als Personalleiter von Hewlett Packard Europa die „Entwicklung der Unternehmenskultur bei HP". Während eines weiteren Workshop identifizierte die Gruppe 19 Themenfelder, die den Ausgangspunkt für Aktionen zur Wiederbelebung und Erneuerung von Siemens Nixdorf darstellten. Die Themen wurden in drei Kategorien zusammengefasst:

- Verhaltenswandel von Mitarbeitern und Führungskräften zur drastischen Verbesserung von Leistung und Ergebnis;
- Änderung der Arbeitsprozesse zur Verwirklichung einer Kultur unternehmerischer Spitzenleistung;
- Veränderung der Prozesse in Richtung Kundenorientierung.

Die Zusammenkunft der ersten 30 war der Start für das „Siemens Nixdorf Culture Change Program" unter dem Motto: *We will make it happen.* Das Ereignis wurde unternehmensweit kommuniziert.

**Hannover I**
Die Gruppe der 300 „Opinion Leaders" nahm gemeinsam mit den 30 „Facilitators" und 75 Vertretern des Topmanagements Ende November 1994 an der ersten „Culture Change"-Veranstaltung teil. Für die viertägige Veranstaltung wurde ein komfortables Hotel in Hannover gemietet, das sich wegen seiner günstigen Lage nahe dem Flughafen für das „Culture Change Event" eignete.

Da Gerhard Schulmeyer als neuer Vorstandsvorsitzender eingeladen hatte, kamen die Teilnehmer mit hohen Erwartungen nach Hannover gereist. Zu Beginn der Veranstaltung hielt Schulmeyer eine Ansprache, in der er den gegenwärtigen Zustand der Kultur im Unternehmen beschrieb und die Bedeutsamkeit des Kulturwandels für die SNI AG hervorhob: „Siemens Nixdorf as a young company doesn't even have a culture. We have a Siemens culture – we have a Nixdorf culture. We know from attitude-surveys that the redemption rate – what comes back – is lower for those people who joined after the merger because they didn't recognize a culture." Schulmeyer veranschaulicht das mangelnde Gefühl der Zugehörigkeit folgendermaßen: „It's like when you are going in the morning to the railway station and people hand out questionaires about the railway station. You usually don't fill them out – you don't care – because you just go there, it does a job for you and when you can leave it behind, you're happy about it. A lot of employees think the same way about our company. This is very serious stuff" (SNI-Info H).

Schulmeyer betonte, dass den Anwesenden als „Opinion Leaders" eine enorme Verantwortung übertragen worden sei. Es sei sichergestellt worden, dass alle Firmenangehörigen von dieser Veranstaltung informiert wurden und gleichermaßen hohe Erwartungen bei der Rückkehr an sie gestellt würden.

Motiviert durch die Ansprache trat während der folgenden vier Tage in bemerkenswerter Weise Kreativität und Anteilnahme in den Vordergrund. Es war Aufgabe der 400 SNI-Mitarbeiter in Hannover, die 19 Themenfelder aufzugreifen und daraus Aktionsinitiativen zu entwickeln. Kernstück der gesamten Veranstaltung waren die 60 Aktionsteams mit durchschnittlich 6 – 7 Teilnehmern. In diesen Teams wurden konkrete Projekte zu jeweils einem der 19 Themen entwickelt. Dahinter stand das Ziel, allen Mitarbeitern vor Augen zu führen, dass jeder Einzelne selbst etwas verändern und bewegen kann – zumindest wenn er mit anderen zusammenarbeitet (vgl. SNI-Info B, S.47). Außerdem sollten die Teilnehmer Erfahrungen bezüglich persönlicher Verantwortung und Unternehmertum sammeln. Die Anwesenheit und Gesprächsbereitschaft der Unternehmensführung signalisierte den Teilnehmern die Bedeutsamkeit der Veranstaltung.

Nachdem die einzelnen Aktionsteams das Ziel und die Vorgehensweise ihres jeweiligen Projektes ausgearbeitet hatten, sollten sie bei einer Präsentation ihrer Aktionsinitiative Sponsoren unter den Topmanagern finden. Als Sponsoren verpflichteten sich die Führungskräfte, die jeweiligen Aktionsinitiativen zu unterstützen und entsprechende Ressourcen zur Verfügung zu stellen. Da die anfallenden Kosten nach Angabe einiger Teilnehmer allerdings weitgehend von den Kostenstellen der Teilnehmer getragen wurden, beschränkte es sich eher auf eine „moralische Unterstützung" der Führungskräfte. Die Projekte sollten einen reellen Fortschritt innerhalb von

90 Tagen aufzeigen und dabei einen Beitrag zum Wandel der Firmenkultur leisten.

Am Ende der ersten Veranstaltung sollten nicht nur große Emotionen, sondern auch solide Resultate stehen (vgl. SNI-Info A, S. 3). Das Ziel dieser ersten Veranstaltung war es, dass „in der Mobilisierungsphase der Wandel der Unternehmenskultur mit Schwergewicht auf verändertem Verhalten zusammen mit Baselining Aktivitäten eingeleitet werden (vgl. SNI-Info B, S. 9).

### Hannover II, III, IV

Bei der zweiten Hannover Veranstaltung im Juni 1995 stand der Kunde und die mit ihm verbundenen Abläufe im Mittelpunkt. Dazu sollten die Ergebnisse einer umfassenden Kundenumfrage analysiert, das Feedback einer Firmen-Anwender-Gruppe gehört und ein Planspiel für den Umgang mit unzufriedenen Kunden für das Erreichen eines möglichst hohen Kundennutzen entwickelt werden. Es wurden 50 Siemens Nixdorf Großkunden zu dieser Veranstaltung mit dem Motto „Die Stimme des Kunden" eingeladen, die somit ein Teil des Wandlungsprozesses werden sollten. Der erste Tag der Hannover-Veranstaltung gab den SNI-Mitarbeitern die Gelegenheit, sich in Arbeitsgruppen auf die Diskussionen mit den Kundenvertretern vorzubereiten. Die einzelnen Profile der Kunden, potenzielle Probleme und die Vorgehensweisen wurden im Einzelnen analysiert. Am zweiten Tag trafen die Kundenvertreter ein und wurden in die Arbeitsgruppen eingeteilt. Aus den Ideen und Vorschlägen der SNI-Mitarbeiter und Kunden wurden wiederum 18 Aktionen entwickelt. Nach Aussage eines Veranstaltungsteilnehmers imponierte Firmenchef Gerhard Schulmeyer den Kundenvertretern, indem er sehr offen über die Probleme des Unternehmens sprach, so dass einige am Ende sagten: „Wenn bei Siemens Nixdorf so offen Probleme dargestellt werden und entsprechende Maßnahmen ergriffen werden, dann kann es nur noch besser werden."

Zu der dritten Hannover-Veranstaltung im Dezember 1995 wurden *gegenwärtige und zukünftige Partner* von Siemens Nixdorf eingeladen. Mit den Worten „Wir müssen das Vertrauen unserer Partner gewinnen und erhalten" eröffnete Gerhard Schulmeyer die Veranstaltung unter dem Motto „Die Stimme der Partner". Nach den Mitarbeitern und den Kunden sollte jetzt den Partnern die Gelegenheit gegeben werden, ihre Vorstellungen von Siemens Nixdorf zu formulieren und mitzuhelfen, weitere Veränderungen durch konkrete Maßnahmen anzustoßen (vgl. SNI-Info B, S. 51). Neben der Einbeziehung weiterer Mitarbeiter in den Kulturwandel war es Ziel der zweiten bzw. dritten Hannover-Veranstaltung, erneut in Aktionsteams exemplarisch Lösungen zu entwickeln, die den Nutzen des Kunden steigern bzw. die Zusammenarbeit mit den Partnern verbessern helfen.

Die vierte und letzte Veranstaltung in Hannover fand im Oktober 1996 statt. Bei der Ansprache des Vorstandsvorsitzenden stand das *Produktivitätsziel* von einer Milliarde DM Produktivitätssteigerung im neuen Geschäftsjahr im Vordergrund.

Diesmal sollten die Teilnehmer das Handwerkszeug kennenlernen, das man braucht, um Veränderungen durchzusetzen. Sie sollten Initiatoren neuer Teams, sogenannter *Quality Action Teams* werden, die in *Communities of Practice* – sogenannten Lerngemeinschaften – Veränderungen herbeiführen. Das Lernen, Leistung zu erbringen, sollte wichtigstes Element im Wandel sein. Unter dem Motto „Business is Change – Change is Business" sollten bei Hannover IV lernfähige Mitarbeiter für ein lernfähiges Unternehmen trainiert werden. Dazu wurden Methoden und Werkzeuge eingeübt, um ein Bewusstsein für Prozesse zu vermitteln (vgl. SNI-Info I).

Im Mittelpunkt der Veranstaltung stand ein einfaches Konzept: „FADE" (Focus, Analyze, Develop, Execute) zur systematischen Fehlererkennung, Problemlösung und Prozessverbesserung. In jeder der 18 verschiedenen Communities of Practice wurde das Instrument FADE in seinen vier Einzelschritten von den Kollegen zunächst vorgestellt und anschließend an einem von der Gruppe bestimmten Problem erprobt. Ziel war es, FADE zur „gemeinsamen Sprache" bei Problemlösungen im Unternehmen zu machen. Die Communities of Practice sollten auch außerhalb der Hannover Veranstaltung die Funktion einer Lerngemeinschaft erfüllen. Des Weiteren sollte es Aufgabe der Quality Action Teams sein, „Probleme anzugehen und zu lösen und die täglichen Prozesse kontinuierlich zu verbessern, um Verschwendung und Nichtkonformität zu beseitigen" (SNI-Info G). Es war Aufgabe der Teilnehmer, als Multiplikatoren die Methode FADE zum allgemein akzeptierten Instrument der Problemlösung im Unternehmen zu machen.

### Die Ergebnismessen der Hannover-Veranstaltungen

Die erste Ergebnismesse fand im Mai 1995 in München statt. Bei dieser Veranstaltung wurden in 53 Ausstellungszellen die Ergebnisse der Aktionsteams von Hannover I präsentiert. Beteiligt waren auch einige hundert Mitarbeiter, die nicht an der Veranstaltung in Hannover teilgenommen hatten, inzwischen aber Mitglied eines Aktionsteams geworden waren. Oftmals waren dies Mitarbeiter aus den Fachabteilungen, bei denen die Hannover-Teilnehmer Rat gesucht hatten. Es stellte sich heraus, dass nicht jede Gruppe gleichermaßen erfolgreich war. So gab es einige Aktionsteams, die sich ihren Misserfolg eingestehen mussten, wogegen andere einiges auf die Beine gestellt hatten.

Die Ergebnisse oder Zwischenergebnisse der zweiten Hannover-Veranstaltung wurden auf einer Ergebnismesse im Januar 1996 in Paderborn und kurze Zeit später auf einer internationalen Messe in Brüssel vorgestellt. Einige Teilnehmer der zweiten Hannover-Veranstaltung, die in Hannover zum ersten Mal Kontakt zum Kunden hatten, konnten Erfahrungen mit Beziehungen zum Kunden 7sammeln. Bei den Ergebnissen der Aktionen standen Lösungen zur besseren Kommunikation, zum besseren Austausch von Informationen und zur stärkeren Einbeziehung des Kunden im Vordergrund.

Auf einer weiteren Ergebnismesse im September 1996 am Produktionsstandort Augsburg präsentierten die Teams aus SNI-Mitarbeitern und Geschäftspartnern ihre Ergebnisse. Gemeinsame Geschäftsmöglichkeiten waren identifiziert worden und der Prozess des Vertriebs über die Partner sollte durch gemeinsame Marketingaktionen verbessert werden. Allerdings blieben die Werkmitarbeiter bei dieser Veranstaltung skeptisch. Auf sie wirkten die Aktionen eher abgehoben, so dass sie keine Beziehung zu den ausgestellten Initiativen entwickeln konnten (vgl. SNI-Info K, S. 48).

Im Gegensatz zu den vorangegangenen Veranstaltungen wurden bei der vierten Hannover-Veranstaltung keine Aktionsteams gebildet. Die Teilnehmer waren herausgefordert, den Leistungsnachweis für das Unternehmen persönlich zu erbringen, indem sie Aktionen in ihren jeweiligen Abteilungen gründeten (vgl. SNI-Info, I). Einige Monate nach der vierten Hannover-Veranstaltung präsentierten insgesamt 68 Aktionsteams ihre Aktionen auf einer „virtuellen Ergebnismesse" im Intranet. Viele Aktionen waren direkt auf geschäftliche Aktivitäten, wie Hard- und Softwareentwicklung, Dienstleistungen, Lösungen und Logistik ausgerichtet. Andere Aktionen behandelten Themen wie Vertrieb und Marketing, Kundenorientierung und Qualitätsverbesserung. Ein auffallend großer Anteil – knapp ein Drittel – der präsentierten Aktionen sollten zur Verbesserung der Information und Kommunikation innerhalb des Unternehmens dienen. Einige Aktionen die nach Hannover IV entwickelt wurden, waren den bei den vorangegangenen Veranstaltungen gegründeten sehr ähnlich.

## Aktionsteams als Kernstück des Wandels

Auf dem Weg zu einer „Netzwerkstruktur" (vgl. SNI-Info B, S. 56) sollten die Einheiten zunächst durch die Struktur der Matrixorganisation dezentralisiert werden. Laut Schulmeyer sollten die Einheiten darüber hinaus befähigt werden, sich problemlos untereinander zu vernetzen (vgl. Frankfurter Rundschau, 13. März 1997). Die Aktionsteams der Hannover-Veranstaltungen hatten neben der Gründung von Aktionsinitiativen, die letztendlich eine sichtbare Verbesserung bei Siemens Nixdorf bewirken sollten, das Ziel, die Bereitschaft zur *Teamarbeit* bereichsübergreifend zu fördern. Die Aktionsteams hatten ursprünglich eine relativ heterogene Zusammensetzung. Während der ersten Hannover-Veranstaltung fanden sich Mitarbeiter aus unterschiedlichen SNI-Ländern, Geschäftsbereichen und Hierarchien in einem Team wieder. Durch die Arbeit in heterogenen Gruppen sollten Barrieren abgebaut und die Bereitschaft zur Teamarbeit – auch außerhalb des gewohnten Arbeitsumfeldes – gefördert werden. Im Widerspruch zu diesem Ziel steht die Entwicklung der Teamzusammensetzung von der ersten bis zur vierten Hannover-Veranstaltung. Hatten die Aktionsteams von Hannover I noch eine internationale Besetzung, so wurden die Aktionsteams von Hannover II in internationale und überwiegend deutsche Teams eingeteilt. Der Grund für diese Zusammensetzung waren die hohen Reisekosten für die Zusammenkünfte der internationalen Teams. Aufgrund dieser Kostenorientierung waren die Communities of Practice der vierten Hannover-Veranstaltung soweit wie möglich mit Teilnehmern gleicher Standorte besetzt.

## Friday Forum

Als weitere Maßnahme des „Culture Change Program" wurde im Oktober 1994 eine neue Form der Besprechung eingeführt. Im Friday Forum sollten sich je 20 bis 40 Mitarbeiter, Vorgesetzte und Gäste zum freien Meinungs- und Informationsaustausch treffen. Die Idee für das Friday Forum war während der Zusammenkunft der ersten 30 Facilitators entstanden. Der Personalleiter von Hewlett Packard Europa stellte die „Friday Speeches" seines Unternehmens vor. Diese Art von Informationsveranstaltung gab die Anregung, bei Siemens Nixdorf ein Instrument zur Gestaltung einer bidirektionalen Kommunikation in Form von Friday Foren einzuführen.

Das Friday Forum sollte regelmäßig z. B. alle zwei Wochen während der Arbeitszeit für eine Dauer von ein bis eineinhalb Stunden abgehalten werden. Grundsätzlich sollte es sich in Diskussionsstil, Moderation und Themenwahl deutlich von einer Abteilungsbesprechung unterscheiden. In allen Bereichen der SNI AG sollten Friday Foren gegründet und abgehalten werden.

Es gibt unterschiedliche Möglichkeiten für die Zusammensetzung eines Friday Forums. Sie können in der Abteilung, in Untergruppen oder auch bereichsübergreifend veranstaltet werden. Der Chef als Veranstalter lädt ein und ist auch anwesend. Er steht als Info-Geber für Fragen zur Verfügung, sollte aber nur im Notfall Moderator in der eigenen Einheit sein. Außer den Führungskräften können „Culture Change Experten" aus dem Mitarbeiterkreis, der Betriebsrat oder Mitarbeiter aus anderen Bereichen als Info-Geber auftreten (vgl. SNI-Info L, S. 3f.).

Mit dem Friday Forum sollte ein Instrument eingeführt werden, das es Mitarbeitern und Vorgesetzten ermöglicht, vorbehaltlos und offen miteinander umzugehen. Das Hauptaugenmerk lag darauf, alle Mitarbeiter aktiv zu beteiligen. Neben dem Ziel der offenen Kommunikation sollte es ein erster, für alle Mitarbeiter sichtbarer Schritt im Kulturwandel sein und gleichzeitig eine „Plattform für Kulturänderungsmaßnahmen" bereitstellen. Das Friday Forum sollte zum Informations- und Aktionsknotenpunkt für die Umsetzung des „Culture Change Program" mit folgenden Zielen werden:

- Informationen zum Culture Change und Ideen, die in anderen Friday Foren entwickelt werden, an die Mitarbeiter weitergeben.
- Informationen über die Stimmung bei den Mitarbeitern, über Ideen, Vorschläge, Wünsche, konkrete Aktionen und Gerüchte an die Führungskräfte weitergeben (vgl. SNI-Info L, S. 2).
- Aktuelle Ereignisse des Tagesgeschäftes diskutieren, um dabei aus Erfolgen und aus Fehlern zu lernen.

Um einer offenen Kommunikation den Weg zu ebnen, sollten Mitarbeiter und ein geschulter Moderator das Friday Forum vorbereiten und leiten, nicht der Vorgesetzte. Für Themen und Inhalte waren Informanten und Mitarbeiter zuständig; der Moderator dagegen trug die Verantwortung für Planung, Ablauf und Ergebnisfixierung. Die Art der Moderation zielte auf eine lockere, freundliche und persönliche Atmosphäre (vgl. SNI-Info L, S.10).

Voraussetzung für die Moderatorenaufgabe waren das Vertrauen aller Beteiligten und Neutralität. Als Moderatoren geeignet waren beispielsweise Mitarbeiter oder Kollegen aus benachbarten Bereichen, aber auch Mitarbeiter aus dem veranstaltenden Bereich, die den Mut haben, auch mal dem Chef das Wort zu entziehen (vgl. SNI-Info L, S. 3).

Man wollte eine Doppelrolle von Info-Geber und Moderator vermeiden, weil der Moderator prinzipiell keine inhaltlichen Interessen vertreten sollte. In einer Doppelrolle würde er Gefahr laufen, den Überblick und seine Akzeptanz bei denen, die andere Auffassungen haben, zu verlieren. Darüber hinaus fühlten Mitarbeiter sich durch einen neutralen Moderator eher zu Beiträgen animiert (vgl. SNI-Info L, S.16).

Ein Großteil der Führungskräfte wurde in einem eintägigen Workshop mit dem Konzept des Friday Forums vertraut gemacht und bekam die Gelegenheit, Methoden der Präsentation und Moderation zu erproben. An den ersten Workshops nahmen ausschließlich Führungskräfte teil.

Das Friday Forum wurde zunächst am Standort Paderborn erprobt und modifiziert, danach in Deutschland und anschließend im Ausland eingeführt (SNI-Info M).

Nachdem 600 Friday Foren unternehmensweit gegründet waren (vgl. SNI-Info J) und die letzte Hannover-Veranstaltung im Oktober 1996 stattgefunden hatte, war die Einführung der Maßnahmen des „Culture Change Program" abgeschlossen. Über diese Maßnahmen hinaus waren die Themen interne Kommunikation und Personalentwicklung und -weiterbildung untrennbar mit dem Thema „Culture Change" verbunden.

## Elektronische Kommunikation

Neben den neu eingeführten Friday Foren war die elektronische Kommunikation ein weiteres Medium für das Kulturmanagement bei SNI. Eine Aktion der ersten Hannover-Veranstaltung hatte beispielsweise zum Ziel, allen SNI-Mitarbeitern das Kommunizieren auf elektronischem Wege zu ermöglichen. Durch diese Aktion erhielten viele Mitarbeiter einen E-Mail Zugang. Gerhard Schulmeyer, der dieses Projekt ausdrücklich befürwortete, forderte die SNI-Mitarbeiter auf, ihre Anliegen und Bedenken direkt an seine Adresse zu senden. Das Resultat war eine Flut von elektronischen Mitteilungen an den Vorstandsvorsitzenden. Die Kommunikation, die sich üblicherweise überwiegend in den jeweiligen Hierarchien abspielte, verlief plötzlich auch „von ganz unten nach ganz oben". Nach Aussage eines Mitgliedes der Geschäftsführung kam die Bedeutung dieser neuen Kommunikationsmöglichkeit z. B. darin zum Ausdruck, dass besorgte Manager im Büro des Vorstandsvorsitzenden anriefen, um sich zu erkundigen, ob Beschwerden von „ihren" Mitarbeitern eingegangen seien.

Außerdem haben die Mitarbeiter durch die „Skills Datenbank" des Intranets die Möglichkeit, über ihre Fähigkeiten
und Fertigkeiten auf freiwilliger Basis zu informieren. Dieses
Instrument sollte Vorgesetzten und Projektleitern die Gelegenheit geben, diejenigen Mitarbeiter, die für ein bestimmtes
Projekt gesucht werden, über das Intranet ausfindig zu machen (vgl. SNI-Info B, S. 29). Der Vorstandsvorsitzende hält
das Intranet mit Verbindungen zum Internet für das bislang
beste System für eine Verknüpfung von Kompetenzen: „Es
macht transparent, wo für mich notwendiges Wissen vorhanden ist und ermöglicht es, Wissen ständig miteinander
zu kombinieren" (vgl. Frankfurter Rundschau, 13. März
1997).

Nach Aussagen von Mitarbeitern gibt es in der Produktion
allerdings nur bedingt die Möglichkeit, das elektronische In-
formations- und Kommunikationsnetz zu nutzen, da diese
Arbeitsplätze in der Regel nicht mit Computern ausgestattet
sind. Hinzu kommt, dass das „Surfen" im Intra- und Internet in diesem Bereich nur außerhalb der Arbeitszeit erlaubt
ist.

**Personalentwicklung und Weiterbildung im Kulturwandel**
Drei verschiedene Programme zur Personalentwicklung und
Weiterbildung sollten das *Lernen*, als Voraussetzung für eine
Veränderung innerhalb des Unternehmens, unterstützen. Das
„Management Development Program" hat das Ziel, Vorgesetzten aber auch Team- oder Projektleitern ohne Perso-
nalverantwortung, Herausforderungen zu vermitteln, die
der Wandel mit sich bringt. Ein fünftägiges Seminar unter
dem Motto „Orientierung geben im Wandel" wollte u. a.
nahebringen, was das Individuum in seinem Umfeld bewegen kann. Das bereits abgeschlossene „Entrepreneurship
Development Program" hatte zum Ziel, die unternehmerischen Fähigkeiten und das Verhalten der Unit Manager zu
verbessern, während die Teilnehmer eines in drei Phasen auf-
gegliederten fünfwöchigen Seminars, das in Zusammenarbeit

mit dem US-amerikanischen Babson College entwickelt wurde, lernen sollten, Chancen und Möglichkeiten zu identifizieren, zu entwickeln und durchzuführen und in den Zwi-
schenphasen das Gelernte in einem Projekt umzusetzen.

Das „Change Agent Program", soll junge, als „high poten-
tials" eingeschätzte Mitarbeiter, zu internen Beratern aus-
bilden. Aufgabe der Change Agents soll es sein, bestehende
Abläufe ständig zu hinterfragen, um diese – wenn notwendig – zu verändern und weiter zu entwickeln. Die „Vermitt-
ler des Wandels", die in der Hierarchie noch recht weit unten
sind, sollen Antriebskräfte für den Wandel sein (SNI-Info T,
S. 43). Über 75 Change Agents wurden seit Beginn des Jahres 1995 in bislang drei Wellen für jeweils 13 Wochen in die
USA gesandt, um in Forschungs- und Entwicklungseinrich-
tungen wie dem M.I.T. und in Unternehmen des Silicon Valley Erfahrungen zu sammeln (vgl. Frankfurter Rundschau,
13. März 1997). Während der ersten Hannover-Veranstaltung wurde das „Change Agent Program" erstmals vorgestellt und die Teilnehmer hatten die Möglichkeit, sich als
„Change Agents" für das Jahr 1995 zu bewerben. Voraussetzung für die Teilnahme an dem Programm war wiederum
der Vorschlag für ein Projekt.

Die Programme der folgenden Jahre unterschieden sich von
dem ersten Programm vor allem dadurch, dass sie nicht mehr
in einem Block von 13 Wochen in den USA abgehalten wurden, sondern in mehreren Blöcken über das gesamte Jahr verteilt. Nach Aussage eines Change Agents sollte durch die
Aufgliederung des Programmes mit anschließender Arbeit an
dem vorgeschlagenen Projekt, ein „Relativieren der Erwartungen" bei den Change Agents eintreten. Anscheinend hatte man damit auf negative Erfahrungen der Teilnehmer des
Jahres 1995 reagiert. Ein Teilnehmer berichtete, dass große
Schwierigkeiten mit der Durchführung des Programmes verbunden waren. Die Teilnehmer seien mit sehr hohen Erwartungen zu SNI zurückgekehrt, um die Projektarbeit zu begin-

nen. Dabei habe es große Probleme gegeben, den Anspruch des neu Erlernten mit dem Arbeitsalltag zu vereinbaren, so dass stellenweise „Abstoßungsreaktionen" die Folge waren. Für die Auswahl der Change Agents 1996 und 1997 konnten sich prinzipiell alle SNI-Mitarbeiter bewerben. Da der Aufruf des Vorstandsvorsitzenden zur Teilnahme an dem „Change Agent Program" 1996 im Unternehmen nicht die erhoffte Resonanz hervorrief, waren die Unit-Chefs nach Angaben eines Teilnehmers aufgefordert, geeignete Mitarbeiter vorzuschlagen. Heute gehen die Mitglieder der Geschäftsführung mit entsprechenden Projekten auf aus ihrer Sicht geeignete Mitarbeiter zu (vgl. SNI-Info N).

Diese Entwicklung des Auswahlmodus zeigt, dass die Teilnehmer nicht mehr aus Eigeninitiative und Spontaneität zu Change Agents werden, sondern „von oben" dazu bestimmt werden. Im Widerspruch zu dieser Entwicklung stehen die von Dr. Friedrich Fröschel formulierten zukünftigen Anforderungen an die Mitarbeiter: „Wir brauchen Leute, die von sich aus Initiative ergreifen. Selbststarter also, kreative Mitarbeiter, die gerne neue Themen aufgreifen, denn sonst bekommen wir keine neuen Impulse im Unternehmen" (SNI-Info O, S. 28). Die Inhalte der Programme dagegen blieben relativ ähnlich. Die Change Agents sollten zunächst Fachwissen im Change Management erwerben. Dieses Wissen sollte bei den Teilnehmern des Jahres 1995 durch das US-amerikanische Beratungsunternehmen des Mark Maletz und bei den Change Agents der folgenden Jahre durch das neu gegründete „McKinsey Change Center" vermittelt werden. Des Weiteren wurden die Teilnehmer durch ein „Mini-MBA Programm" am M.I.T. auf dem Gebiet des Change Managements geschult. Die Vorlesungen behandelten Themen wie den Einfluss des sich wandelnden Umfeldes auf die Unternehmen, strategische Ausrichtungen in diesem Umfeld und verschiedene Perspektiven zum Inhalt und Prozess des Wandels in Unternehmen.

Ein weiterer Themenblock des „Change Agent Program" war eine Praxisphase, in der die Teilnehmer innovative Unternehmen besuchten, die teilweise auch Veränderungsprozesse angestoßen hatten und den Change Agents von Siemens Nixdorf als Vorbilder dienen sollten. Darunter waren Unternehmen wie 3M und AT&T, aber auch einige Unternehmen des Silicon Valley, wie Netscape, Silicon Graphics und Microsoft. Durch die Kontakte zu diesen Firmen lernten die Teilnehmer einiges über die amerikanische Arbeitsmentalität. Ein Change Agent beschrieb seine Erfahrungen im Silicon Valley folgendermaßen: „Man hat gespürt, dass die Leute richtig Spaß daran haben, Geld zu verdienen, nach dem Motto: Hohes Risiko bringt hohe Gewinne."

## Erfahrungen und Ergebnisse

Ziel der 60- bis 90-minütigen Interviews mit 30 in die verschiedenen Maßnahmen des SNI-Programms zum Kulturwandel einbezogenen Mitarbeitern, den sog. „Opinion Leaders" des Standortes Paderborn, war zu erfahren, in welcher Weise die Mitarbeiter einen Kulturwandel, insbesondere bezüglich eines veränderten Kommunikationsverhaltens, erleben konnten. Einige Ergebnisse der qualitativen Antwortanalyse seien hier kurz zusammengefasst:

Bei der Frage nach der *Wirkung der Hannover-Veranstaltungen* kommen zwei Aspekte ungefähr gleich stark zum Tragen. Auf 46 Prozent der befragten Teilnehmer wirkte die jeweilige Veranstaltung zumindest kurzfristig motivierend oder aufbauend. Des Weiteren geben 17 Prozent der Befragten an, dass mehr Offenheit und weniger Denken in alten Strukturen spürbar war. Nach Aussage eines Teilnehmers war ein „Vorstand zum Anfassen" eine ungewohnte und motivierende Erfahrung. Andererseits fanden 50 Prozent der Befragten die Vorgehensweise bei den Hannover-Veranstaltungen eher fragwürdig. Die amerikanische Methode oder der symbolische Akt seien überzogen oder sogar unangenehm gewesen. Insbesondere die Teilnehmer der vierten Hannover-Veranstaltung zeigen sich eher enttäuscht.

Ähnlich gespalten sind auch die Aussagen auf die Frage, wie die Hannover-Veranstaltung bis heute wirkt. 32 Prozent der Befragten konnten ansatzweise einen Bewusstseinswandel in Richtung eines freieren, offeneren oder flexibleren Umgangs miteinander beobachten. 23 Prozent der Befragten geben an, ein besseres Verständnis für Kunden, Prozesse oder Qualität erlangt zu haben. Allerdings sprechen 64 Prozent den Hannover-Veranstaltungen eine längerfristige positive Wirkung ab. Die diesbezüglichen Einschätzungen rangieren zwischen einer Enttäuschung und der Einschätzung, dass die Hannover-Veranstaltungen wirkungslos geblieben sind.

**Auswirkungen der Hannover-Veranstaltungen**
In der zweiten Fragenkategorie wird zunächst der *Gebrauch der Problemlösungs- und Prozessverbesserungsmethode FADE* erforscht. 80 Prozent der befragten SNI-Mitarbeiter haben FADE noch nicht eingesetzt. Viele begründen ihre Aussage damit, dass sie prinzipiell schon immer ähnlich verfah-

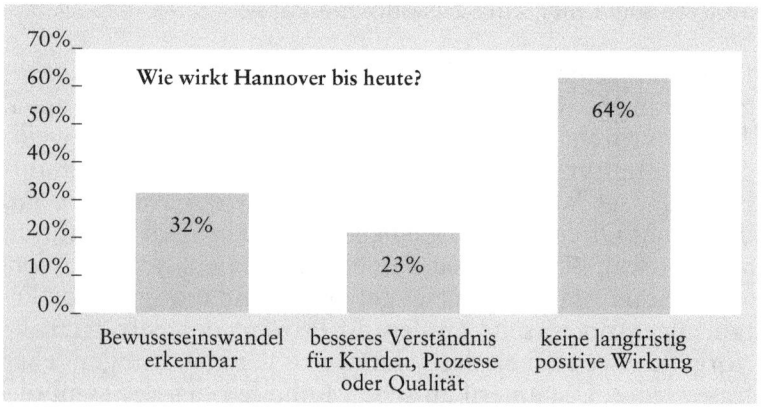

ren seien oder vergleichbare Methoden angewandt hätten.
7 Prozent geben an, FADE nicht eingesetzt zu haben, weil bisher keine Schulung erfolgt sei. 13 Prozent haben die Methode angewandt und halten sie bei richtiger Positionierung für hilfreich. Weitere 7 Prozent haben FADE einmalig bei einem Projekt eingesetzt, wenden sie aber darüber hinaus nicht im Arbeitsalltag an.

Auf die Frage, ob die *Neugier für Arbeitszusammenhänge und -prozesse bei den Arbeitskollegen gestiegen* ist, geben 46% der Befragten an, den Eindruck zu haben, dass die Neugier in dieser Hinsicht zumindest teilweise gestiegen ist. Dieser Eindruck wurde mit erhöhtem Interesse an anderen Bereichen und Tätigkeiten begründet. 33 Prozent der Befragten können nicht beobachten, dass die Neugier in diesem Zusammenhang gestiegen ist. Die verbleibenden 21 Prozent sagen aus, dass diese Neugier sehr vom Verständnis des Einzelnen abhängt oder dass sie in ihrem Arbeitsumfeld schon immer vorhanden war.

### Neugier der Mitarbeiter für Arbeitsabläufe
Das dritte Themenfeld untersucht die *Bereitschaft zur Teamarbeit* im Hinblick auf eine „Verknüpfung von Kompetenzen". Die Frage, ob die *Skills-Datenbank des Intranets* eingesetzt wurde, um notwendiges Fachwissen ausfindig zu

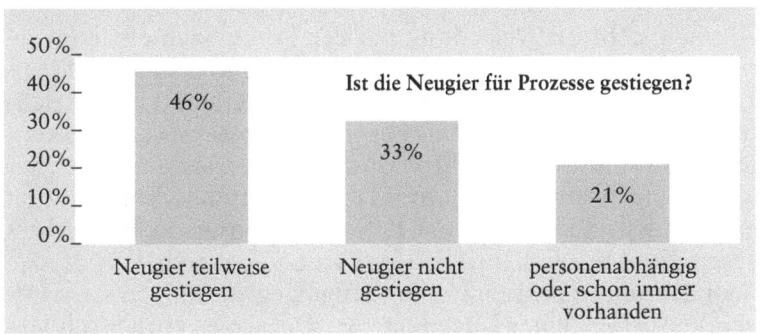

machen, verneinen 89 Prozent der Befragten. Die meisten begründen es damit, keine Relevanz, Gelegenheit oder Notwendigkeit dafür gesehen zu haben. Andere meinen auf der Suche nach Fachwissen andere Quellen zu haben. Dafür seien Empfehlungen oder der Bekanntheitsgrad der Mitarbeiter wichtiger. Einige würden für spezielle Aufgaben eher externe Unterstützung in Anspruch nehmen. Bei 14 Prozent der Befragten fehlt noch eine Schnittstelle für die Skills Datenbank. 11 Prozent haben schon einmal versucht, mit Hilfe der Skills-Datenbank notwendiges Wissen ausfindig zu machen, haben es aber nicht für geeignet befunden.

Der Anteil der Befragten, die beobachtet haben, dass sich die *Bereitschaft zur Unterstützung bei den Arbeitskollegen* eher positiv entwickelt hat, beläuft sich auf 35 Prozent. Davon sagen 22 Prozent, dass starre Strukturen jetzt überwunden werden oder bereichsübergreifend mehr Kontakte entstanden sind. 13 Prozent haben in ihrem Arbeitsbereich ansatzweise mehr Unterstützung erfahren. Dagegen können 29 Prozent nicht feststellen, dass es einfacher geworden ist, Unterstützung von Arbeitskollegen zu bekommen – oftmals aufgrund des hohen Kosten- und Termindrucks. Die verbleibenden 36 Prozent halten eine Bereitschaft zur Unterstützung generell für personenabhängig oder sagen aus, dass die Unterstützung von Arbeitskollegen schon immer selbstverständlich war.

Ähnlich sieht die Verteilung bei der Frage nach einer *besseren Unterstützung von Vorgesetzten* aus. Insgesamt 30 Prozent können teilweise oder bedingt feststellen, dass es leichter geworden ist, Unterstützung von Vorgesetzten zu bekommen. Allerdings wurde diese Unterstützung stellenweise eher als Zwangsprämisse der unter Druck geratenen Vorgesetzten empfunden. 53 Prozent der Befragten können keine Verbesserung im Hinblick auf die Unterstützung durch Vorgesetzte beobachten. Repräsentativ für einige Begründungen steht folgende Aussage eines Mitarbeiters: „Da, wo es vorher schwierig war, ist es das jetzt auch noch." Ein Anteil von 14 Prozent ist der Ansicht, dass die Unterstützung ihres Chefs immer gegeben war und 3 Prozent machen aufgrund ihrer Vorgesetztenfunktion keine Aussage.

Die *Bearbeitung eines Problems in einem frei gewählten Team* halten 70 Prozent zumindest teilweise für praktikabel. Bei der Mehrheit der Befragten, die dieses aussagen, würde sich das Team aus bekannten oder von Arbeitskollegen bzw. Vorgesetzten empfohlenen Mitarbeitern zusammensetzen. Nur wenige würden ihnen gänzlich unbekannte Mitarbeiter aufgrund ihres Fachwissens hinzuziehen. 30 Prozent halten die Bearbeitung einer Problemstellung in einem frei gewählten Team wegen mangelnder Flexibilität und Handlungsspielraum für grundsätzlich nicht durchführbar. Des Weiteren sei eine bereichsübergreifende Teamzusammensetzung aufgrund der Kostenzuweisung eher problematisch. Auf die Frage, ob die Bereitschaft zur Teamarbeit bei den Arbeitskollegen gestiegen ist, antworteten 53 Prozent, dass sie dies stellenweise beobachten konnten. Allerdings sei Teamarbeit dort, wo sie nicht ausdrücklich angeordnet wird, oftmals mit Schwierigkeiten bei der Umsetzung verbunden. 27 Prozent sind der Meinung, dass die Bereitschaft zur Teamarbeit nicht gestiegen ist und eher eine Einzelkämpfermentalität im Vordergrund steht. Die verbleibenden 20 Prozent finden, dass die Bereitschaft zur Teamarbeit in ihrem Arbeitsbereich schon immer hoch war.

## Bereitschaft zur Unterstützung

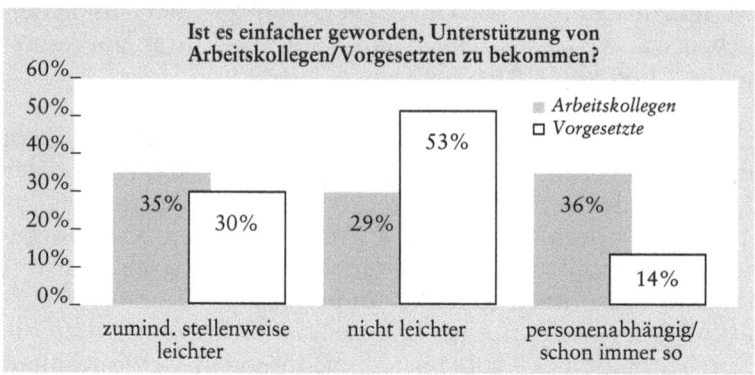

In der vierten Fragenkategorie wird ergründet, ob bezüglich der Entscheidungsstrukturen *Freiraum für unternehmerisches Denken und Handeln* besteht und genutzt wird. 48 Prozent meinen, zumindest teilweise mehr Entscheidungsfreiraum zu haben. Einige begründen dies mit dem Abbau von Hierarchieebenen und Instanzen. Andere sagen, mehr Entscheidungsfreiraum sei nur im Rahmen von Vorgaben, wie z. B. Projekten, gegeben. 7 Prozent meinen es sei sehr abhängig von dem jeweiligen Vorgesetzten. 45 Prozent haben bezüglich des Entscheidungsfreiraumes der Mitarbeiter keine Änderung festgestellt, wobei manche angeben, immer schon einen relativ großen Entscheidungsfreiraum gehabt zu haben.

45 Prozent der Befragten können beobachten, dass die Arbeitskollegen jetzt eher bereit sind, Entscheidungen eigenverantwortlich zu treffen. 31 Prozent denken nicht, dass die Bereitschaft, eigenverantwortlich zu entscheiden, gestiegen ist, oftmals aus Angst, für resultierende Fehler „geradestehen zu müssen". 24 Prozent finden es wiederum personenabhängig, ob Verantwortung übernommen wird oder nicht.

## Bereitschaft, eigenverantwortlich zu entscheiden

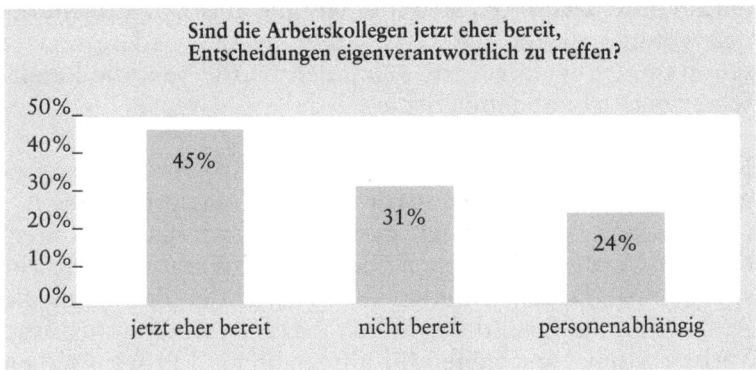

Sind die Arbeitskollegen jetzt eher bereit,
Entscheidungen eigenverantwortlich zu treffen?

In der fünften Fragenkategorie wird erforscht, ob das *Engagement der Mitarbeiter* gestiegen ist und die Arbeit in wechselnden Zusammenhängen erkannt wird. Auf die Frage, ob die Bereitschaft, etwas anzupacken und auszuprobieren gestiegen ist, antworten 20 Prozent, dass spürbar mehr Ideen und Themen aufgegriffen werden. 23 Prozent haben beobachtet, dass die Bereitschaft geringfügig gestiegen ist. Weitere 17 Prozent meinen, dass die Bereitschaft prinzipiell gegeben ist, aber die Möglichkeiten aufgrund von Restriktionen durch Kosten und Zeit sehr begrenzt sind. 30 Prozent sind der Auffassung, dass die Bereitschaft nicht gestiegen ist, weil oftmals nach dem Prinzip der Risikominimierung verfahren wird. Die verbleibenden 13 Prozent meinen, dass diese Bereitschaft bei ihnen schon immer gegeben war.

43 Prozent der Befragten meinen, dass die Bereitschaft, mit etwas Begonnenem aufzuhören, falls es sich als unergiebig oder überholt erweist, nicht gestiegen ist. Sie begründen ihre Einschätzung mit mangelnder Flexibilität, Hang zu Perfektionismus oder einer mangelnden Offenheit, Fehler einzugestehen. 33 Prozent geben an, aufgrund der höheren Eigenverantwortung oder aufgrund des Kostendrucks werde stärker darauf geachtet, ob etwas weiterhin tragbar sei. Weitere

17 Prozent argumentieren, dass zwar stellenweise verstärkt darauf geachtet werde, die Entscheidung aber i. d. R. nicht bei den Arbeitskollegen liegt. 10 Prozent meinen wiederum, dass schon immer entsprechend gehandelt wurde oder die Bereitschaft personenabhängig ist.

Die Frage, ob die Atmosphäre in ihrem Arbeitsumfeld anregender geworden ist, beantworteten 47 Prozent mit „Nein". Die Aussagen gehen dahin, dass eher Selbsterhaltungsinteressen im Vordergrund stehen oder sogar Frustration verstärkt spürbar ist. Dagegen halten 20 Prozent der Befragten die Atmosphäre aufgrund der hohen Anzahl von Aktionen und Verbesserungsvorschlägen für anregender. 33 Prozent haben teilweise z. B. in den Friday Foren den Eindruck, dass die Atmosphäre anregender geworden ist.

53 Prozent der Befragten meinen, dass das emotionale Engagement nicht gestiegen ist. Die Angst, den Arbeitsplatz zu verlieren sei generell sehr hoch, so dass jeder Mitarbeiter Absicherungsstrategien entwickelt. Oftmals könne man auch eine gleichgültige Haltung beobachten, nach dem Motto: „Ich rege mich nicht mehr auf." 37 Prozent haben ansatzweise ein höheres emotionales Engagement festgestellt. Allerdings sei dies im Allgemeinen auf die verbesserte wirtschaftliche Situation zurückzuführen. 10 Prozent denken, dass das Ausmaß des emotionalen Engagements von der jeweiligen Person abhängig ist.

## Emotionales Engagement der Mitarbeiter

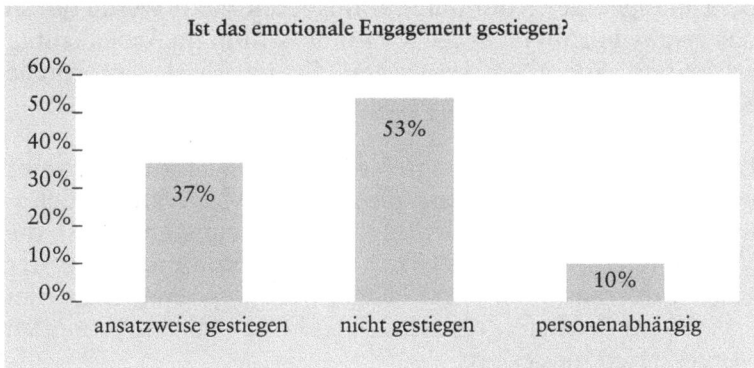

Die *Zielerreichung des Kulturwandels* im Hinblick auf die interne Information und Kommunikation wird in der sechsten Fragenkategorie erforscht. Bei 57 Prozent der befragten Mitarbeiter wurde ein Friday Forum im Arbeitsbereich gegründet. Bei weiteren 13 Prozent gab es das „prinzipiell schon immer". Bei 7 Prozent der Befragten gab es noch nie ein „Friday Forum" und bei 23 Prozent gibt es das nicht mehr. Einige der existierenden Friday Foren finden bereits weniger häufig statt und scheinen daher ebenfalls gefährdet zu sein. Die 57 Prozent, bei denen ein Friday Forum gegründet wurde, stellen die Gesamtheit der Befragten für die nachfolgenden Prozentangaben dar.

In den „Friday Foren" werden allgemeine und bereichsspezifische Informationen vermittelt. 53 Prozent sagen aus, dass Informationen zu Geschäftszahlen gegeben werden, bei 29 Prozent Informationen zu Projektarbeiten, bei 24 Prozent werden Prozesse und Qualitätsmanagement dargestellt, bei weiteren 24 Prozent werden Erfolge und Misserfolge besprochen und bei 18 Prozent wird auch über Geschäftsstrategien und Unternehmenspolitik geredet. 53 Prozent konnten zumindest ansatzweise beobachten, dass das Friday Forum die Kommunikation im Arbeitsalltag erleichtert. Im Gegensatz dazu sagen 47 Prozent, aufgrund mangelnder Beteiligung oder mangelnder Kommunikationsbereitschaft werde durch das Friday Forum nicht die Kommunikation im Arbeitsalltag erleichtert. Vor allem sei es kein Ersatz für die informelle Kommunikation unter Arbeitskollegen.

Die Friday Foren der Befragten werden offiziell zu 76 Prozent von Mitarbeitern moderiert, die z. T. eine Moderatoren-Schulung erhalten haben. Allerdings merken einige an, dass die Vorgesetztenrolle deutlich zur Geltung kommt, wenn der Chef Informationen oder seine Meinung einbringt. Bei 24 Prozent der Befragten wird das „Friday Forum" von dem Vorgesetzten moderiert.

Auf die Frage, ob es einfacher geworden ist, Informationen von Arbeitskollegen zu bekommen, antworten 43 Prozent, dass es zumindest stellenweise offener und selbstverständlicher geworden ist – teilweise aufgrund der Kommunikationsmöglichkeiten über E-Mail und Intranet. Im Gegensatz dazu sagen 36 Prozent, dass es generell nicht besser geworden ist oder bereichsübergreifend Anfragen abgeblockt werden. 21 Prozent der Befragten hatte nie ein Problem damit, Informationen von Arbeitskollegen zu bekommen.

30 Prozent geben an, dass es leichter geworden sei, Informationen von Vorgesetzten zu bekommen, weil Informationen nicht mehr so sehr als Machtmittel angesehen werden. Weitere 30 Prozent meinen, dass vordergründig mehr Informationen von Seiten der Vorgesetzten kämen, weil z. B. durch Friday Foren ein bestimmter Zwang dazu bestehe. 37 Prozent der Befragten haben nicht festgestellt, dass es in dieser Hinsicht leichter geworden ist und 3 Prozent machten aufgrund ihrer Vorgesetztenfunktion keine Aussage.

Die Qualität der Informationen schätzen 56 Prozent der Befragten aufgrund eines Mangels an Transparenz und inhaltlicher Tiefe tendenziell negativ ein. Außerdem müsse man aufgrund der enormen Fülle zunächst sehr stark sortieren, um für sich relevante Informationen herauszufiltern. „Nicht jeder kann damit umgehen." 44 Prozent meinen, dass nicht nur die Quantität, sondern auch die Qualität der Informationen zumindest stellenweise gestiegen ist.

## Informationsaustausch im Unternehmen

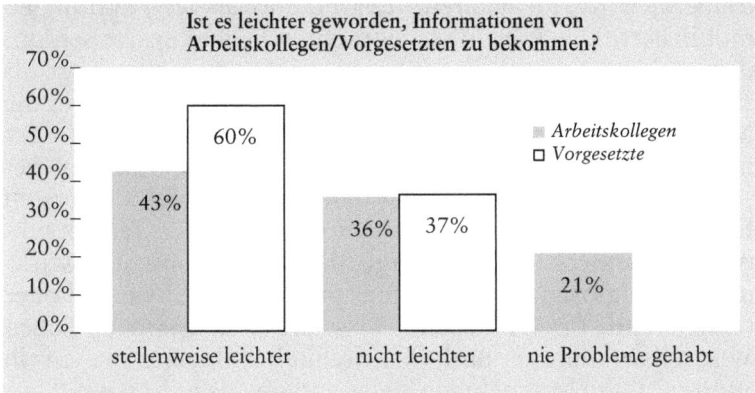

Während der ersten Hannover-Veranstaltung stand das Unternehmen mit seinen Mitarbeitern im Mittelpunkt. Sämtliche befragten Teilnehmer beschrieben dieses erste „Culture Change Event" als ein besonderes Erlebnis. In einer anregenden Atmosphäre sei viel Gemeinschaft vermittelt worden. Einige erwähnten ausdrücklich, dass die Veranstaltung für sie persönlich sehr beeindruckend und motivierend gewesen sei. Dieser Eindruck wird nur noch teilweise von den Teilnehmern der zweiten und dritten Hannover-Veranstaltung bestätigt. Die Erwartungshaltung der Mitarbeiter, die an der vierten Hannover-Veranstaltung teilgenommen haben, wurde in der Regel nicht befriedigt. Einige Teilnehmer waren enttäuscht, weil sie ein anderes Verständnis von „Culture Change" hatten. Ihren Aussagen zufolge habe der hohe Kosten- und Produktivitätsdruck tendenziell demotivierend gewirkt.

Insbesondere durch die ersten Hannover-Veranstaltungen wurde eine hohe Erwartungshaltung bei den Teilnehmern erzeugt. Den Teilnehmern ist ungewöhnlich viel Freiraum zum Handeln zugesprochen worden, so dass sie nach ihrer Aussage die Erfahrung machen konnten, „was man tun kann, wenn man darf". Die Teilnehmer wurden durch weitgehend positive Erfahrungen in den Aktionsteams und aufgrund der treibenden Kräfte während der Hannover-Veranstaltungen mobilisiert. Die dabei nahegebrachten Verhaltensweisen mit dem Arbeitsalltag zu vereinbaren, erwies sich allerdings als sehr problematisch. Bei der Umsetzung der Projekte sind die Mitarbeiter oftmals aufgrund mangelnden Freiraumes oder mangelnder Unterstützung mit den Aktionsinitiativen gescheitert. Nach Einschätzung eines Teilnehmers der ersten Hannover-Veranstaltung sind „80 Prozent der Teamergebnisse versandet". Auf die Mitglieder der Aktionsteams wirkte die Erfolglosigkeit ihres Teams oftmals demotivierend oder frustrierend. Ein Mitarbeiter fasst die Diskrepanz zwischen Wunschvorstellung und Wirklichkeit folgendermaßen in Worte: „Das Unternehmen redet anders, als es handelt."

Die Befragten haben allerdings auch einige positive Effekte der Aktionsinitiativen festgestellt. Demnach fördert die vermehrte Projektarbeit z. B. in Aktionsteams stellenweise das Denken in Prozessen. Durch die Aktionsteams wird außerdem die Bereitschaft zur Unterstützung und Teamarbeit innerhalb des Unternehmens ansatzweise begünstigt. Teilweise wurde beobachtet, dass die unternehmensweiten Aktionsinitiativen auch positiv auf das Engagement der Mitarbeiter wirkten.

Andererseits wurde der Sinn dieses Aktionismus oftmals nicht vermittelt. Dementsprechend gering war das Verständnis für die Aktionsinitiativen bei den Mitarbeitern. Die Aussage „Jetzt lasst uns erst einmal wieder unsere Arbeit machen" spiegelt das Unverständnis vieler Mitarbeiter. Bezüglich der Methode FADE zur Problemlösung und Prozessverbesserung hat die Befragung ermittelt, dass diese nur vereinzelt angewandt und nur geringfügig akzeptiert wird. Nach Angaben einiger Befragter sieht das Management der SNI AG nicht die Akzeptanz dieser Methode als Maßstab für ihre Anwendung, sondern die Anzahl der geschulten Mitarbeiter (vgl. auch SNI-Info Q, S. 4). Hierbei kommt ein eher pragmatisches Verständnis der Gestaltung einer Unternehmenskultur zum Ausdruck.

Gleichermaßen ist die Skills Datenbank des Intranets für eine Bildung von Teams im Sinne einer „Verknüpfung von Kompetenzen" bisher nahezu bedeutungslos. Die Zusammenarbeit in einem Team ist generell eher mit bekannten oder empfohlenen Mitarbeitern vorstellbar. Daran zeigt sich, dass die innerbetriebliche Unterstützung und Zusammenarbeit überwiegend auf der *informellen Ebene* stattfindet.

Ein Befragter sagte: „Die Mehrzahl der Mitarbeiter hat sich in den Prozess nicht einbezogen gefühlt." Gleichermaßen mussten einige Teilnehmer der Hannover-Veranstaltungen mangelndes Interesse der Arbeitskollegen an einer Mitarbeit in ihrem Aktionsteam feststellen. Eine weitere Befragte hat beobachtet, dass „Culture Change" auf der Grundlage einer Anordnung von vielen Mitarbeitern nicht angenommen wird.

Die Akzeptanz der Maßnahmen des Kulturwandels zeigt sich auch in der Frage, ob das *Friday Forum* als Kommunikations- und Informationsinstrument befürwortet wird. Die Befragung ergab, dass bei nahezu einem Drittel der Befragten das Friday Forum nicht oder nicht mehr abgehalten wird und darüber hinaus die Beteiligung der Mitarbeiter in einigen Bereichen sehr gering ist. Außerdem werden im Friday Forum überwiegend allgemeine oder bereichsinterne Informationen gegeben, so dass es vermutlich oftmals eine Abteilungsbesprechung ersetzt. Wo die Friday Foren allerdings bereichsübergreifend stattfinden, wurde es weitgehend positiv bewertet und stellenweise ein größeres Verständnis für andere Bereiche entwickelt.

Einige der Befragten haben beobachtet, dass das *Intranet* die Prozesstransparenz gesteigert hat. Aufgrund dessen wird stellenweise ein erhöhtes Interesse für Arbeitszusammenhänge und ein höherer Informationsaustausch festgestellt. Ein Großteil der Befragten hält das Intranet für eine nützliche Informationsquelle. Ein Mitarbeiter meinte sogar: „Durch das Intranet wird sich mehr ändern als durch Culture Change." Allerdings wird die Fülle der Informationen nicht von allen Mitarbeitern positiv eingeschätzt. Viele meinen, dass ein Mangel an Transparenz und inhaltlicher Tiefe die Folge der Informationsflut sei.

Viele Aussagen der Befragten bestätigen den engen Zusammenhang zwischen veränderten Verhaltensweisen und konkreten Ausgestaltungen von Arbeitsprozessen und Entscheidungsprozeduren bzw. Entscheidungskompetenzen:

In einem Fertigungsbereich am Standort Paderborn wurden beispielsweise Fertigungsgruppen gebildet, die ihre Arbeit weitgehend eigenverantwortlich organisieren. Dazu müssen die Mitarbeiter sich innerhalb der Gruppe, aber auch gruppenübergreifend abstimmen. Auf dieser Basis wird nach Angabe der Befragten das Denken in Prozessen, die Bereitschaft zur Teamarbeit und Unterstützung und das eigenverantwortliche Handeln gefördert. Gleichermaßen haben einige Mitarbeiter beobachtet, dass die „Verschlankung der Struktur" bzw. der Abbau von Hierarchie-Ebenen mehr Entscheidungsfreiraum zur Folge hat.

Eine große Anzahl der Befragten konnte allerdings keine positive Änderung bezüglich verschiedener Fragekategorien feststellen, mit der Begründung, dass im Unternehmen noch immer hierarchische Strukturen existieren. Ein Befragter sagt aus: „In Hannover wurden Vorschläge gemacht, die nicht in die alte Struktur passten."

Insbesondere die kostenstellenorientierte Arbeitsstruktur des jeweiligen Bereiches wirkt tendenziell negativ auf die Bereitschaft zur Teamarbeit im Sinne einer „Verknüpfung von Kompetenzen". Nach Einschätzung mehrerer Mitarbeiter ist es aufgrund der Kostenzuordnung in der Regel sehr schwer, bereichsübergreifende Teams zu bilden. Jeder eigenverantwortliche Bereich versuche, auf Kosten der anderen Abteilungen den Profit zu erhöhen: „Auf dieser Basis kann eine Vernetzung nicht funktionieren."

In der Fallstudie zitierte Literatur:

KEMPER, K.: Heinz Nixdorf – Eine deutsche Karriere, Landsberg/Lech: Verlag Moderne Industrie, 1987.

MATIS, H./STIEFEL, D.: Unternehmenskultur in Österreich – Ideal und Wirklichkeit; Wien: Service-Fachverlag an der Wirtschaftsuniversität, 1987.

PREISSNER, A.: Ganz oder gar nicht – SNI hat keine Wahl, in: Manager Magazin, April 1997.

SNI interne Informationsquellen:

SNI-Info A: „The Challenge of Corporate Change", Siemens Nixdorf Information Systems, „Living Case Study", 1995.

SNI-Info B: Die Roadmap zum Erfolg, 2. aktualisierte und erweiterte Ausgabe, November 1996.

SNI-Info D: Daten und Fakten 1995/96.

SNI-Info E: Richter, Manfred: „Deutlich besser als der Markt – Erneut starker Ausbau des internationalen Geschäftes – Gewinn verdoppelt", Artikel in: Inline Ticker, 15.11.1997.

SNI-Info F: Intranet, Die Siemens Nixdorf Vision, file:///a/visiond.htm.

SNI-Info G: Intranet, Die Virtual Results Fair: Change is Business – Business is Change ..., http://trends.pdb.sni.de/culture_change/vrf_d.htm.

SNI-Info H: Video, Siemens Nixdorf „On Our Way" – Results Fair München-Perlach, deutsche Version, Oktober 1995.

SNI-Info I: SNI Inline Video, Hannover IV – FADE / Produktivität und Qualität, deutsche Version, 1996.

SNI-Info J: Video, Culture Change: The key to our success, deutsche Version, Interimreport: Juli 1996.

SNI-Info K: „Nur mit Partnern erfolgreich", Artikel in: SNI Inline, 3/1996.

SNI-Info L: Polewsky, Susanne / Will, Dr. Hermann: Friday Forum – Info-Heft für Chefs, Moderatoren und Info-Geber.

SNI-Info M: Interner „Friday Forum"-Bericht vom 12.01.1995.

SNI-Info N: Intranet: „Rolle, Positionierung des Programms, Persönliche Erfahrungen", http://intrahost.mch.sni.de/cc/cagent/inline2.htm.

SNI-Info O: „Wer keine Fehler machen darf, lernt nichts", Interview mit Dr. Friedrich Fröschel, Mitglied der Geschäftsführung in: SNI Inline, 2/1996.

SNI-Info T: Change Agents mit der Lizenz zur Veränderung, Artikel in: SNI-Inline, 4/1997.

# Fallstudie 10    *Recherchiert von Guido Schulze*

# Hotel ARKADE[*]:
# „Arbeit als freiwillige Leistung für das Unternehmen – und seinen charismatischen Geschäftsführer"

## Allgemeine Charakterisierung

### 1.    Das Branchenumfeld des Unternehmens

**Mittelständische Betriebe prägen das Bild der Branche**
Die deutsche Hotellerie ist mittelständisch orientiert. Lediglich 3 Prozent aller Betriebe erzielen Jahresumsätze über 5 Mio. DM, während 59 Prozent aller Betriebe unter 500.000 DM Jahresumsatz haben, wie die Abbildung zeigt.

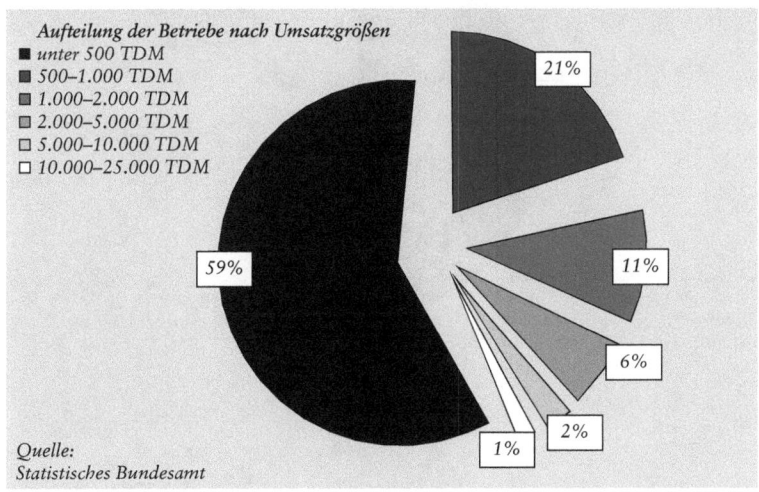

*Aufteilung der Betriebe nach Umsatzgrößen*
- *unter 500 TDM*
- *500–1.000 TDM*
- *1.000–2.000 TDM*
- *2.000–5.000 TDM*
- *5.000–10.000 TDM*
- *10.000–25.000 TDM*

21%

11%

6%

59%

2%

1%

*Quelle:*
*Statistisches Bundesamt*

---

* Namen wurden geändert.

Auch für die kapazitive Bewertung der Branche liegt eine Statistik vor. Bei dieser Statistik ist Vorsicht geboten, da die allgemeinen Angaben in der Presse bei Auslastungen immer auf die Bettenzahl bezogen sind. Da ein Großteil der Hotelbetriebe (über 80 Prozent) überwiegend Doppelzimmer anbietet, aber diese nur zu maximal 20 Prozent als Doppelzimmer belegt werden, tritt hier eine hohe Verzerrung auf. Branchenkenner betrachten deshalb vorzugsweise die Zimmerkapazität.

Aus Betriebsvergleichen und Beratungspraxis ergab sich die Faustregel, dass Hotelbetriebe, sofern sie Fremdkapital zu bedienen haben, als Hotel garni (nur Hotelbetrieb) nicht unter 25–35 Zimmer und als Vollhotel (Hotel plus Restaurant) nicht unter 60–80 Zimmer wirtschaftlich betrieben werden können. Folgende Abbildung zeigt die Betriebsgrößenstatistik (Zimmerkapazität) der Branche.

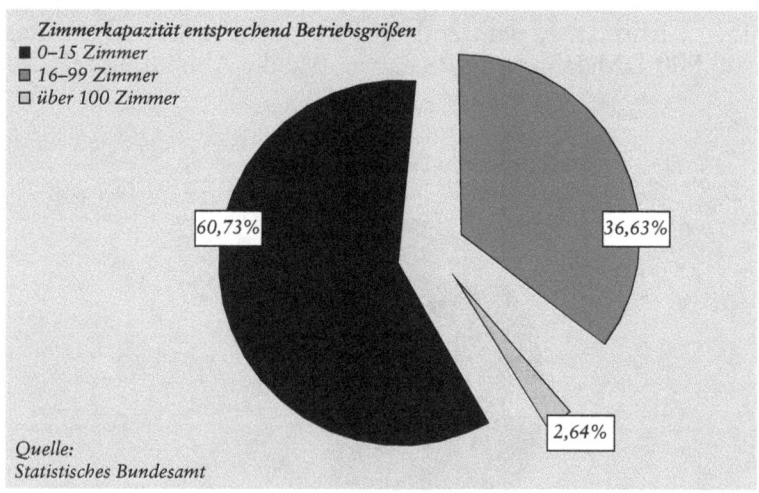

*Zimmerkapazität entsprechend Betriebsgrößen*
■ *0–15 Zimmer*
▣ *16–99 Zimmer*
□ *über 100 Zimmer*

60,73%     36,63%

2,64%

*Quelle:*
*Statistisches Bundesamt*

**Dienstleistung erfordert Personal**
Die Intensität der Dienstleistungen wird durch die Zahl der Mitarbeiter bestimmt, wobei man nach heutigem Standard überschlägig folgende Mindestanzahl an Beschäftigten pro Zimmer veranschlagen darf:

| | | |
|---|---|---|
| ***** | Spitzen-Hotels | über 0,7 Mitarbeiter pro Zimmer (Vollzeitkräfte) |
| **** | Luxus-Hotels | 0,5 – 0,7 Mitarbeiter pro Zimmer |
| *** | Mittelklasse-Hotels | 0,4 – 0,5 Mitarbeiter pro Zimmer |
| ** | Komfort-Hotels | 0,2 – 0,4 Mitarbeiter pro Zimmer |
| * | Budget-Hotels | 0,1 – 0,2 Mitarbeiter pro Zimmer |

## 2. Charakterisierung des Hotels ARKADE

Das Hotel wurde im Zusammenhang mit einer Kongresshalle, die am 28.12.1991 eröffnete, geplant. Die Planungsphase des Hotels begann Ende 1989. Die Besonderheit im Vergleich zu anderen Hotelplanungen liegt darin, dass der designierte Hoteldirektor Albert Aulinger bereits in die Planungsphase mit einbezogen wurde. So konnten viele Details vom Hoteldirektor selbst kreiert und umgesetzt werden.

Der Standort mit seinen 45.000 Einwohnern und mit 55 Tsd. Übernachtungen pro Jahr sprach auf keinen Fall für eine hohe Auslastung, auch nicht im Zusammenhang mit der in nur 50 Meter entfernten Kongresshalle. Allerdings fehlten in der Stadt Bettenkapazitäten, die dem geforderten Qualitätsstandard, der durch die Besucher der Kongresshalle gefordert wurde, entsprachen. Aulinger sei deshalb bereits in der Planungsphase klar gewesen, dass dieses Hotel nur mit einem besonderen Konzept langfristig eine Überlebenschance haben würde.

Aulinger agierte in der Bauphase als Bauleiter und war täglich auf der Baustelle anwesend. Es ging aber nicht nur darum, Räumlichkeiten zu schaffen, sondern gleichzeitig ein neues, innovatives Mitarbeiterkonzept zu entwickeln und umzusetzen. Aulinger war bislang immer in Unternehmen tätig, in denen erst bei Umsatz- oder anderen Problemen sein Einsatz gefragt war. Jetzt konnte er von Anfang an seine Vorstellungen von lebenswerter Arbeitswelt umsetzen.

Sein Geschick im Umgang mit Menschen stellte Aulinger bereits in der Bauphase unter Beweis: Das Hotel eröffnete nicht wie ursprünglich geplant im Oktober 1993, sondern erzielte bereits im April 1993 die ersten Umsätze.

Die Bauleitung im Vorfeld sowie die Vermarktung des Hauses im weiteren Verlauf wurden Aulinger in voller Verantwortung überlassen.

Eine Präsidentensuite, drei Juniorsuiten, 36 Doppelzimmer und 64 Einzelzimmer erwarten den Gast. Aktivitäten im Konferenz- oder Seminarbereich sind durch das großzügige Raumangebot und durch die Anbindung an das Kongresszentrum zwischen 5 und 800 Personen koordinierbar. Zu diesem Angebot gibt es in der Stadt keine gleichwertige Alternative. Als branchenunüblich gilt die Fremdverpachtung des Restaurantbereichs. Der Pächter wurde mit einer hohen Investitionssumme von über einer halben Million Mark dazu bewegt, den geforderten Qualitätsstandard zu halten und auszubauen.

Die Auslastung des Hotels ergibt sich überwiegend durch Firmen aus der Region. 1998 machte das Hotel ARKADE nur noch 2 Prozent seines Hotelumsatzes mit Gästen der Kongresshalle.

Zahlen zum Vergleich: Das Vier-Sterne-Hotel ARKADE ist mit 104 Zimmern und insgesamt 208 Betten ausgestattet.

Nach DWIF ist das Hotel in die Kategorie Hotel garni mit ge-
hobener Ausstattung eingeteilt. Im betrachteten Zeitraum
waren durchschnittlich 14 Mitarbeiter für den Hotelbetrieb
beschäftigt.

|  | DWIF<br>(1997) | Hotel ARKADE<br>(1997) |
|---|---|---|
| Verhältnis Personalaufwand<br>zu Betriebsertrag | 33 % | 21 % |
| Personalintensität:<br>Durchschnittliche Zahl<br>der vollbeschäftigten<br>Mitarbeiter pro Zimmer | 0,26 | 0,13 |
| Personalproduktivität:<br>Betriebsertrag je<br>Vollbeschäftigter | 148.300 DM | 321.425 DM |
| Auslastung der Zimmer: | 56,9 % | 83 % |

Die Personalintensität zeigt, dass das Hotel ARKADE nur die
Hälfte der Mitarbeiter benötigt, die im Branchendurchschnitt
eingesetzt werden müssen. Da die Zahlen nur Durchschnitts-
werte der betrachteten Gruppe darstellen und ein Vier-Sterne-Hotel einen höheren Personaleinsatz erfordert als ein
Zwei- oder Drei-Sterne-Hotel, müssten nach Aussagen der
Geschäftsleitung sogar normalerweise bis zu 40 Mitarbeiter beschäftigt werden, um den Umsatz zu erzielen, den
ARKADE mit 14 Mitarbeitern macht. Wie geht das?

## Innovative Sozialordnungselemente

### 1.  Die Überzeugungen des Geschäftsführers A. Aulinger

Die prägende Persönlichkeit im Unternehmen Hotel ARKADE ist Albert Aulinger (Jahrgang 1958). Stationen seiner Laufbahn sind das Hotel Atlantik in Hamburg (Direktionsassistent), das Hotel Bachmeier am Tegernsee, Kempinski (Direktionsassistent, Leiter Gastronomie), die Steigenberger Gruppe (Verkaufsleiter Süd), Schörghuber (Direktor Verkauf und Marketing), die Raffael Gruppe und jetzt das Hotel ARKADE. Dazu kommen längere Aufenthalte in Amerika.

Seine intensive Beschäftigung mit dem externen Marketing führte Aulinger zur Einsicht in die Bedeutung des internen Marketings für die Erhöhung der Personalproduktivität.

Entscheidend sei, dass die Menschen ihren eigenen Weg gehen, ihre Ziele finden und diese auch verfolgen könnten. Dafür müssten von Seiten der Unternehmensleitung Rahmenbedingungen geschaffen werden. Verantwortliche müssten sich mit den Mitarbeitern beschäftigen, auseinandersetzen, kritisch, konstruktiv diskutieren, ernst nehmen, Kritik annehmen und über alle Probleme offen diskutieren.

Abteilungsleiter seien die Bremser in jedem Unternehmen (Abteilungsleitersyndrom). Sie neigten dazu, in ihrer Umgebung stärkere Persönlichkeiten zu behindern statt zu fördern. Die Entwicklung der Mitarbeiter im Team würde unterbunden. Abteilungsleiter versuchten immer, ihre Positionen zu sichern oder ihre Karrieren aufzubauen.

Auf die Frage an die Mitarbeiter, warum es bei der Zusammenarbeit so gut klappt, kam von allen die Antwort: „Das liegt an Herrn Aulinger. Der hat noch nie geschimpft, wenn etwas nicht geklappt hat. Er sagt immer, dass es beim nächsten Mal besser klappen muss. Jeder müsse aus seinen Fehlern lernen. Hilfreich dafür ist der ständige Austausch von Informationen und die kritische Diskussion. Dadurch übernimmt jeder hier die Verantwortung für das, was er gerade ausführt."

Folgende Grundsätze sind nach Aussagen von Aulinger mit dafür verantwortlich, dass eine lebendige und lernende Organisation entsteht und lebt:

– Arbeits-, Familien-, Gesundheits- und Freizeitanspruch der Mitarbeiter müssen mehr als bisher berücksichtigt werden. Die vermeintliche Demarkationslinie zwischen Berufs- und Lebensweg – eine irreführende Grenzziehung – müsse aufgelöst werden.
– Die „tatsächliche" Führungskraft müsse dem Menschen die Möglichkeit eröffnen, Freude an einer Leistung zu haben, die er für das Unternehmen freiwillig einbringt. Die Leistungs*bereitschaft* (Wille) sei Sache des Mitarbeiters; die Leistungs*fähigkeit* und Leistungs*möglichkeit* richtig zu beurteilen, zu fördern und richtig einzusetzen, sei Aufgabe des Unternehmens.
– Mitarbeiter als Mensch und Partner anzusehen heiße:
  · integrieren nicht polarisieren,
  · einschließen nicht ausschließen,
  · umsetzen nicht durchsetzen.

Er fasst seine Sicht in den Programm-Satz: „Den richtigen Weg der Partnerschaft geht der, der Partner schafft."

Nach dem Motto: „Wer das Sagen hat, hat auch das Loben", würden in vielen Unternehmen Eltern-Kind-Verhältnisse und damit oftmals unselbständige, lobsüchtige Kinder (Mitarbeiter) erzogen. Wichtiger und langfristig erfolgreicher sei es, mit Mitarbeitern zu arbeiten, die aufgrund von klaren Zielvereinbarungen (nicht zu verwechseln mit Zielvorgaben) und Rahmenbedingungen ihre Tätigkeit ausführen ohne auf weitere Anreize zu warten. Für den Mitarbeiter müsse das Arbeitsergebnis von Bedeutung sein, nicht die eventuell folgende Belobigung.

Motivation heiße im Hotel ARKADE: Handlungspotenzial des Mitarbeiters durch die Führungskraft zu beleuchten. Der Mitarbeiter werde aber in der Verantwortung belassen. Hat ein Mitarbeiter ein Problem, werden folgende Fragen geklärt:

- An welche Alternativen haben Sie gedacht?
- Wo liegen die Vor- und Nachteile?
- Welche weiteren Informationen benötigen Sie, um das Problem zu lösen?
- Was ist Ihr Vorschlag?
- Was geschieht, wenn Sie nichts tun?

Führen im Hotel ARKADE heiße:

- keine Ratschläge geben,
- Rückdelegation von Aufgaben vermeiden,
- sich als Gesprächspartner zur Verfügung stellen,
- Blick auf die Möglichkeiten lenken,
- Fragen stellen, die selbständige Sichtweisen bei Mitarbeitern auslösen.

Der wesentliche Baustein der „Mitarbeiterphilosophie" im ARKADE sei die *Selbstverantwortung*. In diesem Zusammenhang benutzt Aulinger verschiedene ähnliche Begriffe: Selbstachtung, Selbstvertrauen, Selbstverantwortung, Selbstmotivation, Selbstverpflichtung.

Die Führungskraft sei gefragt, die Bedingungen zur Möglichkeit der Selbstverantwortung zu schaffen.

Nicht einseitige Informationen, sondern Kommunikation durch Beobachtung, Fragen, Sprechen führten dazu, Probleme auf- und nicht zuzudecken. Die zur Zeit praktizierten Kommmunikationstechniken (z. B. Mitarbeiterbefragungen, Management by Walk-around) reichten hierfür nicht aus. Probleme würden gelöst, indem miteinander diskutiert wird.

Die Quelle der Arbeitszufriedenheit seien nicht nur die Rahmenbedingungen, sondern der Mitarbeiter selbst. Aus diesem Grund sieht Aulinger die Vereinigung von Berufsweg und Lebensweg als Ziel persönlicher Wachstumsförderung. Einige Zitate:

„Wer nur investiert, um reich zu werden, wird scheitern. Wer aber investiert, um anderen zu helfen, hat gute Aussichten auf Erfolg."

„Wir machen in unserem Unternehmen eigentlich nur den Menschen zum Mittelpunkt unserer Überlegungen. Den Menschen mit all seinen Stärken und Schwächen, den Menschen als Führungskraft, als Mitarbeiter und als Gast, den Menschen, der für den langfristigen Erfolg eines Unternehmens verantwortlich ist."

## 2. Gehaltsordnung und Eigentumsrechte an der Organisation

### 2.1 Eigentumsrechte der Organisation

Das Hotel hat die Rechtsform der GmbH. Die Betreibergesellschaft Hotel ARKADE GmbH ist zu 100 Prozent in einer Besitzgesellschaft integriert. Die Rechtsform der Besitzgesellschaft ist eine GmbH & Co KG. Die Haupteinnahmequellen für die Besitzgesellschaft sind Bauträger-GmbHs; aber auch eine Schokoladenfabrik, eine Flugzeuggesellschaft und zahl-

reiche Beteiligungen erwirtschaften Umsätze. Albert Aulinger
ist der Geschäftsführer der Hotel ARKADE GmbH.

## 2.2 Wertschöpfungsverteilung und Gehaltsordnung

Die Hotel ARKADE GmbH zahlt eine umsatzabhängige Mie-
te für die Immobilie. Gewinne sowie Verluste werden zu
98 Prozent an die Besitzgesellschaft abgeführt. Aufgrund der
hohen Gewinne der Besitzgesellschaft war die ARKADE
GmbH ursprünglich als eine Verlustzuweisungsgesellschaft
geplant. Gewinnbeteiligungen an die Mitarbeiter oder andere Formen einer Sonderentlohnung sind bisher nicht imple-
mentiert. Materielle Beteiligungen am Erfolg des Unternehmens gibt es nicht.

Aulinger erhält ein branchenübliches Geschäftsführergehalt.
Er hat einen gewinnabhängigen Fonds eingerichtet, aus dem
Gelder zum Beispiel für Weiterbildung, für kurzfristige finanzielle Unterstützung von Mitarbeitern und für Anschaffungen, die den Mitarbeitern im ARKADE zugute kommen,
entnommen werden können. Darüber entscheidet Aulinger.
Über die Höhe wurden keine Aussagen gemacht.

Die Lohnhöhe, Anreize, Positionen, Firmenfahrzeuge etc. bestimmten lediglich kurzfristig die Motivation der Mitarbeiter,
meint Aulinger. Die Unternehmensführung und alle Führungskräfte müssten es schaffen, Mitarbeiter von den aufge-
tragenen Aufgaben zu begeistern. Wenn sich Führungskräfte
diese Aufgabe als oberstes Ziel steckten, könnten die Mitarbeiter des Unternehmens „Berge versetzen". Deshalb versuche die Geschäftsleitung, soviel Eigenverantwortung wie
möglich auf die Mitarbeiter zu übertragen.

Eine Führungskraft erfülle erst dann ihren Auftrag, wenn sie
es schaffe, den Mitarbeiter dazu zu bewegen, dass dieser sei-

ne Arbeit für den Verantwortlichen getan habe, sozusagen als freundschaftliche Geste. Entscheidend sei, dass die Führungskraft Freude an den übertragenen Aufgaben und an der Zusammenarbeit mit den Mitarbeitern habe.

Das Entgelt der Mitarbeiter richtet sich nach dem Können des Einzelnen, dem Alter, dem beruflichen Werdegang und der Fähigkeit, sich in der Gruppe kritisch mit Geschehnissen und Sachthemen auseinanderzusetzen.

Grundgehälter sind unabhängig vom Alter und von der Berufsqualifikation gleich und fix. Individuelle, zusätzliche Beträge werden je nach Leistungsniveau und einer Einarbeitungszeit von drei bis sechs Monaten verhandelt. Dabei gilt als Orientierung der Tarifvertrag der Branche. Nicht jede Lohnerhöhung, die in den Flächentarifverträgen ausgehandelt werden, wird an die Angestellten weitergegeben oder steht zur Verhandlung. Ein Ausgleich in diesem Punkt findet im Laufe der Zeit statt, da spätere Lohnerhöhungen teilweise höher ausfallen als die, die gerade im Flächentarifvertrag ausgehandelt wurden.

Erfolgsbeteiligungen für Mitarbeiter passten nicht in die derzeitige Unternehmensphilosophie, da die fixierten Gehälter einer Leistung von 100 Prozent entsprächen. Mitarbeiter müssten durch andere Aufmerksamkeiten motiviert werden. Um Mitarbeitern kleine finanzielle Anreize gewähren zu können, verteilt Aulinger sein vertraglich gesichertes dreizehntes Monatsgehalt.

Erreicht das Unternehmen ein besseres Ergebnis als geplant, so fließen den einzelnen Mitarbeitern zwar keine Prämien zu, der Überschuss wird aber zu freiwilligen Leistungen an Mitarbeiter verwendet oder für dringend erforderliche Anschaffungen. Über diese freien Mittel wird gemeinsam entschieden.

Zusätzlich zum fixen Gehalt stehen den Mitarbeitern noch die Nutzung der Hoteleinrichtungen (Solarium, Sauna, Fitnessbereich) zur Verfügung.

Auch für nicht arbeitsbezogene, sondern persönlichkeitsbildende Fortbildungsmaßnahmen stehen Gelder zur Verfügung. Es gibt immer Absprachen über die Ziele, die diese Maßnahmen haben. Damit will Aulinger die Mitarbeiter anregen, sich Gedanken über die eigenen Ziele zu machen. Wird eine solche Maßnahme abgebrochen, kann es auch dazu führen, dass die Gelder zurückgezahlt werden müssen, oder man einigt sich bereits am Anfang über eine Aufteilung der Kosten.

**Ausführungen der Mitarbeiter**
Die Mitarbeiter bestätigen, dass es in den ersten 3–6 Monaten ein relativ geringes Grundgehalt gegeben habe und danach der Lohn den geforderten Ansprüchen angepasst wurde. Schon bei Eintritt in das Unternehmen stand die Bandbreite des möglichen Einkommens fest. Dabei wurden bei jedem die beim Einstellungsgespräch gestellten Forderungen berücksichtigt. In bestimmten Bereichen (Zimmermädchen) habe Aulinger das Gehalt festgelegt und es sei der Stundenzahl entsprechend fix. Würden hier einmal über einen längeren Zeitraum nicht abbaubare Überstunden angesammelt, so finde ein Ausgleich durch eine Sonderzahlung statt.

Für Mitarbeiter, die erst kurze Zeit (weniger als zwei Jahre) im Unternehmen sind, sei das Gehalt nicht ausreichend, um z. B. eine Wohnung und ein Auto zu unterhalten. Das Ausbildungsniveau und die derzeitige Tätigkeit spielten dabei keine Rolle. Alle Mitarbeiter, die länger als zwei Jahre im Unternehmen sind, waren sehr zufrieden. Die Gehälter liegen alle über dem derzeitigen Tariflohn. Alle hatten mindestens schon einmal Lohnerhöhungen erhalten. Leider kämen sie erst nach eigener Ansprache zustande. Fünf Mitarbeiter wünschen sich, dass die Geschäftsleitung von sich aus die Leistungen erkennt und auf die Mitarbeiter zukommt. Auf Grund der

Offenheit der Geschäftsleitung werde häufiger als in anderen Unternehmen über das Gehalt gesprochen. Bis auf einen Mitarbeiter waren alle der Auffassung, dass alle gemeinsam und gleich am Unternehmenserfolg beteiligt seien.

Auf die Frage an die Mitarbeiter, für welchen Betrag sie das Unternehmen verlassen würden, kam bei 90 Prozent der Befragten die Antwort, dass ein Betrag deutlich über 800 DM/ monatlich gezahlt werden müsse. Im Übrigen könne solch ein gutes Betriebsklima nicht mit Geld aufgewogen werden.

Zum Zeitpunkt der Interviews herrscht bei allen Mitarbeitern Unzufriedenheit über den Abzug des steuerlich abzugsfähigen Verpflegungsaufwandsbetrags von 78 DM. Nicht, dass sie am Ende weniger Netto auf dem Konto hätten, sei das Problem, sondern dass es vorher keine ausreichenden Informationen gegeben habe. Urlaubsgelder werden nicht gezahlt. Dafür erhalten alle Mitarbeiter je nach Alter und Betriebszugehörigkeit zusätzlich zu den gesetzlich zugesagten Urlaubstagen frei verfügbare Tage. Diese schwanken zwischen 3 und 7 Tagen. Lohnfortzahlungen im Krankheitsfall werden zu 100 Prozent vom Unternehmen übernommen.

Die Mitarbeiter bestätigen, dass Arbeitsverträge nicht notwendig seien. Wer z. B. gehen wollte, konnte dies ansprechen und bekam dann auch noch Zeit, sich woanders zu bewerben. Außerdem sei ja doch alles schon gesetzlich geregelt. Alle betrachten die Tatsache, dass sie keinen Arbeitsvertrag haben, als positiv. Lediglich zwei Mitarbeiter der ersten Stunde haben einen Arbeitsvertrag.

Die Alternative einer finanziellen Beteiligung am Unternehmen zieht keiner der Mitarbeiter in Erwägung, da es zu riskant sei. Fast alle Mitarbeiter fühlen sich noch zu jung für einen solchen Schritt oder wollen sich später einmal in eine ganz andere Richtung entwickeln.

Für Trinkgelder gibt es eine gemeinsame Kasse an der Rezeption. Diese wird auf das Rezeptions- und Frühstücksteam aufgeteilt. Die Zimmermädchen erhalten ihr Trinkgeld direkt, wenn sie zum Beispiel für einen Gast die Hemden bügeln. Der Barkeeper hat eine eigene Trinkgeldkasse.

Gelder für Weiterbildungskurse stehen nur bereit, wenn die Mitarbeiter einen Kompromiss eingehen, z.B. indem sie den ersten Kurs selbst finanzieren; die folgenden werden dann vom Unternehmen bezahlt. Eine Person sagte allerdings, dass sie ihren Englischkurs seit zwei Jahren selbst zahle, und es auch keine Gespräche zur Übernahme der Kosten gegeben habe.

**Eigene Eindrücke**
Für alle Mitarbeiter des Hotels ARKADE steht der Lohn nicht im Vordergrund. Andere Entlohnungsformen oder der Wunsch, den Arbeitsplatz wegen besserer Bezahlung zu wechseln, kommen aus folgenden Gründen nicht in Frage:

- Es besteht ein harmonisierendes Arbeitsteam: jeder fühlt sich wie in einer großen Familie.
- Im vorgegebenen Arbeitsumfeld fühlt sich jeder seinen Qualifikationen entsprechend eingesetzt.
- Die Arbeitszeitgestaltung richtet sich nach dem vorhandenen Arbeitsvolumen. Ist die Arbeit erledigt, kann der Mitarbeiter nach Hause gehen (Ausnahme: Rezeption und Hotelbar).
- Es gibt im Vergleich zu anderen Hotels nur geringe Kontrollen, was den Verbrauch von Lebensmitteln angeht.
- Bei einem Großteil der Beschäftigten gibt es nur eine geringe Marktübersicht bezüglich Entlohnungsformen.

Es gibt aber Mitarbeiter, die darüber klagen, zu wenig Geld zu verdienen. Den erwünschten Lebensstandard könne man sich damit nicht erfüllen. Kaum einer kennt oder interessiert sich für die tariflichen Gehälter, da nach Aussagen der Mitarbeiter das Geld nicht im Vordergrund steht. Die gezahlten

Gehälter liegen über Tarif. Es herrscht Unzufriedenheit darüber, dass „Ungelernte" mehr verdienen können als die, die den Beruf erlernt haben.

Seit 1999 wird für jeden Mitarbeiter für Kost vom Gehalt ein Betrag von 78 DM abgezogen. Zwar wurde der Bruttolohn gleichzeitig um diesen Betrag erhöht, aber nach Abzug der Sozialabgaben und Steuern ergibt sich deshalb für jeden Mitarbeiter ein geringeres Nettogehalt. Wegen mangelnder Information über diesen Schritt besteht eine hohe Unzufriedenheit in den Arbeitsteams bezüglich der Gehaltsordnung.

Vor dem Hintergrund der finanziellen Beteiligungsmodelle wie sie in den anderen Fallstudien beschrieben werden, erscheint die Gehaltsordnung im Hotel ARKADE als nicht gerade innovatives Element der Sozialordnung. Es ist aber doch bemerkenswert, wie unwichtig die Höhe des Gehalts bei einem Großteil der Arbeitnehmer ist. Man kann den Schluss wagen, dass es dem Geschäftsführer Aulinger gelungen ist, ohne zusätzliche Gehaltsanreize eine hohe Motivation und Zufriedenheit am Arbeitsplatz bei den Mitarbeitern zu erreichen.

## 3. Materiell-inhaltliche Arbeitsgestaltung und Arbeitsstrukturierung

### Arbeitszeitregelungen

Wochenarbeitspläne bestimmen die Einsatzzeiten der Mitarbeiter. Sie werden von einer Person aus dem Empfangsbereich koordiniert und angefertigt. Für bis zu 6 Monate im Voraus können Wunscharbeitszeiten eingetragen werden, die fast immer berücksichtigt werden. Ein Großteil der Mitarbeiter hat eine 40 Stunden-Arbeitszeitwoche.

In Abhängigkeit von der Belegungsdichte der Zimmer wird
zum Beispiel die Anfangsarbeitszeit des Frühstückspersonals
festgelegt. ‚Feierabend' ist dann, wenn der gesamte Frühstücksbereich für einen neuen Arbeitstag vorbereitet ist. Es
kann vorkommen, dass die Arbeitszeit an schwach frequen-
tierten Tagen nur 6,5 Stunden beträgt. In der regulären Arbeitszeit ist selbst bei ständig voller Belegung das Arbeits-
pensum bequem zu erledigen. Es kann aber vorkommen,
wenn im Empfangsbereich das Arbeitsvolumen nicht mehr
allein von einer Person bewältigt werden kann, dass das
Servicepersonal des Frühstücksbereichs an der Rezeption aus-
hilft und sich dadurch der Arbeitstag verlängert.

Grundsätzlich gilt, dass nicht die vertraglich festgelegte Arbeitszeit den Tag bestimmt, sondern das täglich neu anfallende Arbeitsvolumen. Ähnliche Regelungen haben sich für
die Hotelbar und den Zimmerservice eingespielt. Der Empfangsbereich hat eine fest vorgegebene Arbeitszeit, aufgeteilt
in drei Schichten, da dieser 24 Stunden besetzt sein muss.

Bei Festlegung der Arbeitszeit geht es nicht um die Quantität,
etwa jeden Tag sein Soll von 8 Stunden abzuarbeiten, sondern
um die Qualität der Arbeitszeit. Es zählt nicht so sehr, wie lange jemand an einem Tag arbeiten muss, sondern welches Arbeitsvolumen gemeinsam bewältigt werden muss. Mehr- oder
Minderstunden werden grundsätzlich nicht festgehalten.
Ausnahmen ergeben sich, wenn der Arbeitsmehraufwand die
tägliche Arbeitszeit um 3 bis 4 Stunden übersteigt. Die dadurch zusätzlichen halben oder ganzen Arbeitstage werden
als Freizeitstunden oder -tage abgegolten. Ein entscheidender
Faktor ist die Tatsache, dass die vorgefundenen Regelungen
bei vollem Lohnausgleich stattfinden.

**Arbeitsumfeld**
Hotels werden im Regelfall nicht für Mitarbeiter, sondern für
Hotelgäste gebaut. Dabei wird in der Planungsphase auf ei-

ne Optimierung der Räumlichkeiten (Zimmer, Empfang, Frühstücksraum, Restaurant) großen Wert gelegt. Die Gestaltung der Räumlichkeiten aus der Perspektive der Mitarbeiter ist eher nebensächlich.

Die Fitnessmöglichkeiten Solarium, Sauna und Sportgeräteraum stehen nicht nur den Gästen, sondern auch allen Angestellten kostenlos zur Verfügung. So kommt es schon mal vor, dass Familienangehörige der Angestellten oder auch Stammgäste sich gemeinsam im Saunabereich verabreden. Dies schafft ein hohes Maß an Zufriedenheit der Mitarbeiter, da die vorgegebenen unregelmäßigen Dienstzeiten besondere familiäre Belastungen mit sich bringen.

### Arbeitsabläufe

Viele Tätigkeiten im Hotel- und Servicebereich sind einfach und schnell erlernbar. Dennoch sind auch in einfach strukturierten Tätigkeiten Optimierungen möglich. Dafür braucht man Mitarbeiter, die selbst organisieren können und dürfen.

Im Hotel ARKADE fällt eine sehr flexible Arbeitsgestaltung mit fließenden Übergängen auf, z. B.:

- Das Reservierungssystem muss von jedem Mitarbeiter beherrscht werden.
- Kommen mehrere Telefonate gleichzeitig an, so bedient derjenige das Telefon, der sich gerade in der Nähe aufhält.
- Die Hotelbar ist in der Regel erst ab 18.00 Uhr besetzt. In den Zeiten davor verkaufen diejenigen Mitarbeiter Getränke, die gerade an der Rezeption Dienst haben oder sich in der Nähe der Hotelbar aufhalten.
- Liegt die Belegungsquote über 70 Prozent, ist eine dritte Person als sog. Springer für den Frühstücksservice erforderlich. Diese Information ergibt sich jeden Tag neu. Springer für Belegungsspitzen sind der Haustechniker, der

Nachtdienst und am Wochenende auch mal der Barkeeper.

– Sollen Veränderungen vorgenommen werden, die mit
Neuanschaffungen verbunden sind, so sind die dazu-
gehörigen Angebote einzuholen und Vergleiche anzustel-
len. Ist das Haus nicht voll belegt, können für diese außer-
gewöhnlichen Dinge, auch ohne weitere Absprache mit
dem Hoteldirektor, außer Haus Termine wahrgenommen
werden. Der Mitarbeiter muss lediglich darüber informieren, wo der Termin stattfindet und sicherstellen, dass es
keinen personellen Engpass im Arbeitsbereich gibt.

Diese Regelungen haben sich aus den über einen Zeitraum
von ca. einem Jahr monatlich durchgeführten Meetings ergeben. Durch die geringe Fluktuation der Mitarbeiter kann
mittlerweile fast jeder jede andere Position übernehmen, sogar diejenigen im unmittelbaren Kontakt mit dem Gast. Deshalb ist es auch jetzt nicht mehr nötig, weitere Meetings ab-
zuhalten. Ersatz dafür bietet das gemeinsame Frühstück zwischen 10.00 und 11.30 Uhr. Bei Kaffee und Brötchen werden
die positiv und negativ erlebten Dinge besprochen und es findet ein umfangreicher Austausch an vielfältigen Informationen statt.

Im Laufe der Zeit haben sich *drei führungsfreie Arbeitsteams*
für die Bereiche (1) Rezeption, Service und Hotelbar, (2) Zimmerservice und (3) Restaurant entwickelt. Es gibt im Hotel
ARKADE keine Abteilungsleiter oder formalen Vorgesetzten.
Ergebnis zahlreicher Meetings (zwischen 1994 und 1996)
war, dass es keinen Sinn habe, einen Abteilungsleiter oder
ähnliche Funktionen an die Spitze eines Arbeitsteams zu setzen. Aus der Zusammenarbeit im Team ergibt sich aber durch
die persönlichen Fähigkeiten der Teammitglieder immer eine
Person, die die Verantwortung für die Tätigkeitsbereiche
übernimmt.

Es gibt Mitarbeiter, die schon mal über einen Wechsel in ein
anderes Hotel nachgedacht haben, weil die Arbeitsabläufe
und -prozesse ohne eine verantwortliche Person ablaufen, so
dass man selbst nicht Chef werden könne.

Es gibt keine vorgeschriebene Kleiderordnung, außer zu besonderen Anlässen.

## 4.  *Entscheidungskompetenzen und Entscheidungsprozeduren*

Im Hotel ARKADE werde versucht, über Selbstachtung,
Selbstvertrauen zur Selbstverantwortung und dadurch zur
Selbstmotivation und Selbstverpflichtung jedes einzelnen
Mitarbeiters zu gelangen. Der Einzelne bedürfe eines Rah-
mens, der Erfolg und Solidarität wahrscheinlich mache. Hier-
in sei die Aufgabe der Unternehmensleitung oder der Füh-
rungskräfte zu sehen. Sie sollen die Mitarbeiter zu Mut und
Zivilcourage ermuntern. Deshalb habe jeder Mitarbeiter im
Hotel ARKADE die volle Entscheidungsfreiheit innerhalb
seiner Aufgabenbereiche.

Der Einkauf und die Dekoration der Räumlichkeiten würden
z. B. selbständig ausgeführt. Neue Mitarbeiter würden von
Mitarbeitern ausgewählt. Aulinger entscheide nur über die
fachlichen Kenntnisse. „Ich muss ja nicht jeden Tag Seite an
Seite mit dem Mitarbeiter zusammenarbeiten. Deshalb muss
die Auswahl von den Menschen getroffen werden, die sich aufeinander verlassen müssen. Außerdem fördert dies die Verantwortung, wenn es mit dem Mitarbeiter Probleme gibt."

Auf die Frage, welche Kontrollen bei Mitarbeitern stattfinden, die zum Beispiel mit einem Produktverkauf (Barkeeper)
oder Lebensmitteln (Frühstücksservice) zu tun haben, kam
die Antwort: „Eine Kontrolle ist nicht nötig, denn die Mitar-

beiter wissen, was sie verlieren würden, wenn etwas ans Tageslicht kommen würde." Weiter sind einigen Mitarbeitern die strengen Regelungen aus anderen Hotels bekannt. Sie wollen den derzeitigen Status nicht verlieren.

Umsatzzahlen, Belegungskennziffern, Umsätze mit Stammgästen oder -firmen, und weiteres sind für jeden Mitarbeiter frei zugänglich. Aulinger sieht die Freigabe einiger Zahlen bzw. Kennziffern zwar sehr kritisch, belässt diese aber weiter für jeden Mitarbeiter zugänglich, da sich von Seiten der Belegschaft kaum Nachfragen ergäben. Bitte ein Mitarbeiter um Auskunft und/oder Erläuterung, so fänden diese Informationsgespräche umgehend statt.

Die Antworten der Mitarbeiter über das Interesse an Zahlenmaterial waren unterschiedlich: einige Mitarbeiter zeigen kein Interesse, sind aber sehr stolz, wenn Informationen über hohe Auslastungen oder Gewinnsteigerungen an sie weitergegeben werden. Nur wenige Mitarbeiter sind immer auf dem aktuellen Stand über bestimmte Kennziffern.

Private Telefongespräche seien zwar untersagt, aber keiner halte sich daran. Solange die Kosten für die Telefonate nicht so hoch seien, sage auch keiner etwas. Das sei ähnlich wie anfangs an der Hotelbar, wo ständig irgendwelche Gegenstände verschwanden, Gläser, Aschenbecher etc. Nachdem es dann eine schriftliche Mitteilung gegeben habe, aus der hervorging, dass das Mitnehmen von Gegenständen aus der Bar nicht erlaubt ist, seien auch keine weiteren Fälle aufgetaucht. Es wurde aber auch keine Person für die Entwendung zur Verantwortung gezogen. Ähnliche Probleme gab es mit Speisen in der Küche und Getränken an der Hotelbar.

Der Krankenstand ist im Hotel ARKADE sehr gering. Jeder habe ein schlechtes Gewissen, wenn ein Kollege die Arbeit für einen selbst mit erledigen müsse. In anderen Unternehmen werde eher mal für einen Tag „krank gemacht". Das gebe es hier nicht. Da quäle sich jeder zur Arbeit. Es sei aber auch für keinen ein Problem, kurzfristig einzuspringen, sogar dann, wenn jemand dafür aus dem Urlaub, sofern er zu Hause ist, oder aus der Freizeit einspringen müsse. Jeder sei froh, wieder an seinen Arbeitsplatz zu kommen, um zu sehen, wie sich was verändert oder entwickelt hat, und sei neugierig, was die anderen Kollegen zu erzählen haben.

Bei Gesprächen, Workshops und Meetings werde anstelle der oftmals eingesetzten Rhetorik ehrlich, offen und geradlinig gesagt, worum es gehe. Ein Baustein der Unternehmensphilosophie sei es, *multifunktionale Mitarbeiter* zu schaffen und zu fördern.

Die befragten Mitarbeiter äußerten u. a. folgendes zum Thema Führen und Entscheiden: Im Hotel ARKADE gebe es keine Positionen. Sie seien auch nicht nötig, denn es trage immer der die Verantwortung, der die Arbeit gemacht habe. Es sei allen bekannt, was als Gesamtleistung des Hotels erwartet werde, darüber habe Aulinger immer informiert. Anfänglich seien Verantwortungsbereiche auf bestimmte Personen aufgeteilt gewesen und es habe oft Auseinandersetzungen gegeben, die in heftigen Diskussionen geklärt worden seien.

Im Hotel ARKADE gebe es im Vergleich zu anderen Unternehmen ein sehr kollegiales Verhalten der Mitarbeiter untereinander. Geführt werde sehr locker. Mit diesem Umstand komme nicht jeder Mitarbeiter klar, fast immer habe man Probleme bei der Umstellung, wenn man aus einem anderen Hotel oder einer anderen Branche neu ins ARKADE-Team wechsele. Im Vergleich zu anderen Häusern sei es aber auch leichter, einen Kollegen „in die Pfanne zu hauen", wenn man jemanden nicht leiden könne. Wenn sich 3–4 Mitarbeiter zusammentäten und den unbeliebten Mitarbeiter beschuldigten, habe der kaum eine Chance, sich dagegen zu wehren.

Auf die Frage: „Was verstehen Sie unter Selbstverantwortung?" kamen folgende Antworten:

- „Wenn ich etwas falsch gemacht habe, stehe ich auch dazu."
- „Wenn ich drei Tage frei hatte oder mal krank bin, dann rufe ich an und frage, ob alles in Ordnung ist, oder was für den nächsten Arbeitstag anliegt."
- „Bei Ungereimtheiten zwischen den Mitarbeitern wird das Gespräch (die Aussprache) gesucht."
- „Fällt mir etwas auf, was ich aus meiner Sicht keinem Gast zumuten möchte, dann verändere ich es unverzüglich, soweit es meine Zeit zulässt. Ansonsten gebe ich dies prompt an meine Kollegen weiter."
- „Jeder versucht, soweit es in seiner Macht steht, Ungerechtigkeit zu vermeiden."
- „Auch mal Fragen stellen, wenn etwas unklar ist."
- „Bereichsübergreifend arbeiten und über den Tellerrand hinausschauen."

Verantwortung gehe aber immer nur bis zu einer bestimmten Grenze. Die Verantwortung von Aulinger möchte man nicht übernehmen. Auf die Frage, ob sich die Mitarbeiter vorstellen können, das Unternehmen auch ohne Aulinger zu leiten und zu führen, kam von allen die Antwort, dass das unmöglich sei. Die Verantwortung wäre zu groß für den Einzelnen und es würde sich auch keiner zutrauen. Über eine Beteiligung am Unternehmen hatte bislang noch niemand nachgedacht.

Diese Befunde werden durch eigene Eindrücke weitgehend bestätigt.

Da Aulinger als eigenen Anspruch nur den Rahmen für seine Mitarbeiter schaffen möchte und dies auch praktiziert, erhält jeder Mitarbeiter für seinen Bereich extrem hohe Freiräume. Nicht jeder ist diesen Herausforderungen gewachsen. Dafür ist es wichtig, ob die Mitarbeiter an der richtigen Stelle im Unternehmen eingesetzt sind. Aufgrund der Probleme bezüglich Führung und Weisung innerhalb des Teams wurden 1994 bis 1996 Mitarbeitermeetings durchgeführt. Ein wesentliches Ergebnis dieser Meetings war, die direkte Ansprache gegenüber den Personen zu suchen, bei denen das Problem entstanden ist. Seit Anfang 1998 finden keine Meetings mehr statt, da alle Mitarbeiter dies annehmen und praktizieren. Probleme in der Gruppe zu besprechen, sieht zur Zeit keiner als sinnvoll an.

Die Meetings werden durch das gemeinsame Frühstück ersetzt. Die Gesprächsinhalte betreffen zu einem sehr hohen Prozentsatz die Arbeit. Eigenschaften von Gästen werden aus allen Bereichen (Hotelbar, Rezeption, Frühstücksbereich, Restaurantbereich und Zimmerservice) weitergegeben. Das kann sehr dienlich sein, wenn sich ein Mitarbeiter intensiver um einen bestimmten Hotelgast bemühen muss.

Für Weiterbildung besteht kaum Interesse bei den Mitarbeitern, da keine Aufstiegschancen vorhanden sind. Um „aufzusteigen" muss man das Unternehmen verlassen. Daran hat aber keiner ein Interesse. „Es geht uns doch allen sehr gut."

Bezüglich des Diskussionsklimas gibt es seit Anfang des Jahres 1999 leichte Einbrüche. Durch die anhaltend hohe Auslastung sind alle Mitarbeiter an ihrer Leistungsgrenze. Durch den alters- oder familienbedingten Mitarbeiterwechsel in den letzten zwei Jahren und das immer noch gleich hohe Arbeitsvolumen hat sich bei der Entscheidungsfindung und der Kritikfähigkeit eine gewisse Egal-Haltung eingeschlichen. „Man ist es manchmal leid, immer wieder das Gleiche zu sagen." Mitarbeiter aus den ersten Tagen beklagen, dass der Zusammenhalt am Anfang wesentlich stärker war als zur Zeit. Alle hoffen, dass diese alten Tage bald wiederkommen und haben sich vorgenommen, stetig daran zu arbeiten.

## Wirkungen der ARKADE-Unternehmenskultur

Viele Gäste sind vom Auftreten der Mitarbeiter begeistert. Sie fühlen sich im Hotel ARKADE wie zu Hause und immer zuvorkommend behandelt. Die Mitarbeiter kennen in der Regel die Gewohnheiten der Gäste beim Frühstück, in der Hotelbar oder deren bevorzugte Zimmer. Ein Stammgast, der bereits seit fünf Jahren dort übernachtet, berichtet, dass im Arbeitsteam anfänglich noch einige „schwarze Schafe" waren, bevor man sich heimisch fühlen konnte.

In zahlreichen Zeitungsberichten wird das freundliche, zuvorkommende Auftreten der Mitarbeiter gegenüber dem Gast, die besondere Architektur des Hauses mit seinen Einrichtungen und der Führungsstil („das Besondere ist die Menschlichkeit") von Albert Aulinger gewürdigt.

Die Schwierigkeit, zu beurteilen, ob eine Sozialordnung innovativ ist oder nicht, mag folgende Episode beleuchten: Bei einem Termin mit einem regionalen TV-Sender ist ein Live-Auftritt mit Herrn Aulinger verabredet worden. Die erste Frage der Moderatorin, die das Interview nicht vor Ort durchführen wollte, war: „Ist das denn Ihren Mitarbeitern gegenüber gerecht, dass Sie erst ab ca. 14 Uhr im Unternehmen Ihre Tätigkeit als Hotelmanager beginnen und im Frühstücksservice der Arbeitsbeginn bereits um 4.30 Uhr in der Früh liegt?" Die Moderatorin bezeichnete diese Tatsache als moderne Form der Ausbeutung. Sie hatte die gelebte Unternehmenskultur nicht persönlich wahrgenommen und das Interview mit den klassischen Schemata der Arbeitgeber/Arbeitnehmer-Beziehungen geführt. Es dauerte ca. eine halbe Stunde (Sendezeit: 45 Minuten), um den negativen Eindruck, der mit dieser Frage entstanden war, einigermaßen wieder auszugleichen. Der Fernsehauftritt hat bei den Zuschauern sicher nicht das Bild einer innovativen Unternehmenskultur hinterlassen.

Da die Auslastung des Jahres 2000 sich bei 80–85 Prozent einpendeln wird, kann man vermuten, dass das Rahmenkonzept des Hotels (Restaurant outsourcen, Mitarbeiter mit Selbstverantwortung beteiligen, Direktor kümmert sich nur um die Rahmenbedingungen, die besondere Architektur des Hauses, die Qualität und die Liebe zum Detail) aufgegangen ist.

# Fallstudie 11    *Recherchiert von Claudia Padberg*

# MLP Finanzdienstleistungen AG, Heidelberg: „Unternehmer im Unternehmen" oder „tit for tat"

## Allgemeine Charakterisierung

Die MLP Finanzdienstleistungen AG zählt heute zu den führenden Maklern für Finanzdienstleistungen in Deutschland. Am 01.01.1971 gründen Eicke Marschollek und Manfred Lautenschläger eine Gesellschaft bürgerlichen Rechts mit dem Ziel, jungen Juristen unabhängig von Versicherungsgesellschaften eine Beratung in Versicherungsfragen anzubieten. Die Idee zu dieser unabhängigen und zielgruppenorientierten Versicherungsberatung stammt von Werner Thomae, für den der ehemalige BWL-Student Marschollek und der Jurist Lautenschläger zuvor als Berater gearbeitet hatten. Als Thomae ihrer Meinung nach beginnt, die Qualität der Beratung zu vernachlässigen und mit unseriösen Adressen auf dem Gebiet des grauen Kapitalmarktes zusammenzuarbeiten, entschließen sie sich zur Beendigung der Zusammenarbeit. Der Name der neugegründeten Beratungsgesellschaft ist „Marschollek, Lautenschläger und Partner", kurz MLP.

In den frühen 70er Jahren stellen Marschollek und Lautenschläger neue Mitarbeiter ein. Einer von ihnen, Manfred Rieder, wird zu ihrem Partner. Sie weiten ihre Beratungs- und Versicherungstätigkeit auf Mediziner und Zahnärzte aus. Die Gesellschaft bürgerlichen Rechts wird 1972 in eine Kommanditgesellschaft und 1974 in eine GmbH umgewandelt, mit Marschollek, Lautenschläger und Rieder als gleichberechtigte Partner. 1975 wird das erste Büro außerhalb Heidelbergs in Düsseldorf eröffnet, weitere Geschäftsstellen folgen ab 1976. Nach dem tragischen Tod Eicke Marscholleks 1978 wird MLP von Manfred Lautenschläger und Manfred Rieder weitergeführt. Als Rieder 1980 das Unternehmen verlässt und Lautenschläger lebensgefährlich erkrankt, ist der Fortbestand des Unternehmens gefährdet, doch nach erfolgreicher Operation und Genesung setzt Lautenschläger seine Arbeit als Alleingeschäftsführer von MLP fort.

In den 80er Jahren schreitet das Wachstum von MLP rasch voran: Das Geschäftsstellennetz wird auf Norddeutschland ausgeweitet sowie bundesweit an Hochschulstandorten verstärkt, und mit Wirtschaftswissenschaftlern, Ingenieuren und Technikern kommt eine neue Zielgruppe, kurz „WITEC" genannt, hinzu. 1984 findet die Umwandlung von MLP in eine Aktiengesellschaft statt, seit 1988 ist MLP an der Börse in Stuttgart und Frankfurt im amtlichen Handel notiert. Damit wird MLP zum ersten Versicherungsmakler, der als Aktiengesellschaft an der Börse gehandelt wird. Als Gründe für die Umwandlung in eine AG werden größere Transparenz und größere Sicherheit für Kunden und Geschäftspartner genannt, nicht wie sonst üblich die Kapitalbeschaffung.

1988 kommt Bernhard Termühlen, zuvor Geschäftsstellenleiter in Hamburg, als Vorstandsmitglied nach Heidelberg und übernimmt die operative Führung des Unternehmens. Unter seiner Leitung wird Anfang der 90er Jahre eine neue Führungsmannschaft aufgebaut und MLP entwickelt sich von einem Versicherungsmakler zu einem Finanzdienstleister. 1991 wird die MLP Lebensversicherung AG gegründet und 1993 wird die MLP AG in eine strategische Holding umgewandelt, zu der neben der MLP Lebensversicherung AG die neugegründeten Töchter MLP Finanzdienstleistungen AG, Dignos Software GmbH und Dignos EDV-GmbH gehören. Heute werden unter dem Dach der Holding außerdem die Strategien der MLP Vermögensverwaltung AG, MLP Service GmbH, MLP Assekuranzmakler GmbH, MLP Media GmbH, MLP Consult GmbH und MLP Bank bestimmt.

1995 entsteht in Wien mit der 50. Geschäftsstelle zugleich die erste MLP-Auslandsniederlassung. Inzwischen ist MLP auch in der Schweiz präsent und für die nächsten Jahre ist eine weitere Ausdehnung des Geschäftsstellennetzes in Europa geplant. An der Spitze von MLP hat sich 1999 endgültig ein Wechsel vollzogen: Nachdem sich Manfred Lautenschläger bereits 1995 aus dem operativen Geschäft der Tochtergesellschaften zurückgezogen hatte, hat er am 19.05.1999 im Alter von 60 Jahren den Vorstandsvorsitz der MLP-Holding an Bernhard Termühlen übergeben und ist in den Aufsichtsrat gewechselt.

## Organisation des MLP Konzerns und der MLP Finanzdienstleistungen AG

Die MLP AG wurde 1993 in eine Holding mit den folgenden Aufgaben umgewandelt: „Die börsennotierte MLP AG definiert als strategische Holding die Ziele, forciert die weitere Expansion und sichert die aufeinander abgestimmte Geschäftspolitik der MLP-Gruppe" (Geschäftsbericht 1997, S. 3). Die in dieser Fallstudie untersuchte MLP Finanzdienstleistungen AG ist eine der Tochtergesellschaften der MLP AG Holding.

Die Tochtergesellschaften sind rechtlich selbständig und für das operative Geschäft selbst zuständig, während die strategischen Ziele im Rahmen der Holding festgelegt werden. Folgende Merkmale sind charakteristisch für eine Managementholding (BÜHNER 1987, in: WEIDNER et al. 1998, S. 115):

– Konzernbildung,
– Trennung von Strategie und Operation,
– flache Hierarchien,
– Profitcenter,
– überschaubare Geschäftsbereiche,
– erfolgsorientierte Führung.

Diese Merkmale treffen auch auf die MLP AG Holding zu. Die Umwandlung in eine Holding ging bei MLP einher mit der Konzernbildung. Während die MLP AG Holding die Strategien für alle Tochtergesellschaften festlegt und koordiniert, bestimmt die MLP Finanzdienstleistungen als Tochtergesellschaft ihr operatives Geschäft selbst. In der MLP Finanzdienstleistungen AG gibt es nur drei Hierarchieebenen, nämlich die Zentrale, die Geschäftsstellenleiter und die Berater. Die MLP-Geschäftsstellen werden als Profitcenter geführt. Die Obergrenze der Beraterzahl, ab der an einem Standort die Gründung einer neuen Geschäftsstelle möglich ist, liegt bei ca. 20 Beratern. Diese überschaubare Größe erleichtert das Management der Geschäftsstelle durch den Geschäftsstellenleiter. Auf allen Ebenen, d. h. in der Geschäftsstelle, der MLP Finanzdienstleistungen AG und der MLP AG Holding orientiert sich die Führung am wirtschaftlichen Erfolg.

**Aktuelle Wirtschaftsdaten**

Die MLP AG wurde im November 1998 vom „manager magazin" nach einem Performancetest erneut zum „Unternehmen des Jahres" ernannt. Den Vergleich der 500 größten deutschen Börsenfirmen, bei dem Rendite, Sicherheit und Wachstum als Kriterien herangezogen werden, hat das Unternehmen bereits viermal in Folge von 1990 bis 1993 für sich entscheiden können. Der kürzlich veröffentlichte Geschäftsbericht 1998 weist auch das vergangene Geschäftsjahr als Erfolgsjahr des MLP-Konzerns aus: Der Jahresüberschuss lag bei 46,4 Mio. DM (1997: 32,6 Mio. DM; + 42,3 %), die Gesamterlöse des Konzerns erreichten 714,8 Mio. DM (1997: 518,8 Mio. DM; + 37,8 %), der Gewinn vor Steuern vom Einkommen und vom Ertrag stieg auf 96 Mio. DM (1997: 74,8 Mio. DM; + 28,3 %) und der Jahresüberschuss auf 49,6 Mio. DM (1997: 37,4 Mio. DM; + 32,7 %) (MLP-Geschäftsbericht 1998, S. 16). Es wird erwartet, dass die Zuwachsraten auch 1999 auf hohem Niveau bleiben werden. Wichtige Analysten deutscher und angelsächsischer Finanz-

institute haben die MLP-Aktien als „Wert mit weit über-
durchschnittlichem Potenzial" eingestuft, und sie führen ihre Einschätzung auf folgende Faktoren zurück (ebd., S. 10):

- Einmalige Strategie mit hohem Wachstumspotenzial
- Qualität des Managements
- Besonders hochwertige Zielgruppe der Akademiker
- Kostenführerschaft
- Marktführerschaft
- Expansionskraft
- Qualität der Berater
- Einzigartige spartenübergreifende EDV-Plattform
- Beteiligung des Managements im unternehmerischen
  Risiko

Die Zahl der Geschäftsstellen stieg 1998 von 78 auf 103, da-
von sind 6 in Österreich und eine Geschäftsstelle ist in der
Schweiz. Insgesamt waren 1998 in den Geschäftsstellen über
1200 Berater beschäftigt, die zu mehr als 95 Prozent selbst
Hochschul- bzw. Fachhochschulabsolventen sind. In der
MLP-Zentrale in Heidelberg arbeiteten über 700 Fachkräfte
(MLP-Geschäftsbericht 1998, S. 42).

Die MLP Finanzdienstleistungen AG erzielte im vergangenen
Jahr in allen Bereichen deutliche Wachstumsraten (Geschäftsbericht 1998, S. 42–44). Die Zahl der Neukunden stieg auf
43.000 und insgesamt erreichte der Kundenstamm mehr als
250.000 Kunden. Damit ist die MLP Finanzdienstleistungen
AG der größte unabhängige Finanzdienstleistungsmakler für
besondere Privatkunden in Europa und zugleich Marktführer. Die Marktanteile bei den wesentlichen Kundengruppen –
Ingenieure, Wirtschaftswissenschaftler, Juristen und Mediziner – nahmen weiter zu, über alle Kundengruppen auf bis zu
30 Prozent. Bei der relativ kleinen Kundengruppe der Mediziner und an einigen Standorten konnten sogar Marktanteile
von über 60 Prozent erreicht werden. Das Durchschnittsalter
der akademischen Kunden beträgt 32 Jahre, was vor dem

Hintergrund zu erwartender Einkommenssteigerungen ein großes Potenzial für MLP eröffnet.

## Beratungskonzept der MLP Finanzdienstleistungen AG

In dieser Fallstudie wird die wichtigste Tochtergesellschaft der MLP-Holding untersucht (MLP-Geschäftsbericht 1997, Darstellung der Holding, S. 3):

> Die MLP Finanzdienstleistungen AG ist als Vertriebsgesellschaft das Kernunternehmen des MLP-Konzerns. Sie ist der größte Makler Deutschlands und das führende Finanzdienstleistungsunternehmen Europas für akademische Berufsgruppen. Als Makler werden die besten Produkte und Produktbestandteile des Marktes ausgewählt, aufeinander abgestimmt und zu optimalen Konzepten für unsere Kundengruppen zusammengefügt.

Die bereits bei der MLP-Gründung 1971 existierende Grundidee einer unabhängigen und zielgruppenorientierten Versicherungsberatung von Akademikern, damals von Jurist zu Jurist, ist von der MLP Finanzdienstleistungen AG übernommen worden. Das Beratungskonzept kann unter der Überschrift „Von der privaten Absicherung bis zur Vermögensverwaltung" beschrieben werden (MLP-Homepage www.mlp.de, „MLP im Porträt"):

> Beim Schritt vom Studium in den Beruf bietet MLP seinen Kunden Beratung in allen Fragen zur privaten Absicherung und Vorsorge. Der MLP-Berater und sein Kunde können aus einer Vielzahl von Produkten und Leistungen verschiedener Versicherungsgesellschaften und Banken auswählen. Vom Berufseinstieg an betreut der MLP-Berater seine Kunden nicht nur bei der Risikoabsicherung und Vorsorge, sondern in allen wirtschaftlichen Belangen: Beim Sparen und bei der Geldanlage, bei Immobilienfinanzierungen und Existenzgründungen sowie der Vermögensplanung und -verwaltung bietet er ihnen maßgeschneiderte Lösungen und entwickelt für die MLP-Kunden individuelle Konzepte.

Die über 1200 gut ausgebildeten MLP-Berater, zu mehr als 95 Prozent selbst (Fach-)Hochschulabsolventen, betreuen

mehr als 250.000 akademische Kunden. Durch die Konzentration des Beraters auf eine Berufsgruppe kennt er deren Be-
rufsalltag und „wird ihnen so ein kompetenter Gesprächspartner, der ihre Sprache spricht" (MLP-Homepage www.
mlp.de, „MLP im Porträt"). Der Berater, der bei Arbeitsbeginn nicht älter als 35 Jahre sein darf, baut sich in seinen
ersten Jahren einen Kundenstamm mit maximal 250 Kunden
auf, um diese Kunden dann lebenslang zu betreuen. Durch ein
Durchschnittsalter der Kunden von 32 Jahren sind Kunde
und Berater häufig in einer gleichen Lebenssituation, was zum
gegenseitigen Verständnis beiträgt. Kompetenz und ähnliches
Bildungsniveau des MLP-Beraters sowie eine unabhängige,
individuelle Beratung aus einer Hand sind also wichtige Vorteile der MLP-Beratung.

Als freier Handelsvertreter und somit als „Unternehmer im
Unternehmen" ist der Berater für sein Einkommen selbst verantwortlich und bemüht um eine fundierte Beratung und zufriedene Kunden. Durch die genannten Merkmale des Be-
ratungskonzepts kann sich der MLP-Berater von dem in der
Öffentlichkeit eher negativen Bild eines Versicherungsvertre-
ters abgrenzen. Weitere Gründe für einen Versicherungsabschluss über MLP sind, dass der Beitrag für eine bestimmte
Versicherung bei einem Vertreter der jeweiligen Versicherungsgesellschaft und bei einem MLP-Berater gleich hoch
sind und dass der MLP-Berater dem Kunden über einen Versicherungsabschluss hinaus eine Gesamtlösung anbieten
kann, die alle seine wirtschaftlichen Belange abdeckt.

# Innovative Elemente der Unternehmenskultur und Sozialordnung

Die offiziell propagierte Unternehmenskultur ist Bestandteil der Corporate Identity und bestimmt das „Erscheinungsbild der Unternehmung, so wie diese von der Außenwelt gesehen und bewertet werden will" (HINTERHUBER et al., 1991, S. 194). Es ist „die spezifische, einheitliche Selbstdarstellung eines Unternehmens nach innen wie nach außen" und beinhaltet „ein einheitliches Verhalten (Corporate Culture, Corporate Behaviour), eine einheitliche Kommunikation (Corporate Communication) und ein einheitliches Erscheinungsbild (Corporate Design)" (HAHNE 1998, S. 75). Die tatsächlichen Leitideen und Werte können daher von den offiziellen Leitideen und Werten abweichen. Im Folgenden werden die Leitideen und Werte des Gründers, die Unternehmensgrundsätze und Beispiele für MLP-Symbole beschrieben.

## 1.  Leitideen und Werte des Gründers

Manfred Lautenschläger hat in seinem Buch „Mythos MLP" (1996) die Erfolgsgeschichte des Finanzdienstleisters nachgezeichnet. Bereits in der Einleitung fasst Lautenschläger die Botschaft des MLP-Aufstiegs zusammen: „Sei nicht zu angepasst, bewahre deine Unabhängigkeit" (LAUTENSCHLÄGER 1996, S. 12). Dieses Motto zieht sich wie ein roter Faden durch das Leben Lautenschlägers. 1938 als Sohn eines Polizeibeamten in Karlsruhe geboren, beginnt er 1959 sein Studium der Rechtswissenschaften in Heidelberg. Anstatt sich seinen Studien zu widmen, genießt er das Studentenleben, setzt sich in Diskussionen mit politischen Themen der Zeit auseinander und besteht 1964 nur mit Mühe das erste Staatsexamen. Die Bedeutung dieser Zeit für seine Arbeit bei MLP beschreibt er wie folgt (ebd., S. 20):

„Der Wunsch, frei zu sein von Hierarchien und Bevormundung, dieses Streben nach Unabhängigkeit, die ich für mich und für mein Unternehmen in Anspruch nehme, aber auch meinen Mitarbeitern zugestehe, entspringt sehr stark jener Zeit. Ich sammelte erste Erfahrungen, die später wichtige Aspekte der Motivation für meine Berufswahl bildeten und auch unsere Firmenphilosophie bestimmen sollten."

In der Referendarzeit von 1964 bis 1968 engagiert sich Lautenschläger politisch recht stark. Was ihn an APO und Studentenbewegung fasziniert hat, „war eine soziale, liberale, humanistische Grundhaltung, war die Ablehnung verkrusteter Gesellschaftsstrukturen, war die idealistische Sehnsucht nach einer gewaltfreien Welt" (ebd., S. 25). Nach einem kurzen Zwischenspiel als Anwalt nimmt er 1969 eine Stelle als Versicherungsberater bei Werner Thomae an. Diese Zeit beschreibt er als Zeit der beruflichen Orientierung (ebd., S. 35):

„Wenn auch die klar umrissenen beruflichen Ziele fehlten, wusste ich doch sehr genau, was ich nicht wollte. Nach Jahren der weitestgehend selbstbestimmten Lebensweise wird die Vorstellung von einem ganz und gar weisungsgebundenen Arbeitsleben zum Trauma [...]. Es sollten doch Mittel und Wege zu finden sein, die engagierte (Mit-)Arbeit mit größtmöglicher Freiheit in der Ausübung der Berufstätigkeit korrespondieren ließen: Einsatz und Engagement ja, Einordnung ja, Unterordnung nein."

Die freie Atmosphäre der Beratertätigkeit begeistert Lautenschläger. Als Thomae seiner Meinung nach beginnt, die Qualität der Beratung zu vernachlässigen und mit unseriösen Partnern, insbesondere auf dem grauen Kapitalmarkt zusammenzuarbeiten, beschließen er und sein Kollege Eicke Marschollek, sich selbständig zu machen und gründen 1971 MLP. Lautenschläger schwebt „ein Maklertum mit einem offenen Gesicht vor, ohne Januskopf" (ebd., S. 51) und er bevorzugt „die ‚sanfte' Tour der grundsoliden Beratung" (ebd., S. 54). Er ist sich bewusst, „dass die pure Gewinnmaximierung und Profitstreben nicht als einziges und oberstes Ziel unternehmerischer Tätigkeit anzusehen sind" und verfolgt die Idee des Gebens ohne gleichzeitiges Nehmen (ebd., S. 61):

> „Meine Idee des Einbringens, des einfachen, unbefangenen Weggebens hatte nichts mit naivem Altruismus oder Dilettantismus zu tun. Dieses Einbringen – ohne zu fragen, was die unmittelbare Gegenleistung ist, lässt die Motivation wachsen, die Begeisterung sprießen, setzt ungeahnte Kräfte frei. In Amerika gibt es für ein solches Verhalten den Begriff ‚tit for tat': Du gibst, und es kommt irgendwann wieder, ohne dass du von vornherein deinen späteren Anteil schon berechnend einplanst oder gar im Stillen einklagst."

Bei der Mitarbeitergewinnung wird ihm bewusst, „dass wir zusammen mehr als doppelt so gut sein konnten, dass das Ganze mehr ist als die Summe seiner Teile" (ebd., S. 59). Der zunehmende finanzielle Erfolg des wachsenden Unternehmens gibt ihm dabei Recht. Dennoch zählt für ihn vor allem der Spaß an der Arbeit (ebd., S. 71):

> „Wir waren keine Minute karrieresüchtig oder eroberungslüstern. Wir hatten einfach Spaß an unserer Arbeit. Das Beraten, das Überzeugen eines anspruchsvollen Gegenübers, das war es, was uns faszinierte. Und wir wussten, dass wir eine richtige Strategie verfolgten und dass wir eine Angebotspalette hatten, die ganz stark an Kundenwünschen ausgerichtet war. Und wir wollten weiterhin das Optimum bieten."

Parallel zum Wachstum von MLP wachsen auch die Anforderungen an die Unternehmensführung. Nach einer ersten Unternehmenskrise erkennt Lautenschläger, dass das „Verhältnis zwischen bestimmendem Führungsstil und menschlichem, liberalem Miteinander (...) immer eine schwierige Gratwanderung" bleibt (ebd., S. 78). Dennoch fordert er für seine Mitarbeiter maximale Freiheitsgrade im Sinne des kategorischen Imperativs nach Kant: „Handle nur nach derjenigen Maxime, durch die du zugleich wollen kannst, dass sie ein allgemeines Gesetz werde" und er begründet sein Führungsverständnis mit der eigenen Ablehnung von hierarchischen Strukturen (ebd., S. 78):

„Führung ist für mich – im Gegensatz zur nackten Machtausübung – untrennbar verbunden mit den Bedürfnissen und Zielen
der Geführten. Der Vertrauensvorschuss zu jedem Mitarbeiter zählte und zählt nach wie vor zu meinen wichtigsten Prinzipien. Ich
konnte ja nicht für mich hierarchische Strukturen ablehnen und zur
gleichen Zeit von meinen Mitarbeitern Duckmäusertum verlangen.
Ich war und bin immer stolz darauf, dass ein MLPler ein selbstbe-
wusster, ein kritischer Mitarbeiter ist. "

Ausdruck der Ablehnung von Hierarchien ist, dass es bei
MLP nur drei Hierarchieebenen gibt, nämlich die Zentrale,
die Geschäftsstellenleiter und die Berater (ebd., S. 91). Lautenschläger weiß auch um den besonderen Einfluss der Unternehmensführung auf die Unternehmenskultur (ebd., S. 93):

„So wie der Fisch vom Kopf her anfängt zu stinken, so haben der
jeweilige Vorgesetzte und die Unternehmensführung maßgeblichen
Anteil an der Unternehmenskultur, die natürlich auch im Kontakt
der Mitarbeiter mit den Kunden spürbar wird. Neben der sozialen
Sicherheit der Mitarbeiter und dem Ansehen ihrer Firma nach
außen sind es die sogenannten weichen Managementfaktoren, die
größtmögliche Identifizierung (corporate identity) der Beschäftigten mit ihrem Unternehmen ermöglichen."

Der Mitarbeiter, der als „höchstes Kapital" bezeichnet wird,
wird sorgfältig ausgewählt und intensiv weitergebildet; er
soll zufrieden mit seiner Arbeit und stolz auf die Zugehörigkeit zu einem „einzigartigen Team" sein (ebd., S. 92f).

Nach der Umwandlung in eine Aktiengesellschaft hat Lautenschläger den erfolgreichen Mitarbeitern im Innen- und
Außendienst mehrmals die Möglichkeit zur Aktienbeteili-
gung gegeben. Seine Mitarbeiter sollten „nicht nur gut Geld
verdienen, sie sollten auch an der von ihnen mit aufgebauten
Firma beteiligt sein" (ebd., S. 145). Auch hier folgte Lautenschläger dem Prinzip des „tit for tat" (ebd., S. 155):

„Tit for tat. Solches Verhalten bewirkt, dass Mitarbeiter durch ihr Engagement, durch ihre hohe Motivation, durch ihren Arbeitseinsatz ein Mehrfaches wieder zurückgeben, was sich wieder in der Wertsteigerung ihres Unternehmens niederschlägt."

Nur durch gute Ausbildung, Motivation und Rückhalt im Team kann der Berater die hohen Beratungsanforderungen im Sinne des „best advice law", denen sich MLP verpflichtet hat, erfüllen (ebd., S. 89):

> „In unseren Unternehmensgrundsätzen steht gedruckt: ‚Wir bekennen uns zum uneingeschränkten Dienst am Kunden'. Dienst am Kunden bedeutet ‚best advice', das heißt, der Kunde hat einen Anspruch darauf, den für seine Belange besten Rat in Versicherungs- und Anlagefragen zu erhalten. In Großbritannien ist dieses Prinzip gesetzlich geregelt (‚best advice law'). Dieser Eigenanspruch funktioniert auch bei MLP in perfekter Weise, ‚best advice' ist bei uns ehernes Gesetz."

Die Spitzenleistung im Sinne des Kunden beruht auch darauf, dass Lautenschläger „das Mittelmaß zutiefst verabscheut und hohe Ansprüche an sich selbst stellt: „Ich möchte immer der Beste sein" (manager magazin, 01/99, S. 49). Neben dem Prinzip des „best advice" hat sich die Sicherung der Unabhängigkeit als wichtige Stärke von MLP erwiesen. Durch seine Unabhängigkeit konnte MLP seine Innovationsfreudigkeit und optimale Orientierung an Kundenbedürfnissen erhalten (LAUTENSCHLÄGER 1996, S. 89). Außer durch Unabhängigkeit wollte sich Lautenschläger auch durch Transparenz von anderen Vermittlungsfirmen abheben. Die Schaffung von Transparenz war auch eines der Ziele, welches er mit der Umwandlung von MLP in eine Aktiengesellschaft erreichen wollte (ebd., S. 55f).

Manfred Lautenschläger hat sich am 01.01.1995 aus dem operativen Geschäft zurückgezogen. Am 19.05.1999 hat er die Arbeit als Vorstandsvorsitzender der MLP-Holding an seinen Nachfolger Bernhard Termühlen übergeben und ist in den Aufsichtsrat gewechselt. Seinen Rückzug aus dem operativen Geschäft begründet er damit, dass er der „vielerorts zu Recht beklagten Selbstherrlichkeit des Gründerunternehmers" (ebd., S. 11) vorbeugen wollte und sich diese „Beschränkung, die der Stärke meines Unternehmens dient", nach 25 Jahren selbst auferlegt hat (ebd., S. 213). Den Rückzug in den Aufsichtsrat sieht Lautenschläger als „konsequent und vollständig" und er will ihn nicht zum „Durchregieren" missbrauchen (Kommentar von Manfred Lautenschläger im MLP-Magazin „FORUM", April 1999, S. 49). Dieser Rückzug wird ihm auch mehr Zeit für das Privatleben im Kreise seiner Frau und seiner fünf Kinder lassen, das für ihn stets „erste Priorität" hatte (ebd., S. 14).

Manfred Lautenschlägers Grundeinstellungen und Werte haben die Unternehmensgrundsätze der MLP Finanzdienstleistungen stark geprägt:

**Unternehmensgrundsätze von MLP**

Wichtige Schlagworte, die für die Grundeinstellungen und Werte Manfred Lautenschlägers stehen, sind Unabhängigkeit, Transparenz, das Streben nach Spitzenleistungen – ausgedrückt durch das Prinzip des „best advice" – und eine starke Kundenorientierung sowie die besondere Bedeutung der MLP-Mitarbeiter. Diese Schlagworte kennzeichnen auch die Unternehmensgrundsätze von MLP (MLP-Geschäftsbericht 1998, S. 8).

In den Unternehmensgrundsätzen wird zunächst beschrieben, was MLP ist, nämlich „das Finanzdienstleistungsunternehmen für den besonderen Privatkunden". Diese Bezeichnung wird präzisiert: „Als unabhängiger Makler vermitteln wir Versicherungen, Geldanlagen und Finanzierungen. Wir beraten unsere Kunden umfassend in allen wirtschaftlichen Angelegenheiten und betreuen sie ein Leben lang". Als Unternehmensziele werden Marktführerschaft „in allem, war wir tun", „stetige Steigerung der Ertragskraft" und die Erbringung von „Spitzenleistungen" angeführt. Diese Ziele sollen zum Wohle der Kunden umgesetzt werden. Dabei wird der Umgang mit den Kunden durch „Offenheit, Glaubwürdigkeit und Geradlinigkeit" bestimmt. Besonders hervorgehoben wird die Stellung der Mitarbeiter: Sie sind die „Substanz des Unternehmens" und müssen daher entsprechend ausgewählt und aus- und weitergebildet werden. Darüber hinaus soll ihr überdurchschnittliches Engagement mit einer „leistungsorientierten Vergütung" belohnt werden. In der Darstellung der Sozialordnung werden konkrete Beispiele für die Umsetzung dieser Grundsätze gegeben.

### Beispiele für MLP-Symbole

Zwei wichtige MLP-Symbole sind das Gebäude der MLP-Zentrale in Heidelberg und das MLP-Logo, das auch auf dem Dach des Gebäudes angebracht ist. Die MLP-Zentrale ist mit ihren 17 Stockwerken das höchste Gebäude Heidelbergs und wird in Anlehnung an den MLP-Mitbegründer Manfred Lautenschläger auch der „Lange Manfred" genannt. Lautenschläger stellt das Gebäude folgendermaßen vor (LAUTENSCHLÄGER 1996, S. 167):

> Äußerliches Symbol unserer erfolgreichen Strategie und unseres ungebremsten Aufwärtstrends ist das Wahrzeichen des Stadtteils Emmertsgrund, das größte Hochhaus Heidelbergs: unser Firmensitz seit September 1992, im Volksmund „Langer Manfred" genannt. Deutschlands erste Adresse unter Finanzdienstleistern firmiert unter der Adresse „Forum 7". Weithin sichtbar, steht die gläserne Fassade für Transparenz, die schon immer die Beratungstätigkeit und Geschäftspolitik von MLP auszeichnete.

Aufgrund der Hanglage schaut man aus den Büros entweder auf die Rheinebene oder auf den Wald oberhalb des Stadtteils. Mit der Errichtung des repräsentativen Gebäudes wollte Lautenschläger auch auf die Bedürfnisse der MLP-Mitarbeiter eingehen (ebd., S. 172):

Die Tatsache, dass ich großen Wert auf ein schönes, formvollende-
tes Bauwerk gelegt hatte, bescherte uns beachtliche Mehrausgaben.
Aber die Mitarbeiter von MLP sollen in schöner Umgebung tätig
sein, sollen fröhlicher als in üblichen Bürokomplexen arbeiten können. Es entspricht meinem Menschenbild, dass ich meinen Mitarbeitern eine angenehme Arbeitsatmosphäre anbieten möchte. Doch
auch ein kühl kalkulierender Unternehmer müsste es sich ausrech-
nen können, dass sich Investitionen dieser Art geschäftlich ebenfalls
bezahlt machen. Wer in einer schönen Umgebung arbeitet, verrich-
tet seine Arbeit motivierter, fröhlicher und auch effizienter.

Ursprünglich für 250 Mitarbeiter gebaut, kann die MLP-
Zentrale heute die über 700 Innendienstmitarbeiter nicht
mehr aufnehmen und es mussten Büros an verschiedenen
Stellen angemietet werden. Daher ist ein neues Verwaltungs-
gebäude für bis zu 1.800 Mitarbeiter in Wiesloch bei Heidelberg geplant. Der erste Bauabschnitt hat im Frühjahr 1999
mit einem Bürogebäude, Schulungsräumen und Arbeitsplätzen für zunächst ca. 300 Mitarbeiter begonnen.

Das MLP-Logo ist rund und auf dem blauen Untergrund steht
ein weißes „P" für „Partner". Lautenschläger formuliert die
Symbolik des Logos wie folgt (ebd., S. 213): Das runde, blaue
MLP-Logo, das am Abend vom Dach unserer Heidelberger
Zentrale weithin leuchtet, symbolisiert mit seiner Kreisform
Geschlossenheit und Ganzheitlichkeit: eine runde Sache.

Zu den MLP-Symbolen gehört auch das im Rahmen eines
„Corporate Identity Concept" entwickelte Design der Inneneinrichtung. In Zusammenarbeit mit dem Unternehmen
„reinhardt delle design" in Bad Sassendorf-Lohne wurde eine Inneneinrichtung gestaltet, mit der seit Mai 1995 die Beraterzimmer in neugegründeten Geschäftsstellen ausgestattet
werden. Dazu gehören Schreibtische, Beratertische, Stühle,
Container, Sideboards, Hochschränke, Teppichboden, Steh-
und Wandleuchten. Der äußere Schreibtischrand ist abgerundet und weist in der linken Ecke eine keilförmige Lücke
auf, was ein um 30 Grad nach links gedrehtes „M" in Anlehnung an den Schriftzug MLP darstellen soll. Die runde, ge-

schwungene Form findet sich auch in den Fußgestellen der Sideboards und Hochschränke wieder. Bei dem Holz bzw. der Farbe für Tische, Container, Sideboards und Hochschränke stehen drei Varianten zur Auswahl: „esche schwarz/riffelalu", „buche/blau" und „grau/multiplex". Dabei kann außerdem zwischen drei Größen bzw. vier Formen ausgewählt werden. Die Stühle sind schwarz gehalten und der Teppichboden hat eine graue Grundfarbe mit anthrazitfarbenem Muster. Das Sekretariat der Geschäftsstelle kann individuell eingerichtet werden, die Materialien und Farben müssen jedoch mit denen der Beraterzimmer übereinstimmen.

## 2.  Arbeit und Einkommen des MLP-Beraters

Die MLP-Berater in den Geschäftsstellen arbeiten als freie Handelsvertreter und sind „Unternehmer im Unternehmen". Sie beraten Akademiker hinsichtlich ihrer Absicherung, Vorsorge und Finanzierung und bieten ihnen ein individuelles Finanz- und Absicherungskonzept. Dabei spezialisieren sie sich auf bestimmte Berufsgruppen und betreuen ihre Kunden idealerweise während der gesamten Karriere in allen wirtschaftlichen Fragen. Die angestrebte Obergrenze der Kundenzahl pro Berater liegt bei 250 Kunden. Mit dem Abschluss der Umstellung auf das MLP Finanzmanagement im vergangenen Jahr sollte die Beraterqualität weiter gesteigert werden (MLP-Geschäftsbericht 1998, S. 30):

> Die wesentliche Veränderung besteht darin, dass auf der Grundlage des vom Berater ermittelten Kundenbedarfs nun die Produktangebote der MLP-„Zulieferer" analysiert, identifiziert und anschließend zerlegt werden. Die einzelnen zerlegten Bauteile werden dann so zusammengefügt, dass für den jeweiligen Kunden ein ausschließlich auf ihn zugeschnittenes Produkt, die „Individuallösung für den Kunden", entsteht.

Durch die homogene Kundenstruktur können diese „Bausteine" zu niedrigen Kosten bei den Partnern bzw. „Zuliefe-

rern" eingekauft werden. Falls der Markt nur unzureichende
Lösungen bietet, werden durch Tochtergesellschaften teilweise auch eigene Produkte entwickelt, wie z. B. eine fonds-
gebundene Lebensversicherung durch die MLP Lebensversicherung AG (ebd., S. 50f). Unterstützt wird der Berater bei
seiner Arbeit durch ein elektronisches „back office", d. h. eine leistungsfähige EDV-Plattform, die den Berater bei der
Auswahl und Zusammensetzung der Einzelkomponenten zu
einer individuellen Kundenlösung unterstützt (ebd., S. 31f).

In einem MLP-Faltblatt mit dem Titel „Ihre Chance beim
Marktführer MLP" werden die folgenden Anforderungen an
einen zukünftigen MLP-Berater gestellt:

– Sie arbeiten am liebsten im Team und kommunizieren gerne mit Menschen.
– Sie wollen kein Rädchen in einer trägen Hierarchie sein,
  sondern als Unternehmer im Unternehmen Verantwortung
  übernehmen.
– Sie wollen mit überdurchschnittlicher Leistung weit überdurchschnittliche Ergebnisse erzielen.
– Sie haben ein Studium erfolgreich absolviert oder sind bereits erfahrener Fachmann in der Finanzbranche.
– Sie sind nicht älter als 35 Jahre und eine Persönlichkeit.

Teamfähigkeit, Kommunikationsfreude, unternehmerische
Verantwortung und Einsatzbereitschaft, diese Anforderungen
sind zugleich Charakteristika der Arbeit eines MLP-Beraters.
Teamfähigkeit und Kommunikationsfreude sind z. B. im Er-
fahrungs- und Informationsaustausch der Berater untereinander und bei der Kundenakquisition gefragt. Im Rahmen des
sogenannten „Generationen-Vertrags" geben ältere Mitarbeiter ihr Wissen an jüngere Mitarbeiter in der Geschäftsstelle
weiter und unterstützen sie so beim Berufseinstieg. Bei der
Kundenakquisition an Hochschulen arbeiten die Berater
ebenfalls zusammen. Kommunikationsfreude ist darüber hinaus eine Grundvoraussetzung für Beratungsgespräche und

für das Abhalten von Rhetorik-Seminaren und Assessment-center-Trainings, die ebenfalls der Kundenakquirierung dienen.

Unternehmerische Verantwortung und Einsatzbereitschaft zeigen sich z. B. darin, dass der MLP-Berater seine Arbeitszeit und Arbeitsintensität selbst bestimmt. Der Verdienst des Beraters ist abhängig vom eigenen Arbeitseinsatz und Arbeitserfolg, und er hat das Risiko eines Verdienstausfalls selbst zu tragen. Der Berater erhält kein Fixum, d. h. kein festes Grundgehalt, sein Verdienst setzt sich aus Honoraren (z. B. bei Geldanlagen) und Provisionen (bei Versicherungsabschluss) zusammen. Bei Berufsbeginn wird ein Provisionsvorschuss gewährt, der mit dem späteren Verdienst in voller Höhe verrechnet wird. Die Einnahmen des Geschäftsstellenleiters setzen sich aus dem Gewinn der Geschäftsstelle, der vom Erfolg der Berater abhängig ist, und aus den Provisionen und Honoraren der eigenen Beratertätigkeit zusammen.

In den ersten beiden Arbeitsjahren wird der MLP-Berater intensiv geschult und durchläuft einen strukturierten Lehrplan, damit er den hohen Ansprüchen an die Beratungsqualität gerecht werden kann. Im ersten Ausbildungsjahr nahmen die Berater 1998 an 40 Tagen an zentralen Schulungen und an 60 Tagen an umfassenden Trainings in den Geschäftsstellen teil. Die Zahl der zentralen Schulungstage pro Berater lag 1998 bei rund 23 Tagen. Diese Zahlen verdeutlichen die hohe Ausbildungsintensität von MLP, deren Niveau weit über dem der gesamten Branche liegt (MLP-Geschäftsbericht 1998, S. 38). Zur Erlangung von Weiterbildungs-Credits müssen alle Mitarbeiter, die länger als zwei Jahre im Unternehmen sind, pro Jahr mindestens 12 Seminartage absolvieren. Darüber hinaus besteht die Möglichkeit, freiwillig an Seminaren zur fachlichen und persönlichen Weiterbildung teilzunehmen. Für alle MLP-Berater verpflichtend ist die Teilnahme an den drei Hauptseminaren pro Jahr, die zwei Tage dauern und 1999 im März, Juni und Oktober in einem Kon-

gresszentrum in Mannheim stattgefunden haben. Sie „dienen
der Beschäftigung mit aktuellen Entwicklungen in unserem
politischen und gesellschaftlichen Umfeld, mit neuen Produkten und Konzepten sowie der Vertiefung und Aktualisie-
rung des Wissens" (MLP-Broschüre „Seminartermine '99",
S. 32).

Die MLP-Berater können sich ihre Arbeit selbst einteilen, wobei sie sich bei der Vereinbarung von Beratungsterminen nach
den Wünschen der Kunden richten. Pro Beratung werden ca.
1¹/₂ bis 2 Stunden eingeplant, und je nach Kundenkreis liegen
die Beratungstermine häufig am Vormittag, am späten Nachmittag und am frühen Abend. Die Zahl der Beratungstermine kann der Berater selbst bestimmen. Die Sachbearbeitung
erledigt er zumeist zwischen den Terminen.
Im Innendienst ist ebenfalls eine individuelle Festlegung der
Arbeitszeit möglich. Es gibt keine Kernzeit, sondern einen
Zeitrahmen, in dem die wöchentliche Arbeitszeit frei verteilt
werden kann. Montags bis Freitags kann von 6 bis 22 Uhr
und Samstags von 6 bis 18 Uhr gearbeitet werden. Die Arbeitszeit wird elektronisch erfasst. Der Zeitrahmen bietet dem
Innendienst-Mitarbeiter große Freiheiten und ermöglicht ihm
eine Arbeitszeit gemäß seinem Tagesrhythmus und seinen individuellen Bedürfnissen.

Insgesamt ist die Arbeit der MLP-Berater aufgrund ihrer
Selbständigkeit durch die Selbstbestimmung von Arbeitsmenge, -zeit und -intensität gekennzeichnet. Um die hohe Beratungsqualität zu sichern, kommen Aus- und Weiterbildung
und der Weitergabe von Wissen und Erfahrungen im Rahmen
des Generationenvertrags eine hohe Bedeutung zu.

## 3. Entscheidungsprozesse und Kommunikationssysteme

In der MLP-Finanzdienstleistungen AG gibt es nur drei Hierarchieebenen, nämlich zentrale Koordinationsstellen, die Geschäftsstellenleiter und die Berater. Entscheidungen, welche die MLP Finanzdienstleistungen betreffen, werden vom Vorstand und von den Geschäftsstellenleitern getroffen.

In den Geschäftsstellen findet Führung durch den Geschäftsstellenleiter nur insoweit statt, dass der Geschäftsstellenleiter den Berater motiviert und unterstützt, wenn dieser Probleme bei seiner Arbeit hat. Als „Unternehmer im Unternehmen" ist der Berater für seine Arbeit und seine Arbeitsergebnisse selbst verantwortlich. Zu seiner Orientierung dienen dabei die durchschnittlichen Einnahmen eines MLP-Beraters im vergangenen Jahr. Da die Geschäftsstelle als Profitcenter geführt wird und der Berater insgesamt ca. 40 Prozent seiner Gesamteinnahmen zur Deckung der Geschäftsstelle und zur Finanzierung des Innendienstes abgeben muss, ist der Geschäftsstellenleiter am Erfolg seiner Mitarbeiter interessiert und darum bemüht, dass diese erfolgreich arbeiten.

Wichtige Entscheidungen, welche die Geschäftsstelle betreffen, werden in der „Montagsrunde" besprochen, d. h. in dem wöchentlichen Treffen der Berater und des Geschäftsstellenleiters am Montag Vormittag. Organisatorische Entscheidungen werden gemeinsam gefällt. Bei finanziellen Entscheidungen erfolgt eine Abstimmung mit den Beratern, letztlich trifft jedoch der Geschäftsstellenleiter die Entscheidung.

## 4.  Eigentumsrechte

Die Aktien der MLP AG Holding werden seit 1988 an der Börse in Frankfurt und Stuttgart gehandelt. Von den Stammaktien sind 53 Prozent im Besitz von Manfred Lautenschläger und 12 Prozent im Besitz von Bernhard Termühlen. Die MLP AG zeichnet sich durch eine hohe Kapitalbeteiligung der Mitarbeiter aus (Lautenschläger 1996, S. 145f). So wurden mit dem Börsengang 1988 30 Prozent der neu aufgelegten Vorzugsaktien der MLP AG an die Mitarbeiter ausgegeben. Bezugsberechtigt waren Mitarbeiter des Innen- und Außendienstes, die mindestens fünf Jahre Unternehmenszugehörigkeit und außergewöhnliche Leistung aufweisen konnten. Die Zeichnungsquote lag bei 95 Prozent. Aus einer 1988 erworbenen Vorzugsaktie wurden nach mehrfacher Ausgabe von Gratisaktien zwölf Vorzugsaktien. Durch starke Kursgewinne und Dividendenzahlungen profitierten die Mitarbeiter vom Erfolg ihres Unternehmens. 1996 waren 68.400 Vorzugsaktien mit einem Gegenwert von rund 70 Mio. DM in Mitarbeiterhand (ebd., S. 154).

Auch im Geschäftsbericht 1998 wird auf die „Beteiligungskultur" als wesentliches Merkmal der MLP-Strategie und der Kultur des Unternehmens hingewiesen (MLP-Geschäftsbericht 1998, S. 33). Bei der MLP Finanzdienstleistungen AG sind sowohl Führung als auch Mitarbeiter am Unternehmen beteiligt. Die Führung trägt dabei auch unternehmerische Risiken. Die Mitarbeiter des Innendienstes können pro Jahr Aktien bis zu einem Drittel der Höhe eines Monatsgehalts erwerben, z. B. an der noch nicht börsennotierten MLP Lebensversicherung AG. Die Mitarbeiter des Außendienstes können individuell nach Leistung Anteile an der MLP Lebensversicherung AG erwerben. 1998 konnten die Mitarbeiter rund 150.000 Aktien erwerben und besaßen insgesamt rund 15 Prozent der Anteile der MLP Lebensversicherung AG (ebd., S. 33). Über den Wertzuwachs sind die Mitarbeiter so an der weiteren Entwicklung von MLP beteiligt.

# Erfahrungen und Wertungen auf der Grundlage einer Befragung

20 von insgesamt 30 Beratern von zwei Geschäftsstellen sowie die beiden Geschäftsstellenleiter haben einen Fragebogen beantwortet.

## Warum haben Sie sich für MLP als Arbeitgeber entschieden?

Fast zwei Drittel der Befragten (14 von 22) führen Selbständigkeit verbunden mit Arbeitszeitflexibilität, Entscheidungsfreiheit und Eigenverantwortung als einen Grund an, der zur Entscheidung für MLP als Arbeitgeber geführt hat. Ein anderer Grund ist die Marktführerschaft von MLP, die 10 Berater nennen. Der Umgang mit den Kunden sowie die guten Verdienstmöglichkeiten bzw. die direkte Verknüpfung von Arbeitsleistung und Verdienst werden jeweils 9-mal angeführt. 4 Berater führen ihr Interesse an der Arbeit im Finanzdienstleistungsbereich an und 3 Berater weisen auf die gute Aus- und Weiterbildung bei MLP hin. 5 Berater betonen als übergeordneten Aspekt das gute Konzept von MLP. Genannt werden außerdem die Philosophie und Strategie der Gesamtunternehmung, die Unabhängigkeit, die Größe und das Renommee von MLP sowie die sehr gute Unternehmensentwicklung und das hohe Zukunftspotenzial. Hinsichtlich der Kunden wird auf die interessante und gehobene Privatkundschaft, den seriösen Akquisitionsweg über Hochschulen und die gute Beratungsqualität hingewiesen. Die „lockere Unternehmenskultur" und wenig Hierarchie sowie der Standort der Geschäftsstelle sind weitere angeführte Gründe.

## Beschreiben Sie Ihren typischen Arbeitstag!

Auf diese Frage gibt es 4-mal sinngemäß die Antwort, dass es keinen „typischen" Arbeitstag gebe. Jeder Berater hat einen individuellen Zeitrahmen, in dem er seine Arbeit erledigt, und jeder Arbeitstag kann entsprechend der Arbeitsmenge, der eigenen Bedürfnisse und der Terminwünsche der Kunden individuell gestaltet werden. Eine häufig genannte Arbeitszeit ist von 9.00–22.00 Uhr, plus/minus eine Stunde. In dieser Zeit finden ein bis drei Beratungstermine von ca. 1¹/₂ bis 2 Stunden Dauer statt. Die restliche Zeit dient der Sachbearbeitung, beispielsweise der Vor- und Nachbereitung von Beratungsgesprächen, der Akquisition von Kunden sowie Telefongesprächen mit Kunden und Gesellschaften.

**Ergänzen Sie bitte den folgenden Satz: Das Besondere an MLP ist ...**

Die Antworten lassen sich drei Oberbegriffen zuordnen, nämlich der Unternehmensphilosophie von MLP, private Vorteile des Beraters und die Vorteile für den Kunden:

- die Unabhängigkeit,
- die große Dynamik und der ständige Wandel des Unternehmens,
- das Wachstum und das schnelle Umsetzen neuer Ideen,
- die einzigartige Unternehmenskultur, in der immer wieder erfolgreiche Berater anderen ihre Vorgehensweise und Erfolgsrezepte vorstellen,
- „Akademiker beraten Akademiker".

*Private Vorteile des Beraters:* Das Besondere an MLP ist ...

- dass ich früh finanziell unabhängig sein kann,
- das eigenverantwortliche Handeln und die Möglichkeit, selbständig seine Ideen in wirtschaftlichen Erfolg und Freude an der Arbeit umzusetzen.

**Welche Mittel setzen Sie als Geschäftsstellenleiter zur Motivation der Mitarbeiter ein?**

Der eine GL nennt die Schaffung einer optimal funktionierenden organisatorischen Infrastruktur, interne Wettbewerbe,

Gespräche und die Entwicklung von Visionen. Der andere GL weist zunächst auf die Selbstmotivation der Mitarbeiter hin, wobei Erfolg die beste Motivation sei. Die Motivation durch den GL sieht er in Geschäftsstellenincentives (z. B. Ausflüge), Lob und dem Aufzeigen von Schwachstellen und Lösungswegen.

In der Fallstudie zitierte Literatur:

BÜHNER, R.: Management Holding, in: Die Betriebswirtschaft, 47. Jg. (1987), S. 40-49.

HAHNE, A.: Kommunikation in der Organisation. Grundlagen und Analyse – ein kritischer Überblick, Opladen/Wiesbaden, 1998.

HINTERHUBER, H./WINTER, L.: Unternehmenskultur und Corporate Identity, in: Dülfer, E. (Hrsg.): Organisationskultur. Phänomene – Philosophie – Technologie. 2. Aufl., Stuttgart 1991, S. 189-200.

LAUTENSCHLÄGER, M.: Mythos MLP. Erfolgsgeschichte eines Finanzdienstleisters. In Zusammenarbeit mit Imre Török, Frankfurt a.M./New York 1996.

WEIDNER, W./FREITAG, G.: Organisation in der Unternehmung, 6. Aufl., München/Wien 1998.

# Fallstudie 12     *Recherchiert von Frank Freyer*

# dm-drogerie markt GmbH & Co KG, Karlsruhe: „Bewusstseinsbildung in der Arbeitsgemeinschaft"

## Allgemeine Beschreibung und Charakterisierung

Als 1973 die vertikale Preisbindung des Handels an die Hersteller aufgehoben und im § 15 GWB grundsätzlich verboten wurde, eröffnete sich für den Einzelhandel eine damals neue Betriebsform, der Discounthandel. Hierbei werden Produkte eines begrenzten Sortiments von Waren mit hoher Umschlagshäufigkeit ohne großen Aufwand für die Warenpräsentation mittels aggressiver Niedrigpreispolitik und möglichst weitgehender Selbstbedienung angeboten (GABLER 1988, S. 1270).

## 1.     Unternehmensgeschichte

Zu den ersten, die eine Discount-Betriebsform im Drogerieartikelbereich anwandten, gehörte bereits 1973 Götz W. Werner, der im August des Jahres seinen ersten dm-drogerie markt in Karlsruhe eröffnete. Hier hat auch die 1974 gegründete dm-drogerie markt GmbH & Co KG bis heute ihren Firmensitz.

Der Anstoß für die Gründung eines eigenen Unternehmens war beim Firmengründer die o. g. Aufhebung der Preisbindung der zweiten Hand und die damit verknüpfte Idee, Drogerieartikel in Selbstbedienung zu günstigen Preisen an den Kunden zu bringen. Nachdem Werner bei seinem damaligen Arbeitgeber, einem Drogeriefilialisten, auf keine

positive Resonanz stieß, entschied er sich, dies auf eigenes
Risiko umzusetzen. Mit seinem Kompagnon Armin Föll
gründete der damals 29-jährige Werner eine Kommanditgesellschaft, die im August 1973 die erste Filiale des dm-
drogerie markt in der Herrenstraße in Karlsruhe eröffnete. Im
Mai des darauffolgenden Jahres wurde eine zweite Gesellschaft, die Ginther KG mit einem anderen Mitinhaber gegründet. Der zweite Laden wurde eröffnet.

Eine Mitarbeiterin der ersten Stunde erinnert sich: „Damals
waren das Selbstverständnis und die Ausbildung des Drogisten noch anders. Wir mussten noch Drogenkunde lernen,
haben Latein gelernt, wir mussten eine Giftprüfung ablegen,
das ist heute alles nicht mehr notwendig. So war aber auch
die Haltung und das Bild des Drogisten beim Kunden. [...] Eine Drogerie in Selbstbedienung, in der dann das Tempo und
das Toilettenpapier und die Zahncreme, also Dinge, die man
auch in Massen verkaufen kann, ohne Bedienung, dann auch
in Massen hingestellt und dann noch zu günstigen Preisen angeboten werden, das war zur damaligen Zeit neu." Am Anfang beschränkte man sich auf relativ wenige Artikel. „Ich
kann mich erinnern", so die Mitarbeiterin weiter, „dass die
Kunden am Anfang noch gedacht haben, das kann nicht das
richtige Produkt sein, ist das das richtige Blendamed? [...]
weil es einfach plötzlich viel viel billiger war. Und billig war
erst mal nicht gut. Trotzdem sind die Leute in Scharen ge-
kommen."

1974, als die Expansion erhebliche finanzielle Mittel erfor-
derte, entstand mit der Gründung der dm-drogerie markt
GmbH & Co KG das Unternehmen in seiner heutigen Ge-
schäftsform. Die ersten beiden Filialen bestehen eigenständig
weiter.

Die finanziellen Mittel wurden u. a. deshalb benötigt, weil zur
damaligen Zeit Waren vom Unternehmen vor der Lieferung
bar bezahlt werden mussten, was z.T. mit dem Misstrauen der

Lieferanten in das Konzept zu begründen war. Geldgeber und
damit Teilhaber mit einem Geschäftsanteil von 50 Prozent
wurde Günther Lehmann, geschäftsführender Gesellschafter
des Lebensmittelfilialisten Pfannkuch aus Karlsruhe, der von
dem damaligen Konzept Werners überzeugt war. Geschäftsführender Gesellschafter war weiterhin Götz W. Werner.

Die administrativen Aufgaben wurden zunächst im Büro der
„Ur-Filiale" abgewickelt; die Firmenzentrale befand sich in
den oberen Räumen des ersten Ladens in der Herrenstraße in
Karlsruhe. 1975 bezog man bereits Räume auf dem Pfann-
kuch-Gelände, die Lehmann gehörten. An den heutigen
Standort zog die Zentrale, wenn auch nur erst in eine Etage,
mit ca. 30 Mitarbeitern bereits 1976. Im Laufe der Zeit ver-
größerte sich der Platzbedarf, so dass zunächst das gesamte
Gebäude genutzt wurde und später durch mehrere Anbauten
die Büroflächen erweitert und modernisiert wurden.

1976 gründete Werner in Salzburg ein Tochterunternehmen
und damit auch die ersten Filialen in Österreich. dm-Österreich arbeitet weitgehend autonom, lediglich die EDV wird
über die Zentrale in Karlsruhe abgewickelt. In einigen Bereichen, etwa Zentraleinkauf von bestimmten Artikeln, wird
aber kooperativ gehandelt. Von Salzburg aus werden auch die
weiteren Auslandsgeschäfte in Mitteleuropa und Italien koordiniert. Das Erscheinungsbild der Filialen und die Strategie
sind im gesamten Konzern gleich. dm-Österreich ist über
eine Holding mit dm-Deutschland verknüpft.

Schon 1978 konnte die 100. Filiale des Gesamtunternehmens
und 1979 die 100. deutsche Filiale eröffnet werden. Die
weitere Entwicklung der Filialanzahl ist in der Abbildung auf
Seite 269 dargestellt.

1990 kamen Filialen in den neuen Bundesländern, 1993 in
Ungarn, Tschechien und Slowenien sowie 1994 in der Slowakei, Italien und Kroatien hinzu. In jedem dieser Länder

gibt es jeweils eigene Zentralen, deren Geschäftsführer Einheimische sind. Die Verteilung der Filialen in Europa sind der Abbildung auf Seite 273 zu entnehmen. Noch schneller als die Filialanzahl wuchs die Verkaufsfläche durch Vergrößerung bestehender Läden und Eröffnung von flächenmäßig großen Filialen.

Nachdem zunächst die Filialen noch direkt von den Herstellern oder Großhändlern beliefert wurden, – der Einkauf wurde aber schon von Anfang an zentral für alle Filialen organisiert – baute man Ende der 70er Jahre ein Zentrallager in Weilerswist und 1987 ein Erweiterungslager in Meckenheim. Von diesem nationalen Verteilzentrum Weilerswist-Meckenheim nahe Köln werden seitdem alle deutschen Filialen in regelmäßigen Abständen mit dem gesamten Sortiment beliefert.

Ende der 80er Jahre wurde bei dm mit Hilfe des NPI (Niederländisches Pädagogisches Institut), einer anthroposophisch orientierten Unternehmensberatung, eine organisatorische Umgestaltung des Unternehmens begonnen. Das anthroposophische Gedankengut, welches sich u. a. in der Unternehmensphilosophie wiederfindet, floss aber schon Ende der 70er Jahre durch den Firmeninhaber G. W. Werner und seinen Berater Helmuth ten Siethoff (TEN SIETHOFF 1996) in das Unternehmen ein. Im Zuge der Umgestaltung wurden u. a. Hierarchiestufen abgebaut und den einzelnen Mitarbeitern mehr Verantwortung übertragen.

Als im Jahre 1994 die bis dahin stetige Expansion ins Stocken geriet und erstmals Marktanteilsverluste verbucht werden mussten, entschloss sich dm, mit einer neuen Strategie gegenzusteuern. Mit der Einführung des Dauerpreises senkte das Unternehmen die Verkaufspreise für alle 8000 Artikel und garantiert seit Oktober 1996 eine mindestens viermonatige Preisstabilität der Produkte. Begleitet wurde diese Maßnahme mit einem großen Werbeaufwand und einem neuen

Slogan: „Hier bin ich Mensch, hier kauf' ich ein." Der Erfolg gibt diesem Schritt recht; mit seitdem zum Teil zweistelligen Umsatzzuwachsraten stieg dm-drogerie markt vom damals 5. Platz auf Platz 2 der Drogeriemarktketten in Deutschland. (Unter den 500 umsatzstärksten Unternehmen in Deutschland liegt dm auf Platz 280.)

Seit 1985 werden Eigenmarken eingeführt; heute gibt es ca. 15 sog. Qualitätsmarken mit ca. 1.000 Produkten zu günstigeren Preisen als die der Markenartikel. Das macht 10 Prozent des Umsatzes aus, geplant ist bis zum Jahr 2003 ein Anteil von 20 Prozent.

Im Jahre 1998 wurde das 25-jährige Firmenjubiläum mit verschiedenen Aktionen gefeiert. Zu den einzelnen Aktivitäten in den Filialen kam eine Ausbildungsoffensive hinzu, indem 1.000 Ausbildungsplätze geschaffen wurden. Zudem fanden in allen Filialen Spendenaktionen für regionale soziale Einrichtungen statt. Beide Aktionen waren wirtschaftlich möglich und sollten darüber hinaus die Verbundenheit mit dem gesellschaftlichen Umfeld zeigen.

Im Juli 1999 ist dm-drogerie markt dem Verband Deutsche Drogisten (VDD) beigetreten, um u. a. auch die Drogisten-Ausbildung in Deutschland zu fördern. Heute werden 34 Prozent aller Drogisten in Deutschland bei dm ausgebildet, das Unternehmen ist damit größter Ausbilder für Fachkräfte in dieser Branche (dm-drogerie markt 2000).

Das Filialnetz von dm-Deutschland ist derzeit in sieben Regionen unterteilt, die nicht identisch mit den Bundesländern sind. Der Grund für die Verbreitung und Verdichtung der Filialen im südlichen Teil Deutschlands liegt darin, dass in Hannover der Mitbewerber Rossmann zur gleichen Zeit und mit dem gleichen Konzept wie Götz W. Werner ein Drogerie-Discount-Unternehmen gründete und sein Filialnetz im Norden der Bundesrepublik aufbaute.

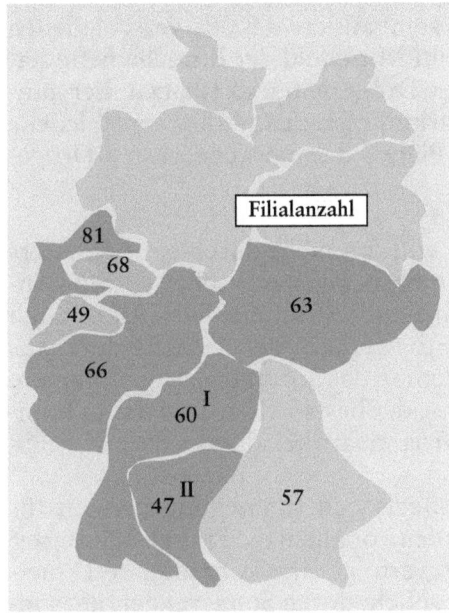

*Verbreitungsgebiet und Filialanzahlen in Deutschland (dm-drogerie markt 2000)*

## 2.  Branche und Strategie

Der dm-drogerie markt ist ein Filialunternehmen im Einzelhandel mit einem teilweise erweiterten Drogerieartikelsortiment, welches zur Zeit folgende Produktgruppen umfasst:

– Wasch-Putz-Reinigung
– Gesundheit
– Düfte
– Babypflege
– Babynahrung
– Babytextilien
– Schönheit / Haar
– Tiernahrung
– Foto
– Naturkost

Das aktuelle Sortiment besteht aus etwa 8.000 verschiedenen Artikeln, womit sich dm im Mittelfeld der Branche befindet. Zum Vergleich: Schlecker-Drogeriemarkt (Platz 1 der umsatzstärksten Drogeriemärkte) bietet ca. 4.000 verschiedene Artikel an und Ihr Platz (Platz 3 der umsatzstärksten Drogeriemärkte) etwa 12.000.

Sein Profil beim Kunden will dm nicht durch ein besonders großes, sondern durch ein branchenspezifisches straffes Angebot erhalten. Branchenfremde Produkte wie Alkoholika oder Tabakwaren, bei Mitbewerbern der Branche durchaus üblich, werden deshalb nicht in das Sortiment aufgenommen. Erklärtes Ziel von dm ist es, der bestsortierte und damit kompetenteste Anbieter für Drogerieartikel zu sein.

Neben den sortimentsstrategischen Überlegungen spielt für die Profilierung beim Kunden vor allem die Preisgestaltung eine strategische Rolle. dm verfolgt eine konsequente Dauer- und Niedrigpreisstrategie. Nicht durch Sonderangebote, sondern durch eine viermonatige Preisstabilitätsgarantie auf die einzelnen Produkte und eine transparente Preisgestaltung will dm den Kundenwünschen und -erwartungen entsprechen, die u. a. durch aufwändige Kundenbefragungen ermittelt werden. Aktuelle Preisveränderungen kann der Kunde anhand einer ausgehängten Liste, das Datum der letzten Preiserhöhung direkt am Regal den Auszeichnungsschildern entnehmen. Durch die praktizierte Dauerpreisstrategie und den konsequenten Verzicht auf Sonderpreisaktionen ist auch auf Seiten des Einkaufs eine längerfristige Planung mit den Lieferanten möglich, die insgesamt zu besseren Lieferkonditionen führt.

Das Ziel, der preiswerteste Anbieter für Drogerieartikel auf dem Markt zu sein, wird vom Unternehmen durch einen hohen Warenumsatz erreicht. Dieser wird außer durch die Sortiments- und Preisstrategie durch aufwändige lokale Marketing-Aktivitäten bewirkt, die vor allem eine langfristige Beziehung zu den Kunden gewährleisten sollen.

Die Konkurrenz, wozu neben den anderen Drogeriemarktketten und -fachgeschäften auch die Filialunternehmen des
Lebensmitteleinzelhandels und die Kaufhäuser mit Drogerie-
abteilungen gehören, wird, bedingt durch den großen Stellenwert des Standortes für den Einzelhandel, nicht global,
sondern regional betrachtet. Ziel ist es daher, im lokalen
Wettbewerb die Nummer eins zu sein. Dieses Kalkül bestimmt auch die Expansionsrichtung des Unternehmens, welches mehr in der Verdichtung des bestehenden Filialnetzes besteht als in der räumlichen Ausweitung.

Durch einen monatlich ermittelten „Preisbarometer", in dem
die Preise von 2.000 verschiedenen Artikeln bei 10 Mitbewerbern in Relation zu den eigenen Preisen für diese Artikel
gesetzt werden, dokumentiert dm seine Preisgünstigkeit. Der
prozentuale Preisabstand zu den Mitbewerbern ist in mehreren Fällen sogar zweistellig.

Produktivitätsfortschritte aufgrund des Einsatzes moderner
Technik werden durch Preissenkungen an den Kunden weitergegeben. Auf etlichen Gebieten des Einsatzes neuer Technik gilt dm – nach eigenen Angaben – unter Fachleuten und
Lieferanten als führend. In vielen Bereichen nahm und nimmt
dm eine Vorreiterrolle ein; so gehörte das Unternehmen zu
den ersten, die Scannerkassen, EDV-gestützte Warendisposi-
tion und die Preisauszeichnung in Euro einführten.

Obwohl es sich bei dm-drogerie markt um ein Discount-Un-
ternehmen handelt, wird großer Wert auf fachliche Beratung
der Kunden gelegt. Das Wachstum des Unternehmens erfolgt
ausschließlich durch eine Expansion von innen und nicht
durch zeit- und kapitalaufwändige Zukäufe.

## 3.    Kennzahlen

Der Gesamtumsatz an Drogerieartikeln liegt in Deutschland zur Zeit bei etwa 40 Mrd. DM. Mit einem Brutto-Umsatz von 2,41 Mrd. DM (Geschäftsjahr 1998/1999)[1] steht dm-drogerie markt auf Platz 2 der umsatzstärksten Drogeriemärkte in Deutschland. Auch bei den meisten Lieferanten zählt dm zu den Top 5 unter den Kunden, in vielen Fällen rangiert er sogar auf Platz 1 oder 2.

Im europäischen Ausland ist das Unternehmen in Österreich, Slowenien, Ungarn, der Slowakei und Kroatien sogar Marktführer. Der Konzernumsatz liegt bei 3,51 Mrd. DM (Geschäftsjahr 1998/1999). Bei der Umsatzentwicklung schreitet das Unternehmen, sowohl national als auch international seit Jahren mit zweistelligen Zuwachsraten voran. Dies entgegen dem Branchentrend, der zur Zeit fast stagniert bzw. nur geringe Zuwachsraten aufweist (HDE 1999).

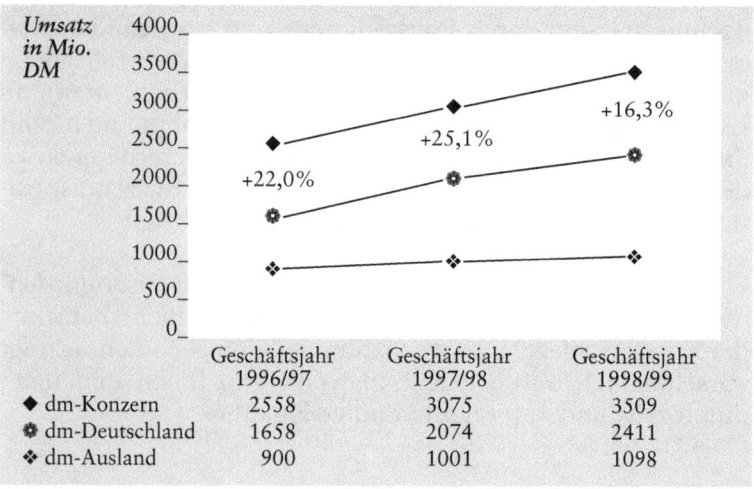

| Umsatz in Mio. DM | Geschäftsjahr 1996/97 | Geschäftsjahr 1997/98 | Geschäftsjahr 1998/99 |
|---|---|---|---|
| ◆ dm-Konzern | 2558 | 3075 | 3509 |
| ✪ dm-Deutschland | 1658 | 2074 | 2411 |
| ✤ dm-Ausland | 900 | 1001 | 1098 |

*Umsatzentwicklung*

1  Stand 30.9.1999, Pressemitteilung vom 14.10.1999.

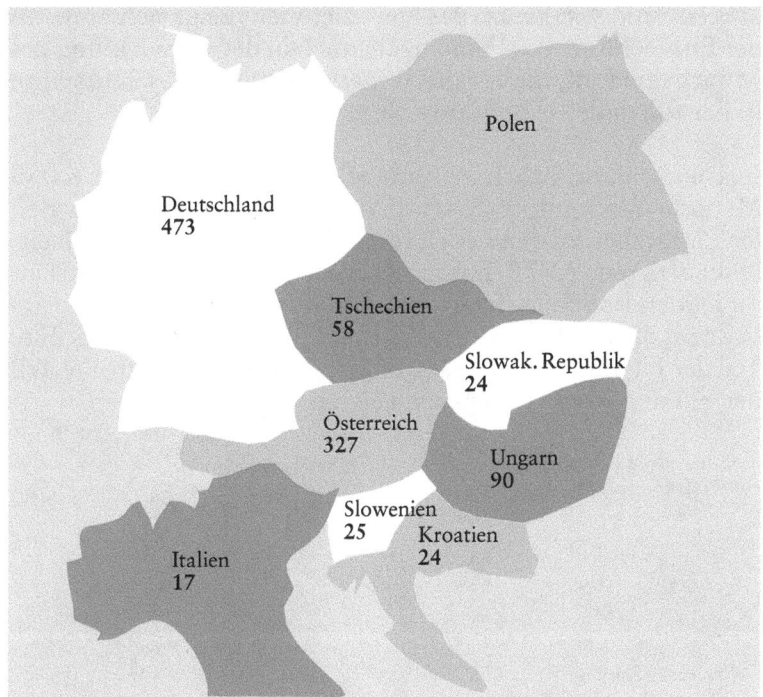

*Verbreitungsgebiet (Filialanzahlen) in Europa (Stand 30.9.1999)*

Das anvisierte feste Ziel für das Geschäftsjahr 1999/2000 sind in Deutschland 550, für In- und Ausland zusammen 1.150 Märkte.

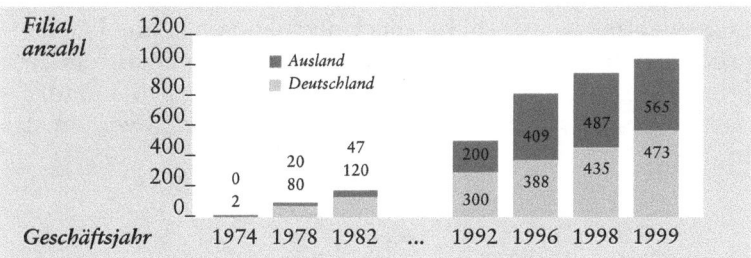

*Entwicklung der Filialanzahl*

Das enorme Wachstum des Unternehmens zeigt sich außer in
der Entwicklung der Filialanzahl auch in der Entwicklung der
Mitarbeiterzahl, die für die vergangenen drei Geschäftsjahre
in der folgenden Abbildung dargestellt werden.

In Deutschland arbeiteten am Stichtag (30.09.1999) 6.069
Menschen bei dm, international waren es 11.479 Mitarbeiter. Zusätzlich zu den in der Statistik erfassten 2.207 Vollzeit-
beschäftigten, 2.775 Teilzeitbeschäftigten und 1.087 Auszubildenden kommen noch etwa 4.900 geringfügig Beschäftigte dazu, die auf 630-Mark-Basis bei dm arbeiten. Der größte
Teil der Filialmitarbeiter ist weiblich, und auch der größte Teil
der Filialen wird von Frauen geleitet.

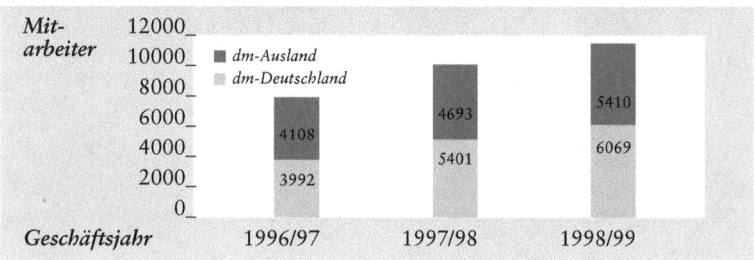

*Mitarbeiterzahlen*

Pro Filiale sind durchschnittlich täglich 1.000 Kunden zu
verzeichnen; insgesamt waren es im Geschäftsjahr 1998/1999
150 Mio. Kundenkontakte, ein Jahreszuwachs von 20 Mio.

Eine wichtige Kennzahl für das Unternehmen ist die Flächenproduktivität, die sich bei dm gegen den Branchentrend seit
Jahren positiv entwickelt. Mit 14.868 DM pro Quadrat-
meter Verkaufsfläche erreicht dm einen Spitzenwert in der
Branche.

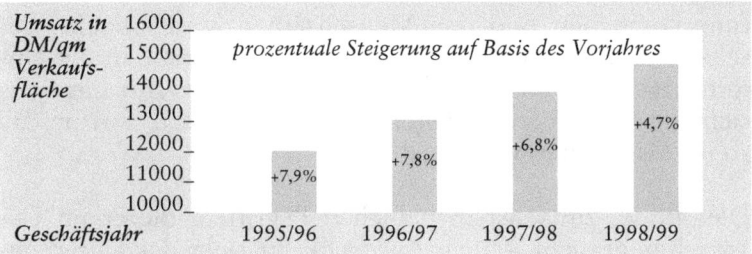

Flächenproduktivität der Filialen

# Elemente einer innovativen
# und leitbildorientierten Sozialordnung

## 1. Der Gründer und Inhaber
## als prägende Persönlichkeit und seine Ideen

Als Motor und Initiator der Gestaltung der Sozialordnung bei dem inhabergeführten Unternehmen dm-drogerie markt ist der Gründer und geschäftsführende Gesellschafter Götz W. Werner. Seine Ideen und Vorstellungen prägen das Unternehmen, während sich sein Kompagnon Günther Lehmann völlig aus der Gestaltung des Unternehmens heraushält.

Auch wenn der Inhaber Werner mit vielen Mitarbeitern im Unternehmen keinen persönlichen Kontakt hat, was in einem Filialunternehmen der Größenordnung von dm verständlich ist, wird er von fast allen Angestellten als leitbildprägende Persönlichkeit für das Unternehmen gesehen; auch er selbst sieht das so. Alle befragten Mitarbeiter schätzen an ihm seine freundliche, ungezwungene Art, aber vor allem seine Offenheit für alles Neue.

Werner denkt nicht nur in Kategorien wie Kostenrechnung, Abschreibung, Steuern etc., wie dies seines Erachtens 98 Prozent der Unternehmer tun, sondern er beschäftigt sich auch mit Anthroposophie: „Wenn ich mich dem, was das Schöp-

fungsgeschehen und das Menschsein usw. ausmacht, be-
schäftige, dann werde ich wahrscheinlich gerade in der Unternehmensführung eher aufmerksam werden auf das, was
sich mir phänomenal offenbart und auch wissen, warum das
so ist, als wenn mir das egal ist."

Dies findet zunächst in manchen Begriffen, die er im Gespräch gebraucht, seinen Ausdruck. Er sieht das Unternehmen als „lebenden Organismus", nach ähnlichen Prinzipien
aufgebaut wie der Mensch selbst; Vorstellungen seien „In-
haltslieferer", Wünsche seien „Interaktionserzeuger" und die
Bedürfnisse seien „Prozesssteuerer", d. h. Denken, Fühlen
und Wollen der Mitarbeiter manifestiere sich in Freiheit,
Gleichberechtigung und Brüderlichkeit (TEN SIETHOFF
1996, S. 146 ff.; LINDENAU 1983, S. 42 ff.; HARDORP 1986,
S. 63 ff.).

*Freiheit* entstehe durch Empfehlungskultur, die sich auf Eigeninitiative, Selbstverantwortung, Entscheidungsfindung
und Freiwilligkeit bezieht, wie z. B. für die Teilnahme an
Arbeitskreisen und Projektgruppen.

*Gleichberechtigung* sei die Voraussetzung für gute Teamarbeit
und bedeute, die Spielregeln für das Zwischenmenschliche zu
beachten. Voraussetzungen hierfür wiederum seien genaue
Informationen, gegenseitige Stimulierung und Kontrolle sowie Kommunikationsleitlinien. Gleichberechtigung sollte
vorherrschen, wenn die Mitarbeiter beispielsweise über ihr
Einkommen auf Grundlage der Einkommensbänder diskutieren, sich über die Arbeitszeiten anhand des Mitarbeitereinsatzplanes (MEP) einigen und die Verteilung des Einkommenszuwachses aushandeln.

*Brüderlichkeit* gelte dort, wo Abhängigkeiten bestehen, also
innerhalb aller Leistungsprozesse, in denen mittels Konsens-
prinzip Entscheidungsprozesse koordiniert werden. Sie
äußere sich nicht nur in dem Verhältnis zum Endverbraucher,

sondern finde auch Anwendung innerhalb des Unternehmens
wie in dem Dienstleistungsprinzip der Zentrale und des Verteilzentrums sowie dem Kunden-Lieferanten-Verhältnis zwischen den Mitarbeitern.

Diese drei Glieder des sozialen Organismus müssten bewusst erfasst werden, um jedes nach den ihm gemäßen
Grundsätzen zu gestalten: „Freiheit für das Geistesleben,
Gleichberechtigung im Rechtsleben und Brüderlichkeit im
Wirtschaftsleben" (TEN SIETTHOFF 1996, S. 149). Wichtig dabei sei, die Wechselwirkung von Theorie und Praxis, von Suchen und Finden, die ästhetische Weltanschauung des sich in
Bewegung befindlichen plastischen Prozesses (SCHARMER
1991, S. 53 ff.) der Unternehmensführung zu erkennen.

Werners Gründeridee, Drogerieartikel, die sich gut verkaufen
lassen, vor allem Markenartikel, zu günstigen Preisen in Massen, in Selbstbedienung und mit sehr reduzierter Ladenaus-
stattung auf den Markt zu bringen, war für die damalige Zeit
„revolutionär". Mittlerweile ist dieses Konzept mehrfach ko-
piert worden. Der Kunde war gewohnt, in der Drogerie „Pül-
verchen" und „Tinkturen" gemischt zu bekommen, teure
und damit für ihn qualitativ hochwertige Hygieneprodukte
zu erwerben. Gekennzeichnet war die Branche durch den im
weißen Kittel beratenden und verkaufenden Drogisten, den
„Mini-Apotheker". Auch Götz W. Werner, dessen Vater in
Heidelberg eine Drogerie besaß, ist gelernter Drogist. Weder
im elterlichen Betrieb, noch bei seinem damaligen Arbeitgeber, dem Drogeriefilialisten Idro, bei dem er als angestellter
Manager tätig war, hatte er sich mit seinen Ideen durchsetzen
können. Idro ging wenige Jahre später in Konkurs.

Als Grund für seinen geschäftlichen Erfolg sieht G. W. Werner, dass er die gesamte Entwicklung, von der Idee über die
Realisation des ersten Ladens bis heute – die verschiedenen
„Aggregatzustände", wie er es selber nennt – mitvollziehen
konnte. Wichtig hierfür sei, dass Veränderungen nicht als Be-

drohungen, sondern als Problemlagen mit Ursachen und Wirkungen wahrgenommen werden, um angemessen handeln zu können.

Die Komplexität des Unternehmens wächst diskontinuierlich, und für G. W. Werner stellt sich die Frage, wieweit es ihm selbst und den im Unternehmen arbeitenden Menschen gelingt, mit diesem wachsenden Komplexitätsgrad zurechtzukommen, ob sich ihr Bewusstsein entsprechend des Komplexitätszuwachses erweitert. d. h. inwieweit es gelingt, nicht nur in den Taten – hiermit meint Werner die operativen Handlungen wie Mitarbeitereinstellungen, EDV-Einführung etc. – zu leben, sondern diese Taten in Hinblick auf mögliche Folgen auch permanent zu reflektieren.

Wahrnehmend und erkenntnissuchend im Geschäftsleben zu stehen, heiße, zu bemerken, wie sich die Zustände ändern; und zu sehen, dass man nicht wie bisher weitermachen könne. „Es muss eine Metamorphose stattfinden," wie Werner in Bezugnahme auf Goethes Metamorphosenlehre* sagt, damit das Unternehmen überleben und weiter wachsen könne. Dies sei ein iterativer Prozess, bei dem man sich ständig fragen müsse, ob noch die richtigen Instrumente vorhanden sind, und wie sie wirken. An die Gestaltung sei nicht mit theoretischem Wissen und nicht nach naturwissenschaftlicher Methode heranzugehen, indem zunächst Hypothesen gebildet und dann bewiesen werden, sondern nach dem goetheschen Wissenschaftsprinzip, bei dem zunächst die Phänomene wahrgenommen und betrachtet werden, um aus ihnen dann Ur-Bilder, also Grundsätze abzuleiten.

---

* „wonach in der Natur ein ständiger Wandel oder ständiges Sich-Gestalten stattfindet, und das Wachsen des Organismus nicht ein fortlaufend sich vervollkommnendes Geschehen ist, sondern jede Steigerung, d. h. wahre Höherentwicklung nur dann erreicht werden kann, indem dieser Organismus sich selber immer wieder *entwächst*" (GOETHE 1955, S. 63).

In schnell wechselnden Märkten, in einer insgesamt sich immer schneller wandelnden Umwelt, hervorgerufen u. a. durch die Wertedynamik, will Werner ein Unternehmen, das sich aufmerksam im Markt bewegen und daher sensibel und schnell reagieren kann. Irgendwann reiche es nicht mehr aus, seine Prognosemöglichkeiten zu verbessern, man müsse insbesondere sein Reaktionsvermögen steigern. Denn die Zukunft sei nicht zu bestimmen und zu beeinflussen, wohl aber die Fähigkeit seines Unternehmens, sich zu verändern. Während die Zukunft spekulativ bleibe, müsse sich die Unternehmerarbeit darauf richten, den Grad der Flexibilität und Reagibilität des Unternehmens zu steigern, es sozusagen zu einem „reagiblen sozialen Organismus" zu machen. In Zusammenarbeit mit dem Niederländischen Pädagogischen Institut (NPI), einer Gründung des Anthroposophen B. G. Lievegoed, wurden Ende der 80er Jahre bezüglich der Unternehmensführung neue Maßstäbe gesetzt, auf der Grundlage eines modifizierten Menschenbildes. Auch ein *neues Unternehmensleitbild* wurde definiert, das den Menschen als das Unternehmen aktiv Mitgestaltenden miteinbezieht.

Werner setzt an die Stelle von: „Vertrauen ist gut, Kontrolle ist besser" den Satz: „Zutrauen veredelt den Menschen, ewige Vormundschaft hemmt sein Reifen". Er setzt auf die umfassenden Fähigkeiten und die Leistungsbereitschaft seiner Mitarbeiter und ist der Ansicht, dass auch ohne Druck und Anweisungen gearbeitet werden kann. Ein so großes Unternehmen wie dm könne nur flexibel bleiben, wenn möglichst viele Mitarbeiter situativ und geistesgegenwärtig agieren und nicht nur aufgrund von Anweisungen reagieren.

Getreu dem Leitsatz des Unternehmens „Je mehr der Einzelne selber sehen kann, was für andere notwendig ist, umso unternehmerischer wird er in seiner Arbeit sein", ist Werner überzeugt, dass die Motivation der Mitarbeiter aus der Arbeit selbst entwächst und nicht durch äußere Anreize geschaffen werden muss. Das bedeute, dass die Mitarbeiter in

ihrem für sie überschaubaren Bereich unternehmerisch denken und handeln können, indem sie möglichst selbständig die
Bedürfnisse ihrer Kunden entdecken und ihre Handlungs-
maxime davon ableiten.

Die heutige Aufgabe der Unternehmensführung sieht Werner
also darin, möglichst viele Mitarbeiter in die genannte unternehmerische Disposition zu bringen, damit sie individuell, ge-
meinschaftlich und intelligent, im Sinne des Ganzen handeln
(können). Nicht nur die fachliche Qualifikation sei wichtig,
sondern die umfassenden Fähigkeiten und die Leistungsbereitschaft gelte es bei seinen Mitarbeitern zu aktivieren und
weiter zu entwickeln. Dies könne nur ein fortlaufender Prozess sein, bei dem Bewusstseinsbildung der Ansatzpunkt für
weitere Entwicklungsstufen sei.

Wie aber ist in einem Unternehmen Bewusstsein zu generieren?

Das Vertrauen oder besser das Zutrauen in die Fähigkeiten
und die Bereitschaft des Einzelnen sei Voraussetzung für diesen Ansatzpunkt. Dieses Zutrauen in sich und in andere müssen möglichst viele Mitarbeiter entwickeln. Werner rechnet
fest mit diesen umfassenden Fähigkeiten der Mitarbeiter, er
schaut auf das, was möglich ist, also auf ihr Potenzial. „Es
steckt in den Menschen viel mehr drin, wenn man nur dem
gesunden Menschenverstand Raum gibt." Und aus Erfahrung
kann er sagen, dass mehr und mehr Initiative von den Mitarbeitern ausgeht, wenn ihnen dieser Raum gegeben wird, und
dass sich diese Initiativen der Einzelnen zum Erfolg des
Ganzen addieren. Nach seiner Ansicht haben sich die Menschen generell über die letzten Jahrzehnte verändert: Ihre
Werte und Vorstellungen richteten sich nicht mehr so stark an
materiellen Dingen aus, sie seien individueller geworden und
setzten sich nur mit voller Kraft für eine Arbeit ein, wenn diese für sie sinnvoll sei, und sie sich gemäß ihrer Fähigkeiten
einbringen und ausdrücken könnten.

Zu den Fähigkeiten, die zu vermitteln seien, gehörten nicht nur berufliche Eignung, sondern auch Fähigkeiten, die es einem Mitarbeiter ermöglichen, auftretende Probleme in neue Gestaltungsmöglichkeiten zu verwandeln. Hierzu sei es zunächst einmal notwendig, eine vordergründig bedrohliche Situation in ihrem Zusammenhang zu erkennen, ihre Ursachen und Konsequenzen zu erfassen, sie verstehen zu wollen. Dies sei eine Bewusstseinsleistung. Es komme darauf an, das erkannte Problem nicht zu umgehen, zu beseitigen oder weg zu diskutieren, sondern es zum Anlass zu nehmen, neue Gestaltungsmöglichkeiten zu entwickeln.

Erst wenn man sich vom konkreten Zusammenhang mit den aufgetretenen Problemen lösen könne, komme man in seiner Handlungsweise vom Reagieren zum Agieren ohne einen unmittelbaren Anlass. Man müsse in der Lage sein, den Überblick herstellen zu können, Ideen zu entwickeln und selbständig initiativ zu werden. Diese Fähigkeit nennt Werner „Innovationsfitness". Es gehe also nicht darum, Maßnahmen zu lernen, sondern Bewusstseinsleistungen zu vollbringen. Solche Leistungen könnten natürlich nicht antrainiert werden, sondern seien Folge einer von jedem Einzelnen eigenständig zu bewirkenden Bewusstseinsbildung; dies gelte es zu entwickeln und zwar bei möglichst vielen Mitarbeitern.

Werner geht es um die Vervielfältigung des „unternehmerischen Quellortes", wie er es nennt. „Denken wir unser Unternehmen wie ein Filialunternehmen, wie das mein Vater früher gesagt hat, ‚Hauptgeschäft und Filialen', oder denken wir unser Unternehmen als ein dezentralisiertes Unternehmen, also als viele Unternehmen? Denken wir unser Unternehmen als ein Unternehmen, das 2 Mrd. Umsatz macht, oder denken wir unser Unternehmen als ein Unternehmen, das an jedem Standort eigentlich für sich steht und dort seine Leistung generieren muss und dort die Kunden als die eigentlichen Arbeitgeber vor sich hat?"

Es ist für ihn eine Frage von Bewusstseinsleistung, dass seine Mitarbeiter in den Filialen draußen, aber auch in der Zentrale, erkennen, dass ihr Arbeitgeber die Kunden sind. Dies bedeute eine Umkehrung der üblichen Denkweise von Organisation. Die Organisation sei nicht dafür da, sicherzustellen, dass das von oben Gewollte unten an der Basis nachvollzogen wird, sondern für Werner ist die Aufgabe der Organisation Handlungsspielräume zu eröffnen und Überraschungen zu ermöglichen.

Aus seiner Erfahrung sagt er, dass Organisation hierarchisch gedacht, also auf Anweisungen von oben nach unten beruhend, insgesamt meist nur Reduktion zur Folge hat. Was oben in der Chefetage geplant werde, komme nur noch zum Teil unten bei der Basis an, weil es zum einen mehrere Hierarchiestufen durchlaufen muss, und weil es zum anderen im Einzelfall, etwa in der Filiale, nie exakt auf die jeweilige Situation passt, denn nicht jede Filiale ist gleich, nicht die Fähigkeiten der Mitarbeiter sind gleich, nicht das Umfeld oder die jeweilige Wettbewerbssituation ist gleich. Organisation anders betrachtet, heiße, an der Spitze nur in Umrissen zu denken, und was folge, so Werners Erkenntnis, sei Steigerung. Wichtig für ihn ist, dass dieses Bewusstsein, weg vom Strukturbewusstsein der Hierarchie hin zum Prozessdenken, gerichtet auf den Kunden, nicht nur bei den Chefs, sondern auch bei den Mitarbeitern entwickelt sei. Denn wenn Organisation hierarchisch gedacht werde, hätten die Mitarbeiter „ihr Bewusstsein in der Vertikalen", den Blick auf den Vorgesetzten gerichtet; sie richteten ihr Handeln danach aus, es dem Vorgesetzten Recht zu machen.

Wenn der Mitarbeiter aber die Organisation *prozessorientiert* verstehe, dann komme er mit dem Bewusstsein in die Horizontale, nach vorne auf den Kunden und zurück auf seinen „Lieferanten" gerichtet. Diese Kundenorientierung herrsche aber nicht nur an den Schnittstellen des Unternehmens zur Außenwelt, also auf den Markt gerichtet, sondern auch innerhalb des Unternehmens. Ein weiterer Leitsatz lautet deswegen: „Mein Kollege, mein bester Kunde – mein Kollege, mein bester Lieferant." So entstehe kundenorientiertes, eigenständiges, unternehmerisches Handeln. Die Voraussetzung hierfür sei, dass der Mitarbeiter in die Lage versetzt werde, weitestgehend auf Anweisungen verzichten zu können, um ihm einen möglichst großen Handlungsspielraum zu ermöglichen und ihm einen möglichst großen Überblick über die Zusammenhänge seines Handelns zu gewähren.

Bei dm gibt es deswegen seit einigen Jahren *Empfehlungen statt Anweisungen,* außer bei Erfüllung von gesetzlichen und ähnlich zwingenden Anforderungen. Empfehlungen sind nach Werner dazu da, es auch anders und, wenn möglich, besser machen zu können. Hierbei müsse der Einzelne aufgrund seiner Kenntnisse und den konkreten Verhältnissen in seinem Verantwortungsbereich entscheiden, was das Beste ist. Die Freiheit, es anders zu machen, beinhalte auch die Möglichkeit, Fehler zu machen, aus denen wiederum gelernt wird.

Dann, davon ist er überzeugt, wird sich der Einzelne aus eigenem Antrieb in die gesamte Verantwortung stellen. Die Verantwortung wird dabei nicht von oben beansprucht, sondern sie wird integrativ erlebt. Ihm ist klar, dass dieses Denken, zumal in unserer Kultur das Verhältnis zwischen Arbeitgeber und Arbeitnehmer noch eher im „Meisterprinzip" verankert sei, nicht bei allen Mitarbeitern vorhanden ist. Er sieht aber die Schaffung dieses Bewusstseins als kontinuierlichen Prozess, wobei es ihm wichtig ist, dass vor allem die Vorgesetzten diese Denkweise bekommen. „Durch Fragestellung wird Bewusstsein geweckt, und zwar durch Fragen, die man sich selber stellt oder die einem von außen gestellt werden." Fragen aufzuwerfen führe dann dazu, dass sich zunächst jeder selbst Antworten geben müsse, und hierdurch würden eher Einsichten und Bewusstsein vermittelt, als wenn die Antwort bereits vorgegeben werde.

Die Hauptaufgabe besteht für Werner also darin, im Unternehmen die richtigen Fragen zu generieren. Führung bedeutet für ihn dann, Rahmenbedingungen zu schaffen, die dies ermöglichen. Werner sowie die meisten Angestellten sehen ihre Abteilung, ihr Ressort und das ganze Unternehmen als *Arbeitsgemeinschaft mit gemeinsamen Zielen*. Bei den Zielen müsse man sich fragen, ob sich jeder in der Arbeitsgruppe damit identifizieren könne und sie seinen Werten entsprechen. Nach Werners Ansicht kommen Gespräche über Werte, Moral und Ethik in den meisten Unternehmen viel zu kurz. Nur wenn einer die Wertvorstellung des anderen kenne, könnten diese auch hinterfragt werden, um sie zu verstehen und sich bewusst zu machen. Denn nur im Bewusstsein ihrer Werte könnten Mitarbeiter Ziele finden und sich diese zu eigen machen. „In meinen Zielen und Werten muss ich mich deklarieren", so Werner, und das muss „jeder, wenn er gestalten will, denn er will ja, dass andere mitmachen." Durch die starke Arbeitsteilung sei jeder im Unternehmen auf dieses Mitmachen des anderen angewiesen; und denen gegenüber, die er zum Gestalten braucht, müsse er seine Gründe, Ziele und letztlich seine Werte mitteilen.

Was für den Einzelnen und die einzelne Arbeitsgemeinschaft gelte, das gelte erst recht für das Unternehmen als Ganzes. Auch dieses müsse seine Werte transparent machen.

Individualität auf der einen und Gemeinschaft auf der anderen Seite, sind für ihn keine Gegensätze, sondern bedingen sich gegenseitig. In einem Lernprozess, der auch Fehler einschließe, seien Rahmenbedingungen zu schaffen, die beides in gleicher Weise kultivieren. „Wir versuchen, in all unseren Tätigkeiten originell und kreativ vorzugehen. Wir agieren immer für unsere Kunden und nicht gegen den Wettbewerb." Unternehmensführung sieht Werner als „sozial-künstlerischen Prozess". Die Überlegungen wurden bei dm auch in einer „Unternehmensphilosophie" fixiert, die aber alleine keinen Wert besitze, sondern gelebt werden müsse:

## dm-Unternehmensphilosophie

Wir sehen als Wirtschaftsgemeinschaft die ständige Herausforderung, ein Unternehmen zu gestalten, durch das wir

- die Konsumbedürfnisse unserer Kunden veredeln,
- den zusammenarbeitenden Menschen
  Entwicklungsmöglichkeiten bieten und
- als Gemeinschaft vorbildlich in unserem Umfeld
  wirken wollen.

Konkretisiert wird diese Philosophie durch die Mitarbeitergrundsätze, Kundengrundsätze und Partnergrundsätze:

## dm-Mitarbeitergrundsätze

Wir wollen allen Mitarbeitern helfen, Umfang und Struktur unseres Unternehmens zu erkennen und jedem die Gewissheit geben, in seiner Aufgabe objektiv wahrgenommen zu werden.

### *Klarheit und Eindeutigkeit*

Wir wollen allen Mitarbeitern die Möglichkeit geben,

- gemeinsam voneinander zu lernen,
- einander als Menschen zu begegnen,
- die Individualität des anderen anzuerkennen,
- um die Voraussetzung zu schaffen, sich selbst zu
  erkennen und entwickeln zu wollen und sich mit den
  gestellten Aufgaben verbinden zu können.

### *Bereitschaft zur Zusammenarbeit in Gruppen*

**dm-Kundengrundsätze**

Wir wollen uns beim Konsumenten – dem Wettbewerb gegenüber – mit allen geeigneten Marketinginstrumenten profilieren, um eine bewusst einkaufende Stammkundschaft zu gewinnen, deren Bedürfnisse wir mit unserem Waren-, Produkt- und Dienstleistungsangebot veredeln.

*Zueignung der Probleme der Konsumenten*

**dm-Partnergrundsätze**

Wir wollen mit unseren Partnern eine langfristige, zuverlässige und faire Zusammenarbeit pflegen, damit für sie erkennbar wird, dass wir ein Partner sind, mit dem sie ihre Zielsetzungen verwirklichen können.

*Erkennen seines Wesens, Anerkennen seiner Eigentümlichkeiten*

## 2.    Die Hauptgestaltungsfelder der Sozialordnung

### 2.1  Die dispositive Arbeitsgestaltung

#### 2.1.1 Das Verhältnis zwischen Zentrale, Filialen, Arbeitsgruppen und einzelnen Mitarbeitern

Die dm-drogerie markt GmbH & Co KG ist weder gewerkschaftlich organisiert noch einem Arbeitgeberverband angeschlossen; es existiert kein Betriebsrat. Die Belange des Einzelnen werden individuell geregelt.

Voraussetzung, den Mitarbeiter in eine eigenverantwortliche dispositive Position zu bringen, ist eine entsprechende Qualifizierung. Die von der Abteilung Personalwesen als Serviceleistung angebotenen Schulungen bestehen aus internen und externen Seminaren, in denen dem Mitarbeiter nicht nur die für seinen Bereich notwendige Qualifikation (Warenkunde, Filialorganisation etc.), sondern auch Persönlichkeitsentwicklung und Selbsterfahrung vermittelt wird (dm-drogerie markt 1/1999). Innerhalb dieser Seminare werden immer wieder die Grundsätze, die Ziele, die Werte und das Selbstverständnis des Unternehmens und damit verbunden die Sinnhaftigkeit der Arbeit vermittelt und diskutiert. Die Teilnahme an diesen Seminaren ist freiwillig und hängt von der Initiative des Einzelnen ab. Zum anderen liegt es aber auch an der jeweiligen Arbeitsgruppe, inwieweit sie sich von der Weiterentwicklung des Einzelnen etwas für das Team verspricht, denn diese Bildungsmaßnahme muss von der jeweiligen Gruppe finanziert werden.

Dieser Gedanke, dass sich die jeweilige Arbeitsgemeinschaft überlegen muss, welche Leistung bzw. Bildungsmaßnahme sie für sich in Anspruch nimmt, gilt auch für die anderen Angebote, welche die Zentrale zur Verfügung stellt. Hieraus wird das Selbstverständnis der Zentrale als *Dienstleistungszentrale* für die Filialen deutlich. Sie nennen es zwar Zentrale, „aber nicht vom Verständnis her, dass hier die Zentrale ist, wo die Köpfe sitzen, die alles dirigieren. Hier hocken eigentlich nur die ganzen Dienstleister, die für die Filialen ihre Dienste erbringen. Wenn es die Filialen nicht gäbe, bräuchte es uns hier auch nicht." (Bereichsleiterin)

Die Zentrale ist der Lieferant, der für die Filialen Angebote bereitstellt, die diese als Kunden in Anspruch nehmen können. Dieses Kunden-Lieferanten-Verhältnis gilt auch zwischen den Abteilungen und Ressorts innerhalb der Zentrale.

Das Verständnis der Funktion des jeweiligen Vorgesetzten wird in den verschiedenen Bereichen sehr differenziert gesehen und kommt teilweise schon durch die Bezeichnung seiner Position zum Ausdruck. Ein Filialleiter in einer kleinen überschaubaren Gemeinschaft von überwiegend Teilzeitkräften mit geringem Initiativpotenzial, in einem relativ fest gefügten Rahmen, kann durchaus Leitungsfunktion im klassischen Sinne übernehmen. Hier ist es möglich und teilweise notwendig, nach dem Prinzip zu handeln: „Der Chef kann und weiß alles besser", da er die Übersicht und die nötigen Kenntnisse in der Filiale hat.

Anders sieht es dm bei den Gebiets-, Regional- oder Ressortverantwortlichen. Durch den Begriff *Verantwortlicher* kommt das Selbstverständnis dieses Postens zum Ausdruck. Der Gebietsverantwortliche z. B. betreut seine Filialen und verantwortet sein Gebiet, indem er diese koordiniert und berät. Nach Ansicht des Unternehmensinhabers kann er die Detailkenntnis und die Übersicht in den Filalen gar nicht haben und deshalb das Gebiet nicht leiten. Durch seinen Überblick über das Verkaufsgebiet ist es seine Aufgabe, die Entwicklung hier im Auge zu behalten und diese dem Gesamtunternehmen gegenüber zu verantworten. Das Bild einer großen Familie, welches ein Gebietsverantwortlicher für sein Gebiet vergleichend anführt, gibt dieses Verständnis schon annähernd wieder. Dieser Gebietsverantwortliche fühlt sich mehr als „beratender Vater" oder, wie es ein anderer nannte, als „Anwalt" seiner Mitarbeiter; in den meisten Fällen ist dies auch die Sichtweise der Mitarbeiter. Auch in den Ressorts und Bereichen in der Zentrale sowie in der Geschäftsleitung und dort beim geschäftsführenden Gesellschafter findet sich diese Einstellung wieder. G. W. Werner sagt: „Ich bin zwar für das Ganze verantwortlich, aber nicht für alles."

Die Aufbaustruktur des Unternehmens wird in der folgenden Abbildung dargestellt. Da es nach eigenem Verständnis bei dm kein „oben und kein unten" in der Hierarchie gibt, hat man sich den Aufbau nicht als Hierarchiestruktur, sondern eher als organisiertes Netzwerk vorzustellen. Bei der Umstrukturierung der Organisation im Jahr 1990 fiel die Ebene der Bezirksleiter zwischen den Gebietsverantwortlichen und den Filialen weg. Deren Aufgaben, Kompetenzen und Verantwortungen wurden in diesem Zuge zum großen Teil auf die Filialleiter übertragen, die Hierarchie ist somit sehr flach.

Jedes Geschäftsleitungsmitglied verantwortet eine Verkaufsregion mit, je nach Größe, vier bis acht Gebietsverantwortlichen. Diese wiederum betreuen 10 bis 20 Filialen. Daneben stehen die Geschäftsleitungsmitglieder als Ressortverantwortliche jeweils einem der sieben Ressorts vor; wir haben es hier also mit einer Matrix-Aufbaustruktur zu tun (funktional/regional). Als Grund hierfür wird von den Mitgliedern der Geschäftsleitung angegeben, dass Entscheidungen, die im Ressort oder in der Geschäftsleitung gefällt werden, letztlich direkte oder indirekte Auswirkungen auf die Filialen vor Ort haben. Man sieht, „was unsere Beschlüsse in den Läden anrichten," so ein Mitglied der Geschäftsleitung.

Die Ressorts sind noch einmal in Bereiche untergliedert und teilweise gehören zu diesen Bereichen noch weitere Abteilungen. So ist z. B. das Ressort Personal in die Bereiche Personalberatung, Personalabwicklung und Revision aufgeteilt, denen entweder ein Leiter oder Verantwortlicher vorsteht. Der geschäftsführende Gesellschafter und Inhaber Götz W. Werner ist als ‚Primus inter pares' Mitglied der Geschäftsleitung.

# Organigramm der dm-drogerie markt GmbH & Co KG

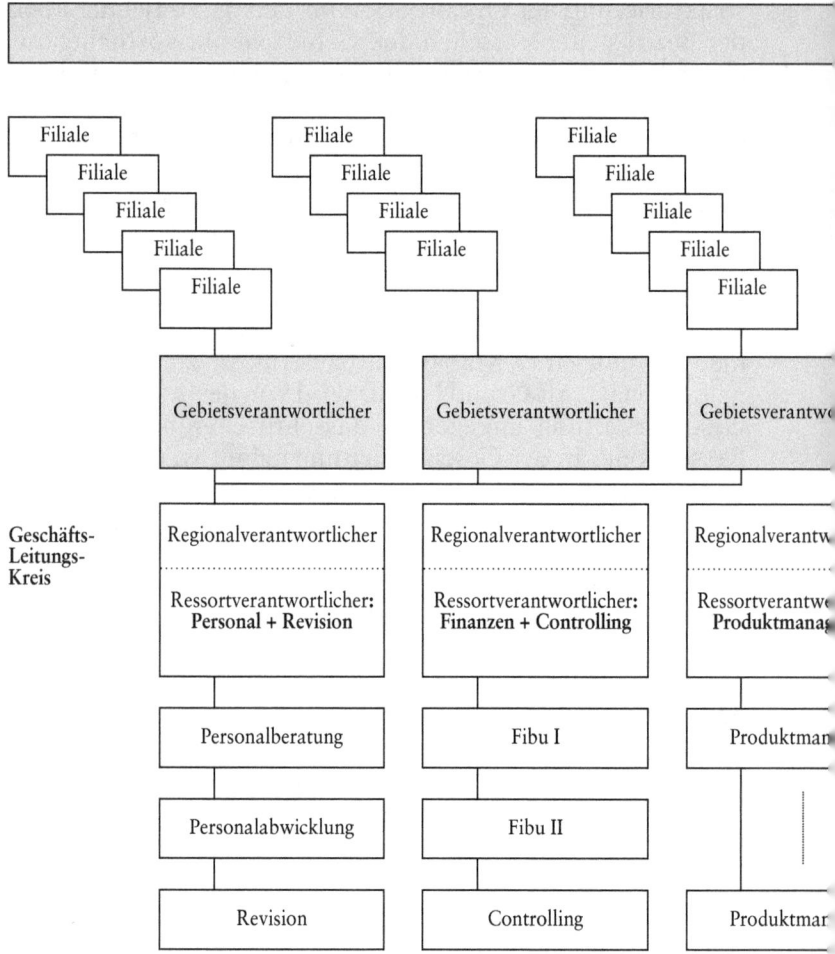

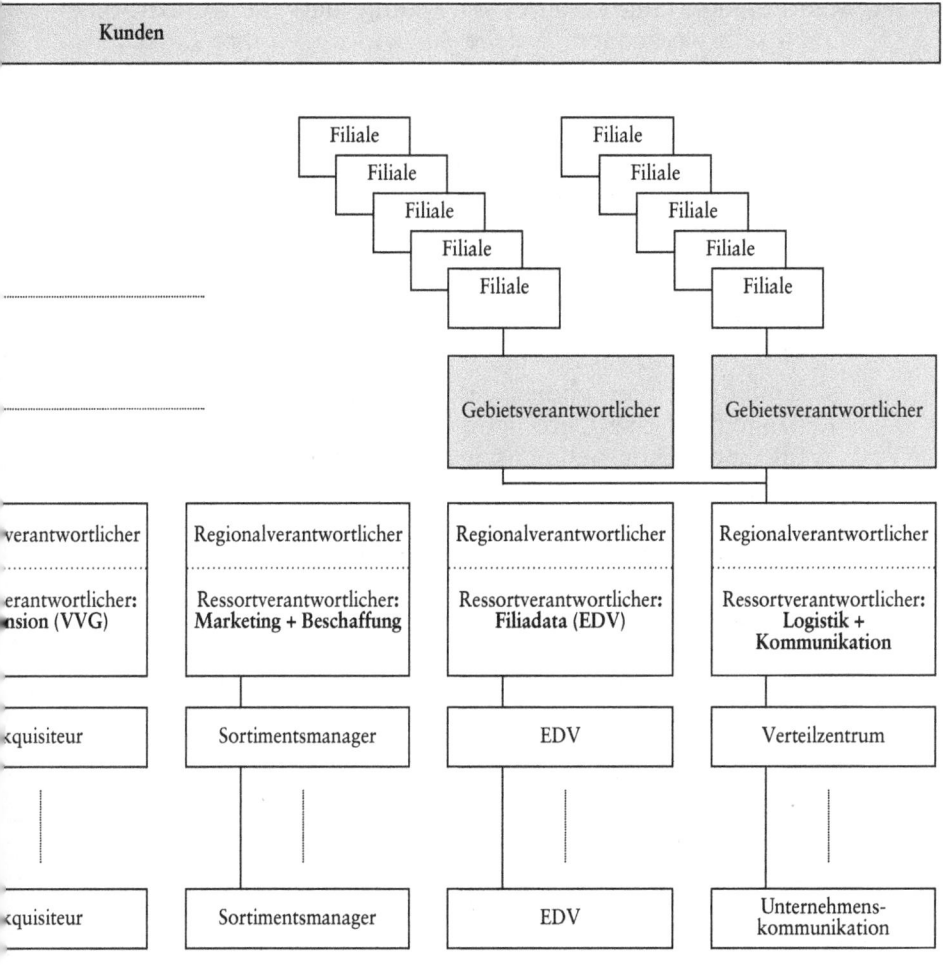

Kunden

Filiale
Filiale
Filiale
Filiale
Filiale

Filiale
Filiale
Filiale
Filiale
Filiale

Gebietsverantwortlicher    Gebietsverantwortlicher

verantwortlicher    Regionalverantwortlicher    Regionalverantwortlicher    Regionalverantwortlicher

erantwortlicher:    Ressortverantwortlicher:    Ressortverantwortlicher:    Ressortverantwortlicher:
nsion (VVG)    Marketing + Beschaffung    Filiadata (EDV)    Logistik +
Kommunikation

quisiteur    Sortimentsmanager    EDV    Verteilzentrum

quisiteur    Sortimentsmanager    EDV    Unternehmenskommunikation

## 2.1.2  Die Wertbildungsrechnung

Das Unternehmen dm möchte bei möglichst vielen Mitarbeitern das unternehmerische Denken fördern, damit sie möglichst eigenständig und ohne Direktiven Entscheidungen treffen können. Hierfür sei es notwendig, dass die Mitarbeiter auch selbst erkennen, welche Auswirkungen ihre Entscheidungen haben und wie ihre Leistungen das Ergebnis in ihrem Bereich und das Unternehmensergebnis insgesamt beeinflussen.

Mit der in dieser Form eigens für dm entwickelten *Wertbildungsrechnung* (WBR) hat das Unternehmen ein Steuerungs- und Führungsinstrument etabliert, welches das Prinzip des unternehmerischen Denkens in allen Bereichen des Unternehmens fördern soll. Dieses Controlling-Instrument soll die Fähigkeiten und das Bewusstsein der Mitarbeiter entwickeln, sich mit dem Unternehmensgeschehen und ihren persönlichen Beiträgen für das Unternehmen auseinanderzusetzen. Die WBR macht Unternehmenszusammenhänge deutlich, sie bildet interne und externe Leistungsströme übersichtlich ab.

Der Begriff „Wertbildung" und der Ansatz der WBR weisen auf die Grundidee dieses Informationssystems hin, dass auch ein Handelsunternehmen produktiv ist und Werte generiert, und dass gerade Mitarbeiter als Garanten für die Wertschöpfung gesehen werden. Mit der WBR werden im Wesentlichen fünf Ziele verfolgt (KALETTA/GERHARDT 1998, S. 404):

1. Den Mitarbeitern auf allen Ebenen wird ein operatives Instrument zur Unterstützung der unternehmerischen Initiativen an die Hand gegeben.
2. Durch die Offenheit und die Transparenz der Abläufe im Unternehmen werden alle Mitarbeiter in die Lage versetzt, sich kontinuierlich mit ihrem persönlichen Beitrag für das gesamte Unternehmen auseinanderzusetzen.

3. Insbesondere werden Leistungsbeziehungen mit internen und externen Partnern aufgezeigt.
4. Als Lerninstrument soll die Wertbildungsrechnung helfen, die Qualität der individuellen und gemeinschaftlichen Unternehmensleistung zu verbessern.
5. Es werden die Beziehungen im Unternehmen gefördert und die Bewusstwerdung über den Leistungsaustausch in Gang gebracht.

Im Gegensatz zur klassischen Gewinn- und Verlustrechnung beziehen sich bei der WBR die Größen nicht primär auf den Umsatz, sondern orientieren sich als Ausdruck der Handelsleistung an der Wertschöpfung. Der Unterschied zu anderen Wertschöpfungsrechnungen ist, dass die WBR sowohl die Entstehung als auch die Verwendung der Wertschöpfung in einem Instrument aufweist. Der Aufbau der WBR in die Blöcke Deckungsbeitrag, Fremdleistung, Vorleistungen und Eigenleistungen sind in der Tabelle am Beispiel der Filial-WBR dargestellt.

Die Eigenleistung ist das Resultat von Deckungsbeitrag (Handelsleistung) abzüglich der Fremd- und Vorleistungen. Sie ist das Maß für die Wirtschaftlichkeit der Filiale. Die Ent- bzw. Verschuldung ist Gradmesser für den Freiraum einer Filiale hinsichtlich ihrer unternehmerischen Initiativen. Entschuldete Filialen sind in der Lage, sich „etwas leisten zu können". So können z. B. zusätzliche Mitarbeiter eingestellt, Investitionen in die Aus- und Weiterbildung der Mitarbeiter getätigt oder Mitarbeitereinkommen erhöht werden.

Mit der WBR wurde ein Instrument geschaffen, dass für jeden im Unternehmen, auch mit fehlenden betriebswirtschaftlichen Vorkenntnissen, einen transparenten Einblick in die wirtschaftliche Situation seines Bereiches ermöglichen soll, aufgrund dessen er seinen persönlichen Einsatz (seine Leistung) im Unternehmen einschätzen kann.

|  | Ist (DM) | % | Informationswert der WBR |
|---|---|---|---|
| Umsatzerlöse | | | Umsatzerlöse sowie Warenkosten und somit auch der Deckungsbeitrag werden pro Filiale ausgewiesen |
| Wareneinsatz Inventurdifferenz | | | |
| Summe Deckungsbeitrag | | | |
| Werbeleistungen Telekommunikation ... | | | Differenzierung in externen Leistungsbezug (Inanspruchnahme von Fremdleistungen) und internen Leistungsbezug (Inanspruchnahme von Vorleistungen) |
| Summe Fremdleistungen (von Externen erbrachte Leistungen) | | | |
| Finanzen und Controlling Logistik Marketing und Beschaffung Datenverarbeitung ... | | | |
| Summe Vorleistungen (von internen Dienstleistern erbrachte Leistungen) | | | Darstellung der eigenen Leistung der Filiale |
| Mitarbeitereinkommen Entgelte für Investitionen Miete und Mietnebenkosten Warenzinsen Steuern Ent-/Verschuldung | | | Im Überblick werden Ist-Zahlen (Vorjahr und laufendes Jahr), Planzahlen und prozentuale Abweichungen für aktuellen Monat, Tertial und Gesamtjahr dargestellt |
| Summe Eigenleistungen | | | |

*Die Filial-Wertbildungsrechnung (KALETTA/GERHARDT, 1998, S. 405)*

Ein monatlicher Auszug der WBR für die Filialen und die zentralen Dienste macht die Leistungsbeziehungen innerhalb des Unternehmens transparent. Vereinbarte Leistungen, die die Filialen oder zentralen Bereiche in Anspruch nehmen, werden nicht pauschal, z. B. durch eine Umlage verrechnet, sondern zu deklarierten Preisen den jeweiligen Leistungsnehmern berechnet.

Neben den Filial- und Gebietsleitern erhalten auch die Mitarbeiter der zentralen Dienste monatlich den Bericht für ihren Bereich und können so sehen, ob ihre Planung der tatsächlichen Entwicklung entspricht. Die Ergebnisse und die Entwicklung der Zentralabteilungen, der Filialen, der Gebiete und Regionen werden auf dieser Grundlage monatlich zwischen den Verantwortlichen besprochen, um entsprechend reagieren zu können. Geplant wird bei dm tertialweise, wobei Korrekturen in der Planung bei starker absehbarer Abweichung vom Plan auch eher möglich sind. Nach Angaben der Filialleiter wird von dieser Möglichkeit aber nur äußerst selten Gebrauch gemacht.

Unterstützt wird die Planung durch ein EDV-Programm, in das die Filial- oder Gruppenleiter ihre Plandaten eingeben, und welches ihr voraussichtliches Ergebnis berechnet. So können sie auf Grundlage von Vergangenheitswerten und bekannten Preisen für in Anspruch zu nehmende Leistungen erkennen, wie sich ihre Planung auf das voraussichtliche Ergebnis auswirkt und ihre Planpositionen solange variieren, bis das anvisierte Ergebnis ihren Vorgaben entspricht. Dabei soll die Planung als Instrument zur Bewusstseinsbildung dienen; es kommt bei dm also nicht so sehr darauf an, einen Plan abzuliefern, sondern sich einen Plan von den Vorgängen im Unternehmen zu machen. So plant jede Filiale und jedes Ressort für sich, und diese Daten werden dann zur Unternehmensplanung zusammengeführt. Aufgrund dieser Werte entscheidet dann die Geschäftsleitung über Investitionen für das Gesamtunternehmen. Auf den verschiedenen Organisationsebenen ist der Inhalt der Informationen, welche die WBR aufzeigt gleich, nur der Umfang der Daten variiert.

## 2.1.3 Die praktische Umsetzung der dispositiven Arbeitsgestaltung

### *Entscheidungskompetenzen*

„Bei uns kriegt man nicht gesagt, was man zu tun hat, da geht es mehr um das Zusammenarbeiten, das gemeinsame Erarbeiten von Lösungen und Entscheidungen." Diese von einer Personalberaterin des Unternehmens allgemein formulierte Aussage gilt es genauer zu beleuchten. Wie und von wem werden welche Entscheidungen getroffen und wie wird koordiniert?

Grundsätzlich werden die Entscheidungen in den einzelnen Arbeitsgemeinschaften getroffen. In den Filialen sind dies die Filialteams, in der Zentrale die Arbeitsgruppen, Abteilungen und Ressorts. Richtlinien, die Entscheidungsbefugnisse der Arbeitsgemeinschaften oder deren Verantwortlichen etwa finanziell einschränken, gibt es nicht. „Braucht's bei uns nicht", so eine Ressortleiterin, „jeder weiß, was er verantworten kann und wenn nicht, dann holt er sich Hilfe."

Die Mitarbeiter wissen zwar, dass sie jeden im Unternehmen um Hilfe oder Rat ansprechen können, einschließlich den Mitgliedern der Geschäftsleitung und den Inhaber, von den befragten Filialmitarbeitern hat sich aber noch keiner an die Chefetage gewandt und keiner kann sich einen Grund vorstellen, dies zu tun. Wenn Mitglieder der Geschäftsleitung, in ihrer Aufgabe als Regionalverantwortliche, oder der Inhaber selbst die Läden besuchen, was ausnahmslos angemeldet geschieht, hat dies in keinem Fall den Charakter eines Kontrollbesuches. Es zeigt den Mitarbeitern vielmehr das Interesse der Geschäftsleitung an ihrer Arbeit und Leistung. Zudem dienen diese Besuche dem gegenseitigen Austausch von Erfahrungen und Empfehlungen, was von beiden Seiten so gesehen wird:

„Das Schöne ist, dass nicht da oben bestimmt wird, sondern dass wir an der Front [...] immer gefragt werden. Die Anforderung an uns ist: Leute meldet euch, wenn ihr irgendetwas habt, [...] teilt uns das mit, damit es oben gesammelt werden kann. [...] Man wird ständig aufgefordert, aktiv mitzugestalten."(Filialmitarbeiterin)

Der Handlungsspielraum des *Filialleiters* ist sehr groß und weniger durch Vorgaben seitens der Unternehmensleitung eingeschränkt, sondern im Wesentlichen durch das jeweils erwirtschaftete Budget seines Verantwortungsbereiches vorgegeben. Als ein Beispiel für solch einen Entscheidungsvorgang sei hier die Anstellung von neuen Mitarbeitern in einer Filiale angeführt, was der Filialleiter – im Idealfall in Absprache mit seinen Kollegen vor Ort – eigenständig macht:

Falls der Arbeitsaufwand mit dem bestehenden Personal nicht mehr bewältigt werden kann, kalkuliert der Filialleiter für den nächsten Planungszeitraum das Einkommen eines zusätzlichen Mitarbeiters mit ein. In diesen Entscheidungsprozess kann auch der Gebietsverantwortliche einbezogen werden. Der Filialleiter ordert dann bei der Marketing-Abteilung entweder ein entsprechendes Plakat oder lässt durch sie eine Stellenanzeige in der Tagespresse schalten. Hier werden der Servicecharakter der Zentralabteilungen sowie die Kundenbeziehung zwischen der Marketing-Abteilung (als Dienstleister) und der Filiale (als Kunde) recht deutlich.

Wenn sich auf die Anzeigen Bewerber melden, kann der Filialleiter wiederum entscheiden, ob er sich Hilfe bei der Auswahl der Bewerber holt, etwa bei dem regionalen Personalberater, der sich in diesem Punkt besser auskennt, oder bei seinem Gebietsverantwortlichen, oder ob er die Einstellungsentscheidung innerhalb des Verkaufsteams selber trifft. Nach der Entscheidung fungiert die zentrale Personalabteilung wiederum nur als Dienstleister, die der Filiale die Abwicklung der Formalitäten abnimmt.

Die beschriebene Entscheidung kann in der Filiale dank der
WBR selbst getroffen werden. Der Filialleiter vermag aufgrund seiner Planung für das nächste Tertial einzuschätzen,
wie wirtschaftlich er arbeitet, und ob er sich diese Investition
leisten kann. Er trifft seine Entscheidung auf der Grundlage
seiner tatsächlichen und geplanten Wertschöpfung. Dabei
hilft ihm auch der Vergleich zwischen seiner und den anderen Filialen seines Gebietes, deren Zahlenmaterial ihm ebenfalls zugänglich ist. Als Kriterium dient ihm hier die Aufteilung der Eigenleistung, wozu auch die Mitarbeitereinkommen zählen, die wiederum einen Teil seines Einkommens beeinflussen. In der geschilderten Situation könnte er z. B. auch
mit seinen Mitarbeitern überlegen, ob bestehende Teilzeitverträge um Arbeitsstunden aufgestockt werden oder die er-
wartete Umsatzsteigerung mit dem alten Personalbestand,
der dann dafür mehr Einkommen bezöge, bewältigt werden
kann. Hier wird der unternehmerische Freiraum des einzelnen Filialleiters sehr deutlich. Dies ist kein einfacher Prozess,
und nicht wenige Filialleiter haben Schwierigkeiten damit.
„Teilweise ist es einfacher, wenn der Chef sagt, wo's lang-
geht." (Filialleiter)

Zur Planungsdisposition in den Filialen gehören neben den
Mitarbeitereinkommen auch die anderen Posten, die in ihrer
WBR aufgeführt sind. Der unternehmerische Spielraum des Filialleiters ist u. a. durch die Variation seines Sortiments in Absprache mit den Sortimentsmanagern und durch die Ver-
kaufspreisanpassung, z. B. aufgrund lokaler Konkurrenz gegeben. Hier gilt allerdings die Einschränkung: Korrigiert
werden darf der Verkaufspreis nur nach unten (wegen der
Dauerpreisgarantie). Durch gezielte Variation der Parameter
beeinflusst er das Ergebnis der Filiale und damit letztendlich
das Gesamtergebnis des Unternehmens. Aufgrund dieser Verantwortlichkeit hat der Filialleiter Abweichungen zwischen
Plan- und Ist-Ergebnissen, sowohl vor seinen Mitarbeitern
vor Ort, wie auch der Geschäftsleitung gegenüber zu vertreten. „Wenn ich ins Minus laufe in meiner Filiale, dann muss

ich das sicherlich irgendwie argumentieren. Das ist schon eine Verantwortung, die auf einem ruht." (Filialleiterin)

Die für die Filialen in Bezug auf die Entscheidungsfreiheit gemachten Aussagen gelten in gleicher Weise für die Abteilungen in der Zentrale. Da sie ihre Dienstleistungen an interne Abnehmer quasi verkaufen, stehen auch sie in einer unternehmerischen Disposition und haben die gleichen Planungsaufgaben wie etwa die Filialen. So fühlen sich auch die Bereichs- und Abteilungsleiter der Zentrale als Unternehmer. „Je länger man dabei ist, um so mehr empfindet man das auch so. Ich schaue schon auf jeden Beleg, den man mir hinlegt und überlege, ob man da nicht was einsparen kann. Man entwickelt da so ein Unternehmergefühl." (Bereichsleiterin)

Der Unterschied zu den Filialen besteht darin, dass die internen Abteilungen und Ressorts keine Gewinne erwirtschaften müssen, sie geben ihre Leistungen zum Selbstkostenpreis weiter. Ihre Produktivitätssteigerung geben sie in Form von Preissenkungen oder Qualitätsverbesserungen an die Filialen weiter, die davon dann direkt profitieren. Die entstandene Marktsituation zwischen den Ressorts bzw. Arbeitsgruppen in der Zentrale und den Filialen führt dazu, dass auch bei internen Leistungen Qualität und Wert mit dem Preis, den die Filiale bereit ist dafür zu bezahlen, im richtigen Verhältnis stehen muss. „Die Filiale nimmt unsere Dienste ja nur in Anspruch, wenn sie sich davon was verspricht," so eine Ressortleiterin.

Das hierarchisch geprägte Denken und das Verständnis von Organisation in oben und unten, welches in den Filialen noch vielfach vorherrscht, ist in den Abteilungen und Ressorts der Zentrale weitgehend einem Denken „jenseits der Hierarchie" (ein Ressortleiter) gewichen. So wird hier die Aufgabe des Vorgesetzten zwar auch in der Koordination zwischen den Mitarbeitern einer Arbeitsgemeinschaft gesehen, aber eben nicht als Leiter oder Chef der Gruppe, sondern als Teil des

Teams. Entscheidungen werden hier nicht vom Vorgesetzten gefällt. Er ist hier der Berater, der die einzelnen Mitarbeiter auf Zusammenhänge aufmerksam macht, die Übersicht herstellt und derjenige, der das Augenmerk auf das Ziel dieser Arbeitsgemeinschaft lenkt.

*Gruppenbesprechungen*

Wichtiger Bestandteil der Kommunikation und der Entscheidungsfindung sind die Gruppenbesprechungen. Innerhalb eines Ressorts zum Beispiel treffen sich die Mitarbeiter, die jeweils einen Bereich des Ressorts – eine Produktgruppe, ein Sortiment etc. – zu verantworten haben, zu Arbeitsgruppenbesprechungen. Die verschiedenen Mitarbeiter des Ressorts sollen angeregt werden, über ihren eigenen Bereich hinaus zu blicken. Neben dem reinen Informationsaustausch werden anstehende Entscheidungen zur Diskussion gestellt. Dies können Fragen sein, die einen Einzelnen betreffen, der an einen Punkt gelangt ist, an dem er sich seiner Entscheidung nicht sicher ist, oder die auch andere Bereiche der Arbeitsgemeinschaft betreffen. Der Problemlösungsprozess wird nun in die Gruppe verlagert, die Fragestellung wird somit zum Prozess, der alle betrifft. Die Aufgabe des Ressortleiters ist es, seine Mitarbeiter zu ermutigen, Beiträge zur Problemlösung beizutragen. Die Gruppe setzt sich solange mit der anstehenden Frage auseinander, bis sie wirklich zu einer Lösung gefunden hat und nicht etwa der Vorgesetzte dann eine Entscheidung fällt. Der einzelne Bereichsverantwortliche kann nun aufgrund der Beratung seine Entscheidung treffen, „angereichert durch zehn andere Menschen" (Ressortverantwortliche).

Bei dm ist es wichtig, dass diese Entscheidungsfindungsprozesse zwei Ziele haben. Neben dem selbstverständlichen Ziel, zu einer konkreten Entscheidung zu gelangen, ist daneben aber immer auch der Prozess der Entscheidungsfindung als

Lerninstrument wichtig, um dem Einzelnen und der Gruppe bei zukünftigen Problemen ähnlicher Art eine Entscheidungsfindung zu erleichtern. Aufgabe des Vorgesetzten ist es, Rahmenbedingungen bzw. ein Klima zu schaffen, in dem einer vom anderen lernen kann und es nicht als Schwäche, sondern eher als Stärke betrachtet wird, eigene Entscheidungen in Frage zu stellen. Wichtig sei dabei, dem Einzelnen den Rückhalt der gesamten Gruppe durch Beratung bezüglich seiner Entscheidung spüren zu lassen. Auch auf der Ebene der Geschäftsleitung werde alles ausdiskutiert, dies könne durchaus ein langwieriger Prozess sein. „Natürlich fetzen wir uns auch", so ein Geschäftsleitungsmitglied, „aber noch so harte Dispute in der Sache gehen stets ohne persönliche Verletzungen ab."

Innerhalb der verschiedenen Gruppen sind die Intervalle der Teambesprechungen sehr unterschiedlich. Es gibt Arbeitsgruppen, die sich wöchentlich treffen, andere, die nur bei anstehenden Problemen, also unregelmäßig zusammenfinden. Auch dies wird meist nach dem Bedürfnis der Gruppe gehandhabt. Die Filialleiter treffen sich auf Gebietsebene z. B. alle 4–6 Wochen. Innerhalb der Filialen hängen die Zeitabstände wiederum sehr stark von der Entscheidung des Filialleiters und dem Engagement der Mitarbeiter ab, aber auch von der Mitarbeiteranzahl und der Situation, in der sich die Filiale befindet. Der Führungsstil in den Filialen ist sehr unterschiedlich. Er hängt von der Persönlichkeit des Filialleiters und dem Initiativpotenzial der Mitarbeiter ab. Die Filialleiter bemerken aber, dass die Mitarbeiter um so motivierter bei der Arbeit sind, je mehr sie die Mitarbeiter in Entscheidungen einbeziehen. So werden Teilverantwortungen, etwa die Verantwortung für einzelne Sortimentsgruppen, sog. Layouts, in die Hände einzelner Mitarbeiter gegeben.

Die Aufgabe des *Gebietsverantwortlichen* wird in den Filialen darin gesehen, dass er zwischen diesen koordiniert, etwa bei Krankheitsfällen, in denen Mitarbeiter einer Filiale an ei-

ne andere „ausgeliehen" werden oder bei gemeinsamen Marketing-Aktivitäten innerhalb des Verkaufsgebietes. Über das
normale Investitionsvolumen einer Filiale hinausgehende
Entscheidungen, etwa bei Umbaumaßnahmen, trifft der Gebietsverantwortliche auf Ressortebene. Eine wichtige Funktion übernimmt der Gebietsverantwortliche auch, indem er
bei seinen Besuchen Vorschläge für Veränderungsmöglich-
keiten macht, weil man als von außen Kommender manchmal mehr sieht. Alle befragten Filialleiter bewerten dies als
sehr positiv. Sie wissen, dass sie diese Empfehlungen nicht unbedingt umsetzen müssen, und oft sind sie auch Anstoß für
eigene Gestaltungsideen.

Bei Sachzwängen, etwa bei der Einhaltung gesetzlicher Vor-
schriften oder bei grundsätzlichen Entscheidungen des Unternehmens, werden von der Geschäftsleitung direkt oder
über den Gebietsverantwortlichen auch Anordnungen in die
Filiale getragen. Dies wird nicht zuletzt durch die Einsicht in
die Notwendigkeit und die Entstehung dieser Entscheidungen
in den meisten Fällen akzeptiert.

*Arbeitskreise*

Das Prinzip, dass Entscheidungen immer wieder in den Arbeitskreisen besprochen werden, gilt auch für solche Entscheidungen, deren Auswirkungen über die einzelne Arbeitsgruppe hinausgehen. Für viele Entscheidungen, die in anderen Filialunternehmen von Zentralabteilungen oder einzelnen
Mitarbeitern dieser Abteilungen alleine getroffen würden,
wurden bei dm Arbeitskreise eingeführt. So existieren *Sor-
timentsarbeitskreise* für jeden Layout-Bereich, in denen Produkte und Produktgruppen für das jeweilige Sortiment ausgewählt werden. Diese Arbeitskreise bestehen aus einem Sortimentsmanager und Mitarbeitern aus verschiedenen Filialen,
möglichst jeder Region, „denn dort wird schließlich die Ware
verkauft." (Ressortleiterin)

Der Sortimentsmanager ist, als Experte seines Gebietes, einerseits direkter Ansprechpartner der entsprechenden Zulieferfirmen und andererseits Ansprechpartner für die Filialmitarbeiter. In den Arbeitskreisen stellt er den Filialmitarbeitern unter anderem neue Produkte vor, erkundigt sich nach Erfahrungen mit bereits eingeführten Produkten und berücksichtigt später bei der Bestellung der Ware die in der Diskussion zum Ausdruck gekommenen Einschätzungen der Mitarbeiter seines Arbeitskreises, weil er daran interessiert ist, dass diese Ware auch von den Filialen geordert und dort gut verkauft wird. Die Entscheidung über die Aufnahme in das Sortiment liegt aber letztendlich beim Sortimentsmanager, der außer der Meinung seiner Kollegen aus den Filialen auch andere Kriterien in seinen Entschluss einfließen läßt. So ist auch das Gesamtsortiment in Absprache mit den anderen Sortimentsmanagern zu berücksichtigen.

Eine weitere wichtige Aufgabe dieses Arbeitskreises ist der Erfahrungsaustausch zwischen den Filialmitarbeitern, etwa über die Platzierung der Ware im Regal, welche dann beim Layout berücksichtigt wird. Die Beteiligung an den Arbeitskreisen steht allen Mitarbeitern frei. Zumeist werden sie durch ihre Vorgesetzten auf die Möglichkeit zur Teilnahme aufmerksam gemacht. Das Interesse, auf diese Art bei der Gestaltung des Unternehmens mitzuwirken, ist bei den Mitarbeitern sehr groß.

Immer dann, wenn es sich um eine Gestaltungsaufgabe außerhalb der Routine handelt, wird sie in einem *Projekt* zusammengefasst. Bei der Durchführung eines Projektes wird stets darauf geachtet, dass sich Personen aus allen Bereichen und allen Ebenen beteiligen, die von dem Projekt, sowohl bei der Durchführung, als auch später bei der Einführung des Projektergebnisses, betroffen sind. Die übrigen Mitarbeiter werden regelmäßig über die Projektphasen, z. B. durch die Mitarbeiterzeitschrift oder durch Rundschreiben informiert, um eventuell eigene Vorschläge beizutragen und um die Akzeptanz bei der späteren Einführung zu erhöhen. Eingeführt werden erfolgreich abgeschlossene Projekte entweder durch das Schneeballprinzip, z. B. von Filiale zu Filiale, wobei die Bezirks- und die Gebietsverantwortlichen eine koordinierende Rolle spielen, oder über interne Schulungen, indem sie in Seminare, die mit dem Thema etwas zu tun haben, eingearbeitet werden. Die Einführung solcher Neuerungen verläuft relativ langsam, als kontinuierlicher Prozess, um so eine größere Akzeptanz und eine sichere Implementierung zu gewährleisten. Oftmals gründen sich nach der Einführung Arbeitskreise, welche die weitere Entwicklung begleiten. Ein Beispiel für ein erfolgreich abgeschlossenes Projekt ist der Aufbau und die Einführung des auf Seite 307 beschriebenen Mitarbeitereinsatzplanes (MEP).

## 2.2  Die materiell-inhaltliche Arbeitsgestaltung

Filialen, Zentrale und Verteilzentrum haben grundsätzlich verschiedene Arbeitsinhalte und -bedingungen.

### 2.2.1 Die Filialen

Die Filialen des dm-drogerie markts haben gleiche Ladenausstattungen und somit ein einheitliches Erscheinungsbild. Merkmale dieser Filialen, mit denen sie sich z.T. erheblich von denen der Konkurrenz unterscheiden sind u. a.

– breite Gänge zwischen den Regalen,
– eine insgesamt helle Ausstattung (Beleuchtung, Farbwahl),
– zusätzliche Serviceangebote für die Kunden wie Trinkwasserzapfstellen, Sitzgelegenheiten, Wickeltische, Kinderspielecken etc.,
– einheitliche Preisauszeichnung an den Regalen in DM und Euro sowie Angabe des Einheitspreises, das ist der Preis bezogen auf eine einheitliche Menge, z. B. Liter oder 100 Gramm,

– keine Musikbeschallung im Verkaufsraum,
– moderne Kassentische mit Scannerkassen.

Das Filialbüro, von wo aus das gesamte Ladenlokal überblickt
werden kann, befindet sich als geschlossener Counter im Ge-
schäftsraum. Hier sind zumeist auch der PC, das Telefon und
die Geschäftsunterlagen untergebracht. Ein Mitarbeiterauf-
enthaltsraum und ein kleines Lager befinden sich als separate Räume im hinteren Teil des Ladens. Die Ladengestaltung
wird durch saisonale, thematisch wechselnde Promotion-
Ausstattung ergänzt, wodurch ein Dialog mit dem Kunden
auf rezeptionsästhetischer und informativer Ebene stattfinden soll. Zur Zeit der Recherche in den Filialen hieß das Thema: „Goethes Farbenlehre". Die Schaufenster und das Ladenlokal wurden entsprechend gestaltet. Zur Erläuterung
und Anschauung gab es für die Kunden eine Broschüre mit
Abbildungen verschiedener Farbexperimente auf der Grundlage von Goethes Farbenlehre. Das Personal besteht zum
größten Teil aus ausgebildeten Fachkräften, wie Drogisten,
Verkäufer oder Apothekenhelferinnen. Meist sind nur der
Filialleiter und sein Stellvertreter vollzeitbeschäftigt. Die anderen, zum größten Teil weiblichen Mitarbeiter bevorzugen
Teilzeitverträge zwischen 20–30 Stunden pro Woche. Hinzu
kommen in einigen Filialen noch Mitarbeiter mit geringfügiger Beschäftigung (630 Mark-Verträge).

Ein Großteil der Kommunikation zwischen Filiale und Zentrale läuft telekommunikationsgestützt über den PC, so der
Datenverkehr über Abverkaufsdaten und Bestellungen, aber
auch durch Mitteilungen per E-Mail. Bei akuten Problemen
oder Fragen wenden sich die Filialmitarbeiter zur sofortigen
Abklärung aber auch telefonisch an die entsprechenden Abteilungen der Zentrale. Auf die gleiche Weise wird auch zwischen den Filialen eines Gebietes Kontakt gehalten; bei bestimmten Problemsituationen tauschen sich die Mitarbeiter
verschiedener Filialen aus. „Wenn ich mal bei irgendeiner Sache nicht weiter weiß, rufe ich auch schon mal die Nachbar-

filiale an, wie die das handhaben." Der Gebietsverantwortliche kann auch jederzeit angerufen werden, wird aber „wegen Lappalien nicht belästigt", so eine Filialleiterin.

Die Arbeitsinhalte und der Einsatzort des Einzelnen in der
Filiale hängen zum einen von seiner Qualifikation und Initiative ab, zum anderen auch von der Größe der Filiale. In
kleineren Filialen ist es zumeist so, dass alle Mitarbeiter sämtliche anfallenden Arbeiten je nach Bedarf erledigen. Die
Tätigkeiten reichen vom Einsortieren der Ware über das Kassieren und die Regalpflege bis zur Kundenberatung. In größeren Filialen gibt es hingegen auch Angestellte, die z. B. nur
kassieren.

Die dispositiven Arbeiten werden zumeist von der Filiallei-
tung oder dessen Stellvertretung vorgenommen. Für einzelne
Layouts kann die Disposition aber auch von Mitarbeitern gestaltet werden, die zumeist eine zusätzliche Qualifikation für
den jeweiligen Bereich haben. Diese erreichen sie durch Mitarbeit in einem Arbeitskreis, welcher für dieses Teilsortiment
zuständig ist, oder in weiterbildenden Seminaren.

Die Arbeit wird von den meisten Filialmitarbeitern als sehr
interessant und abwechslungsreich beschrieben, da der Umgang mit Menschen an erster Stelle steht, man vieles eigenständig gestalten kann und die Arbeitserfolge am Kundenzu-
spruch direkt zu erkennen sind.

Ein Problem in den Filialen ist es, die Mitarbeiter jeweils be-
darfsgerecht, kunden- und aufgabenorientiert einzusetzen.
Die Arbeitszeiten sollen sich natürlich nach der tatsächlich
anfallenden Arbeit richten, d. h. es sollten dann die geeigneten
Mitarbeiter da sein, wenn sie benötigt werden. dm möchte
hierbei auch die Bedürfnisse der Filialmitarbeiter berücksichtigen. Die Planung hierüber lag bisher in den Händen der Fi-
lialleitung. Die Wünsche der Mitarbeiter wurden bei der Planung zwar berücksichtigt, aber letztendlich ihnen doch als

Anweisung vermittelt. Ziel der Personaleinsatzplanung ist es, dass die Mitarbeiter aus Einsicht selbständig handeln können, indem sie erkennen, was dem Kunden und der Arbeitsgemeinschaft am meisten nützt und dies mit ihren eigenen Bedürfnissen in Einklang bringen.

Die vor kurzer Zeit bei dm eingeführte *Mitarbeitereinsatzplanung* (MEP) (dm-drogerie markt 2/1999) entspricht diesem Ziel, indem sie eine Arbeitsplanung durch die Mitarbeiter selbst ermöglicht. Ein Computerprogramm ermittelt aufgrund von eingegebenen Vergangenheitswerten (Kundenanzahl, Kassiervorgänge etc.) zu jeder Zeit den Bedarf an Mitarbeitern unter Berücksichtigung der geplanten Steigerung des Umsatzes und Sondertätigkeiten an bestimmten Tagen (z. B. Wareneingang). Bei der Wahl ihrer Arbeitszeiträume haben die Mitarbeiter nun die Möglichkeit, sich in Absprache mit ihren Kollegen in die vom PC für vier Wochen im Voraus ausgedruckten Personalbedarfslisten einzutragen. Die Bedarfsliste ist dabei nicht als zwingend einzuhaltende Verpflichtung, sondern eher im Sinne eines Vorschlages als Hilfestellung anzusehen, von dem im Einzelfall abgewichen werden kann. Das Team oder der Filialleiter kann auch anders entscheiden, was auch gelegentlich geschieht.

Durch den Einsatz der MEP kann die Arbeitszeit für jeden Einzelnen flexibler und für die Filiale bedarfsgerechter gestaltet werden. Wichtig dabei ist, dass der einzelne Mitarbeiter kunden- und teamorientiert denkt und handelt und sich mit seinem Beitrag für das Ganze auseinandersetzt. Die Erfahrung in den Filialen zeigt, dass dies im Allgemeinen gut funktioniert; der Filialleiter muss nur in Ausnahmefällen intervenierend in diese Planung eingreifen.

## 2.2.2   Die Zentrale

Die Zentrale in Karlsruhe hat bei dm die Funktion eines Dienstleistungszentrums für die Filialen. Hier sind die zentralen sekundären Bereiche Personalwesen, Controlling, Marketing und Beschaffung, Finanzen, Logistik und Kommunikation, Produkt-Management, Expansion und EDV untergebracht. Die Architektur des Gebäudes ist, bedingt durch das Wachstum des Unternehmens, durch vielfache An- und Umbauten gekennzeichnet.

Die Räumlichkeiten sind nach Prinzipien der Farbenlehre Goethes, die u. a. von Rudolf Steiner[3] aufgegriffen und weiterentwickelt wurde, gestaltet. Goethe hat den einzelnen Farben und ihren charakteristischen Zusammenstellungen eine „sinnlich-sittliche Wirkung" zugesprochen. Diese wurden bei der Auswahl der Farben für die Wand- und Deckengestaltung berücksichtigt und der jeweiligen Aufgabenrichtung der Arbeitsbereiche (kreativ, analytisch, kommunikativ etc.) angepasst. In der gewölbeartigen Struktur der Decken im Altbau, die durch Freilegung der Originaldecken entstanden ist, – die Gebäudetechnik (Strom-, Versorgungs- und Datenleitungen) verschwand unter dem Fußboden – reflektiert das von außen kommende Tageslicht die Farben der Deckengestaltung. Das einheitliche Bild wird abgerundet durch den Blick auf Pflanzen nach draußen.

In jeder Abteilung gibt es geschlossene Besprechungszimmer, die wegen der sonst transparenten Räumlichkeit auch für vertrauliche Zweier- oder Dreiergespräche genutzt werden. Besprechungen können dadurch, dass sie nicht etwa in einem Büro stattfinden, ungestörter von Außeneinflüssen und in angenehm ruhiger Atmosphäre geführt werden.

---

3  Rudolf Steiner, als Herausgeber der Naturwissenschaftlichen Schriften Goethes, hat als erster in erkenntnistheoretischen Untersuchungen die Art der Naturbetrachtungen Goethes als wissenschaftliche Methode gerechtfertigt. Dazu gehört die Farbenlehre, die in Zusammenhang mit Goethes Metamorphosenlehre entstanden ist (vgl. GOETHE 1955, S. 66 und GOETHE 1984, S. 139 f.)

In einigen Arbeitsbereichen haben die Vorgesetzten eigene separate Büros, aber weder hier noch in den Bereichen, wo sie unter ihren Mitarbeitern sitzen, unterscheiden sich die Arbeitsplätze in der Ausstattung (Schreibtisch, Stuhl, PC etc.) von denen ihrer Mitarbeiter. Auch fehlen Hinweis- oder Namensschilder, etwa an den Türen oder am Arbeitsplatz, die auf ihre Positionen hinweisen.

Die Mitglieder der Geschäftsleitung haben ihre Büros nicht in einer Geschäftsführeretage, sondern innerhalb ihrer Ressorts, die sie verantworten. Eine Ausnahme macht der geschäftsführende Gesellschafter und Inhaber, der im obersten Stockwerk des Altbaus sein Büro im Penthouse des Gebäudes hat. Die Ausstattung seines Büros unterscheidet sich nicht wesentlich von den Arbeitsplatzausstattungen seiner Mitarbeiter. Sein Büro liegt direkt neben dem größten Besprechungsraum, der z. B. auch von Arbeitskreisen genutzt wird. Obwohl in der Zentrale fast 600 Mitarbeiter tätig sind, hat es sich gezeigt, dass sich eine Kantine nicht lohnt. Die Mitarbeiter haben die Möglichkeit, in einem benachbarten Betrieb essen zu gehen. Teeküchen sind jedoch in jeder Abteilung vorhanden.

Durch eine Gleitzeitregelung mit Kernarbeitszeiten ist den Mitarbeitern eine gewisse Flexibilisierung ihrer Arbeitszeit möglich. Die Anwesenheit der Mitarbeiter an ihrem Arbeitsplatz wird durch ein Zeiterfassungssystem (Stempeluhr) ermittelt. Dem mittleren Management (Abteilungsleiter, Bereichsleiter, Sortimentsmanager etc.) steht es frei, die eigene Arbeitszeit zu erfassen. Man möchte nicht die Zeit, sondern die tatsächlich geleistete Arbeit honorieren. Der beim Management übliche zeitlich nicht erfasste Mehraufwand werde nicht negativ bewertet, sondern als Teil des selbst gesetzten Anspruchs gesehen, die Aufgabe im Sinne der Arbeitsgemeinschaft – sowohl der Arbeitsgruppe als auch des gesamten Unternehmens – zu erfüllen.

Die inhaltliche Ausgestaltung ergibt sich größtenteils aus den möglichst weiten dispositiven Handlungsspielräumen. Die konsequente Ausrichtung am Kunden, intern wie extern, bestimmt auch den Umfang und die inhaltliche Ausgestaltung der Aufgabe und damit den Verantwortungsbereich des Mitarbeiters. So gibt es bei dm z. B. den klassischen Einkäufer nicht mehr. Das Aufgabengebiet des Sortimentsmanagers besteht nicht nur darin, mit den Lieferanten gute Konditionen für die Lieferung der Waren zu vereinbaren, sondern er ist auch für den Absatz dieser Produkte verantwortlich. Somit gehören in seinen Aufgabenbereich auch die Preisgestaltung, die Präsentation der Waren im Geschäft und die sonstigen Marketingmaßnahmen.

Filialen sind Kunden, sie entscheiden, ob sie Produkte ins Sortiment aufnehmen, und der Sortimentsmanager hat diese Kundenwünsche zu berücksichtigen. Er ist innerbetrieblicher Lieferant für die von ihm zu verantwortenden Artikel seines Sortimentes. So muss er den Weg von seinem Lieferanten bis zum Endverbraucher mit verfolgen.

## 2.2.3 Das Verteilzentrum

Alle deutschen dm-Filialen werden vom nationalen Verteilzentrum Weilerswist/Meckenheim beliefert. Die Hersteller liefern alle in den Filialen angebotenen Artikel hierher, wo sie zwischengelagert werden. Aus der Zentrale in Karlsruhe erhält das Verteilzentrum die Artikelbestellung der einzelnen Läden via Datenleitung. Daraufhin kommissionieren die Mitarbeiter die Produkte und verladen sie auf LKW.

An den zwei, etwa 20 km voneinander entfernt liegenden Standorten des Verteilzentrums gibt es auf ca. 33.000 m² Lagerfläche etwa 8.000 Kommissionierungsplätze. Das vor kurzem installierte computergestützte Lagerverwaltungs-system (LVS) ermöglicht eine effiziente und papierlose Dis-position und Kommissionierung. Ein- und ausgehende Waren werden per Scanner erfasst und direkt im Zentralcomputer registriert.

Ein großer Teil der ca. 700 Mitarbeiter sind angelernte Ar-beiter. Es gibt hier allerdings auch gelernte Fachkräfte und seit 1998 werden hier auch Fachkräfte für Lagerwirtschaft, Büro-kaufleute sowie Handelsfachpacker ausgebildet. Die Mitar-beiter sind in Arbeitsgruppen in den verschiedenen Abteilun-gen (Kommissionierung und Verwaltung, Wareneingang und Disposition, Warenausgang und Produktionskontrolle) ein-gebunden. Gearbeitet wird im Schichtbetrieb rund um die Uhr. Den Gruppen wird jeweils die Verantwortung für die Abwicklung der Aufträge übertragen, sie sind zuständig für die interne Arbeitsverteilung und Auftragsabwicklung. Die Mitarbeiter übernehmen eigenverantwortlich einzelne Ar-beitsabläufe. Um den Teamgeist zu fördern, gibt es im Ver-teilzentrum seit einigen Jahren Eurythmie-Seminare (STEINER 1955), die Wahrnehmung, Kreativität und die Ausdrucks-fähigkeit fördern sollen, die wichtige Voraussetzung für Kom-munikation. Das Gemeinschaftsgefühl soll auch durch die von beiden Standorten gemeinsam veranstalteten Sommer- und Weihnachtsfeste gefestigt werden. Traditionell steht beim Sommerfest ein Fußballspiel gegen Mitarbeiter der Zentrale auf dem Programm.

## 2.3 Die Einkommensgestaltung

Die Tarifverträge im Einzelhandel sind allgemein verbindlich und damit auch bei dm die Mindest-Grundlage für die Ein-kommensgestaltung.

## 2.3.1 Die Einkommensordnung

Ausdrücklich wird bei dm von Mitarbeiter-Einkommen und nicht etwa von Lohn oder Personalkosten gesprochen. Der Mitarbeiter sei nicht jemand, der Kosten verursacht und damit das Ergebnis reduziert, sondern der Leistung erbringt, also das Ergebnis hervorbringt und hier auf möglichst gerechte Weise diese Leistung vergütet bekommen soll. Nach dem Verständnis des Firmeninhabers wird also eigentlich die Potenzialität der Mitarbeiter bezahlt: „Einkommen ist der vorausbezahlte Anteil an der von der Gemeinschaft zu erarbeitenden und erwarteten Eigenleistung."

Die Zusammenhänge zwischen den Einkommen für jeden Mitarbeiter und der Einkommensbildung in der Arbeitsgemeinschaft werden mit der folgenden Abbildung veranschaulicht.

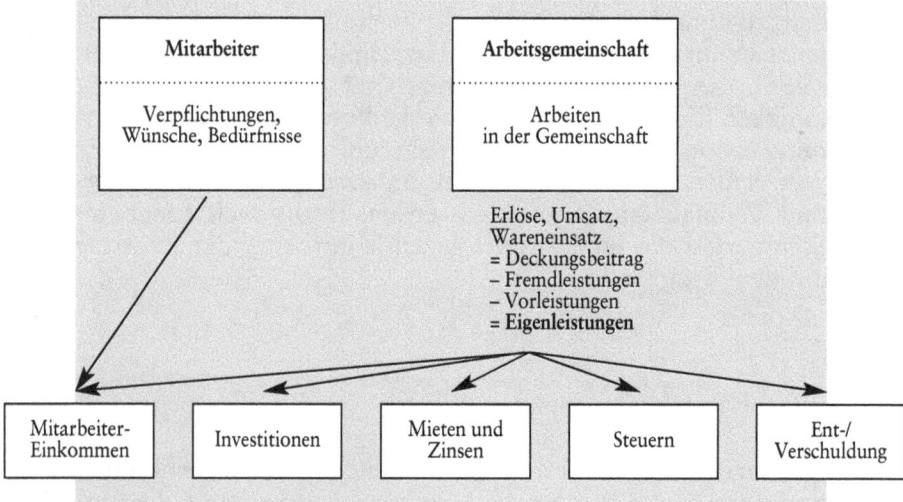

*Faktoren der Einkommensfindung*

Für die Festlegung der individuellen Einkommen der einzelnen Mitarbeiter besteht nun die Aufgabe des jeweils Verantwortlichen in erster Linie darin, gemeinsam mit den Betroffenen ein Gleichgewicht zwischen Aufgabengebiet, Fähigkeiten und Bedürfnissen zu suchen.

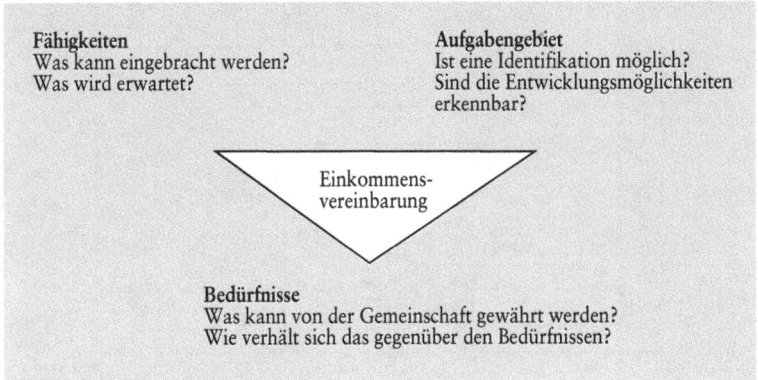

*Einkommensvereinbarung*

Grundsätzlich folgt die Einkommensordnung den aus den
Leitsätzen abgeleiteten Grundsätzen:

- Transparente Vorgehensweise
- Individuelle, persönliche Vereinbarung
- Vertretbarkeit in der Gemeinschaft

Die individuelle Festlegung der Mitarbeiter-Einkommen soll
auf der Grundlage der Einkommensordnung in den jeweiligen Arbeitsgruppen besprochen werden, d. h. die Gehaltsfrage soll kein Tabuthema unter Kollegen sein.

Die gesamte Einkommensordnung besteht aus den drei Komponenten (1) Einkommensbänder, (2) jährliche Überprüfung
der Mitarbeiter-Einkommen und (3) Tertialabschlusszahlung.

Die *Einkommensbänder* beschreiben die Potenzialität der jeweiligen Aufgaben für das Unternehmen. Es ergeben sich überlappende Einkommensspannen:

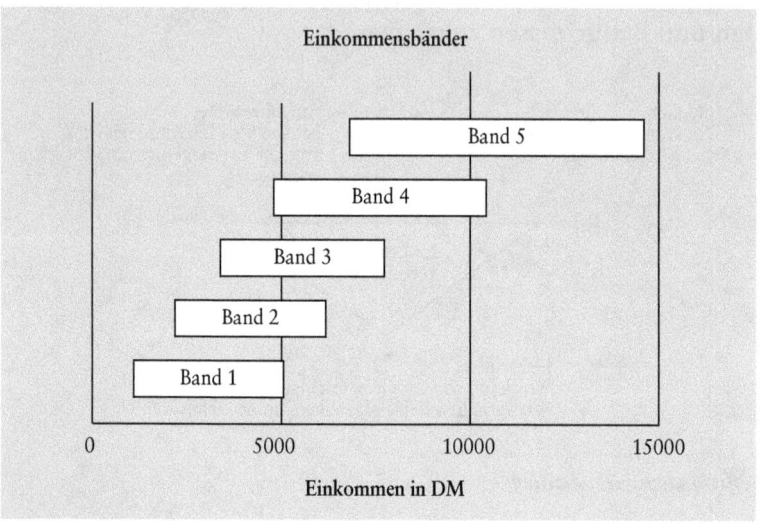

*Die Einkommensbänder*

Die fünf Einkommensbänder, gelten für alle vergleichbaren Aufgabenstellungen im Unternehmen sowohl für die Mitarbeiter im Filialnetz, im Verteilzentrum und in der Firmenzentrale. Innerhalb der einzelnen Bänder besteht Spielraum für Vereinbarungen. Kriterien für die Einordnung in die Bänder sind:

*(1) Die Komplexität der Aufgabe:*
Darunter fallen die Weite und Vernetzung des Aufgabenfeldes, die Auswirkung der Aufgabe auf Organisation und Prozessabläufe, die Höhe der Mitarbeiterverantwortung sowie eventuelle Projektleitung.

*(2) Die Chancen und das Risikopotenzial der Aufgabe für den Unternehmenserfolg:*
Im sozialen Bereich beziehen sich die Chancen und das Risikopotenzial auf die Mitarbeiter, Kunden, Lieferanten und Geschäftspartner; betriebswirtschaftlich beinhalten sie den Umsatz, Aufwand, Ertrag, den Warenbestand, Vertragsbindungen und Vereinbarungen mit der Industrie.

*(3) Von der Aufgabe vorausgesetztes persönliches Potenzial:*
Hierunter fallen Verantwortungsbereitschaft, soziale Fähigkeiten, Aufgeschlossenheit, Grad der Selbständigkeit, aber auch fachspezifische Vorkenntnisse und Ausbildung.

Innerhalb der einzelnen Bänder sollten und können auch Kriterien wie Betriebszugehörigkeitsdauer, soziale Situation oder Alter zur Festlegung des Einkommens herangezogen werden, die von der jeweiligen Arbeitsgemeinschaft (z. B. Filiale) selbst definiert und gewichtet werden. Sie können demnach von Gruppe zu Gruppe sehr unterschiedlich ausfallen.

Die Bänder werden bei dm auf der Grundlage dieser Kriterien folgendermaßen definiert:

*Band 1:* Bearbeiten eines definierten Aufgabenbereiches mit begrenzter Verantwortlichkeit.

*Band 2:* Verantwortliches Bearbeiten eines definierten Arbeitsbereiches mit betriebswirtschaftlichem Verständnis, evtl. mit Mitarbeiterverantwortung im Vertretungsfall.

*Band 3:* Verantwortliches Gestalten und Initiativwerden in einem Aufgabenbereich mit betriebswirtschaftlicher Verantwortung, gegebenenfalls mit Mitarbeiterverantwortung.

*Band 4:* Ein umfassendes Aufgabengebiet verantworten, gestalten und initiativ fortentwickeln.

*Band 5:* Verantwortliche Gestaltung und initiative Fortent-
wicklung in einem strategischen Aufgabenfeld.

Die Ausbildungsvergütung der Auszubildenden und der Studenten der Berufsakademie sind nicht in diesen Bändern
berücksichtigt. Ein wesentlicher Unterschied zu der sonst üblichen Verwendung von Gehaltsstufen besteht im Spielraum
für differenzierte und damit individuelle Beurteilungen. Innerhalb der Bänder können Mitarbeiter anhand der o. g. Kriterien trotz gleichbleibender Aufgabenbereiche, aufgrund
ihres persönlichen und individuellen Einsatzes flexibel eingestuft werden. Die absolute Einkommenshöhe der einzelnen
Einkommensbänder wächst mit der jährlichen Anpassung
mit.

*Jährliche Überprüfung der Mitarbeiter-Einkommen:*
Die Überprüfung und Neuvereinbarung der bestehenden Mitarbeiter-Einkommen findet jährlich statt und wird jeweils
zum 1. Oktober wirksam. Grundlage dafür sind Entwick-
lungsgespräche, die als bewusster Beurteilungsprozess in
Zweiergesprächen oder in Gesprächen der jeweiligen Arbeitsgruppe stattfinden. Einkommensverbesserungen sind bei
dm also möglich durch die Anpassung des Einkommens innerhalb des Einkommensbandes oder durch die Übernahme
neuer Aufgaben und die damit verbundene Einstufung in ein
anderes Band. Mit der Einstufung in ein höheres Einkom-
mensband muss nicht zwangsläufig eine Einkommenserhöhung einhergehen, da die Bänder sich überlappen; die
Höherstufung zeigt dem Mitarbeiter aber weitere Perspektiven bezüglich seines Einkommens auf.

*Tertialabschlusszahlungen:*
Einkommen wird, wie bereits erwähnt, als der vorausbezahlte Anteil an der von der Gemeinschaft zu erarbeitenden und
erwarteten Eigenleistung verstanden. Zur Summe der Eigenleistung gehört laut WBR ebenfalls die Über- oder Unter-
deckung (zukünftige Ver- bzw. Entschuldung). Das Verhält-

nis der Mitarbeitereinkommen zur so definierten gesamten Eigenleistung drückt die Produktivität der Arbeitsgemeinschaft aus. Ist nun der Einkommensanteil an der Eigenleistung niedriger als geplant, findet also eine Produktivitätssteigerung statt, wird eine Tertialabschlusszahlung gewährt. Dadurch partizipiert jeder Mitarbeiter an der Produktivitätssteigerung der Arbeitsgemeinschaft.

Übersteigt der Deckungsbeitrag die geplante Höhe für das Tertial, so wird die Hälfte dieses „Überschusses" an die Arbeitsgruppe ausgezahlt. Diese Summe wird an die einzelnen Mitarbeiter anhand ihrer individuellen Arbeitszeit verteilt, womit zum Ausdruck kommen soll, dass die Beiträge der Mitarbeiter innerhalb der Arbeitsgemeinschaft gleich wichtig sind und jeder Mitarbeiter im Rahmen seiner Fähigkeiten und Möglichkeiten zur Produktivitätssteigerung beiträgt. Wird der anvisierte Deckungsbeitrag nicht erreicht, so entfällt die Tertialabschlusszahlung, Abzüge des Festeinkommens gibt es nicht.

## 2.3.2  Die praktische Umsetzung der Einkommensordnung

Mit Einführung der neuen Einkommensordnung wurde die Gehaltsfindung als individueller Prozess in die einzelnen Arbeitsgruppen verlagert. Innerhalb dieser Gruppen werden die Mitarbeiter auf Grundlage der o.g. Kriterien eingestuft. Filialleiter finden sich z.B. je nach Größe der Filiale und persönlicher Qualifikation in Band 3 oder 4 wieder. Bei Neueinstellungen wird zumeist der jeweils gültige Tariflohn des Einzelhandels als Grundlage herangezogen.

Die Gesamtsumme der Mitarbeitereinkommen ist für die Arbeitsgruppe ein Fixum, welches sich an ihrem Deckungsbeitrag orientiert (z.B. 4 Prozent des Deckungsbeitrages). Auch die jährliche Steigerungsrate dieses Betrages wird von der

Geschäftsleitung vorgegeben. Sie lag in den letzten Jahren
deutlich über den Tarifabschlüssen für den Einzelhandel insgesamt. Bei der Entscheidung über die Festlegung der Steigerungsrate werden die Mitarbeiter beteiligt, indem sie aufgefordert werden, aufgrund ihrer Einschätzung vor Ort in ihren
Teams darüber zu diskutieren und realistische Vorschläge zu
machen. Die Beteiligung an diesem Prozess ist freiwillig und
wird auch nur von einem Teil der Arbeitsgruppen wahrgenommen. Auf der Basis dieser Vorschläge und unter Berücksichtigung der geplanten Unternehmensentwicklung wird
dann die Steigerungsrate des Einkommens von der Geschäftsleitung festgelegt. Sie kommt somit „mental" zustande, wie es der Inhaber ausdrückt, indem auch hier versucht
wird, das Gewünschte mit den Möglichkeiten in Einklang zu
bringen.

Die Verteilung des Einkommenszuwachses einer Arbeitsgruppe auf die einzelnen Mitarbeiter dieser Arbeitsgruppe
(Filiale, Ressort etc.) liegt prinzipiell im Ermessen des Teams
selbst und wird von Gruppe zu Gruppe unterschiedlich gehandhabt. Wie letztendlich über die Einkommensverteilung
innerhalb der einzelnen Arbeitsgruppe entschieden wird,
hängt im Wesentlichen von den Bedürfnissen, Wünschen und
Vorstellungen der Gruppenmitglieder ab. Die Vorgehensweise wird in jedem Fall vorher diskutiert. Voraussetzung
für eine selbstverantwortliche Verteilung ist zunächst die Offenlegung des zur Verfügung stehenden Betrages. In einigen
Filialen und Arbeitsgruppen setzen sich die Mitarbeiter gemeinsam zusammen und diskutieren über die Gehaltsfrage innerhalb ihres Teams. Schwierig ist es, im ersten Schritt Beur-
teilungskriterien zu finden, die für alle als relevant angesehen
werden. Die Einkommensordnung gibt hier zwar schon einen
Rahmen vor, der aber durchaus von den einzelnen Gruppen
erweitert wird. Am schwierigsten ist es für die Mitarbeiter,
sich und andere in Bezug auf ihren Beitrag für die Arbeitsgemeinschaft einzuschätzen und sich untereinander zu ver-
gleichen, um schließlich als Ergebnis dieses Prozesses eine für

alle als gerecht empfundene Verteilung zu erhalten. In der Gruppe über Einkommen zu sprechen, sich selbst einzuschätzen und Beurteilungen abzugeben, ist für viele Mitarbeiter problematisch. Es wird deshalb nur dort angewandt, wo alle Mitarbeiter der Gruppe dies wollen. Auch auf der Ebene der Geschäftsleitung findet die Einkommensfindung der einzelnen Ressortleiter innerhalb des Geschäftsleitungskreises statt.

Am häufigsten werden die Einkommensverteilungen im Zweiergespräch mit dem Vorgesetzten vorgenommen. Hier ist es dann die schwierige Aufgabe des Vorgesetzten, den Gehaltsfindungsprozess so zu gestalten, dass er von den Beteiligten als gerecht empfunden wird.

Vor allem in den Ressorts wird eine weitere Form der Einkommensfestlegung praktiziert, indem sich die Vorgesetzten zusammensetzen, um über die Einkommen ihrer Mitarbeiter zu sprechen. So werden z. B. in den Ressorts Produktmanagement sowie Marketing und Beschaffung die Einkommen der Assistenten im Kreis der Manager offen diskutiert, weil die betroffenen Assistenten sich für diese Vorgehensweise entschieden haben. In einigen wenigen Filialen wird die generelle Einkommenserhöhung auch linear, d. h. direkt an die Mitarbeiter weitergegeben, ohne über die individuelle Einkommensfrage zu sprechen.

Dem Inhaber ist die Einkommensproblematik und der Möglichkeit sozialer Konflikte durchaus bewusst. Er meint, dass auf längere Sicht durch die Auseinandersetzung mit der Einkommensfrage Konflikte generell offener ausgetragen und so eher beseitigt werden können. Zur Unterstützung steht den Filialleitern der Gebietsverantwortliche zur Seite, der den Prozess der Einkommensfindung in der Filiale begleiten kann, falls dies gewünscht wird. Als positiv wird beurteilt, dass durch die Einführung der Einkommensbänder eine leistungsgerechtere Vergütung erreicht wird, und dass z. B. jüngere en-

gagierte Mitarbeiter ebenso oder besser bezahlt werden können wie Mitarbeiter des gleichen Aufgabenbereiches mit längerer Berufserfahrung aber insgesamt weniger Initiative und
Engagement. Dies wird durchaus auch von solchen Mitarbeitern gesehen, die dadurch finanziell benachteiligt werden,
da sie diese Art der Vergütung als gerecht empfinden und sich
für ihr fehlendes berufliches Engagement nicht rechtfertigen
müssen. Die Möglichkeit zur stärkeren Differenzierung der
Einkommen motiviere die Mitarbeiter, bessere Leistungen in
ihrem Arbeitsbereich zu erbringen, da sich diese dann auch
in einem höheren Einkommen auswirken.

Allgemeines Ziel bei dm ist es, die einzelnen Einkommen
nicht zu weit auseinander klaffen zu lassen. So verdienen Ver-
käuferinnen und Filialleiter bei dm relativ viel im Vergleich zum allgemein schlecht bezahlenden Einzelhandel, Manager verdienen im Verhältnis zu anderen Unternehmen dagegen relativ wenig.

## 2.4  Die Gestaltung der Eigentumsrechte

Bei der dm-drogerie markt GmbH & Co KG, Karlsruhe handelt es sich um eine Kommanditgesellschaft, deren Komplementär die dm-drogerie markt Verwaltungs GmbH, Karlsruhe ist. Komanditisten sind:

Günther Lehmann, Karlsruhe mit 50 Prozent Beteiligung
Götz W. Werner, Karlsruhe mit 35,71 Prozent Beteiligung
dm-drogerie markt Werner KG mit 14,29 Prozent Beteiligung

Persönlich haftender Gesellschafter der dm-drogerie markt
Werner KG ist Götz W. Werner. Zur dm-drogerie markt Verwaltungs GmbH als Holding-Gesellschaft gehören auch die
ausländischen Niederlassungen von dm. Die dm-drogerie
markt GmbH & Co. KG ist also ein inhabergeführtes Unternehmen.

Obwohl das Unternehmen schnell wächst, wird die Expansion nur aus eigenen Mitteln finanziert. Die Investitionen im Geschäftsjahr 1998/1999 in Höhe von insgesamt 44 Mio. DM wurden komplett aus dem Cashflow finanziert. Dadurch entzieht sich das Unternehmen fremden Geldgebern. Der Vorteil eines inhabergeführten Unternehmens wird in der Geschäftsleitung darin gesehen, dass dm, anders als Kapitalgesellschaften, nicht gezwungen ist, ertragsorientierte Kapitalgeber mit hohen Gewinnbeteiligungen bedienen zu müssen. Im Gegensatz z. B. zu Aktiengesellschaften ist es hier nicht notwendig, um der Kurspflege willen kurzfristige Erfolge zu realisieren; man kann sich unternehmensstrategische statt finanzstrategische Ziele setzen. Hätte man die Forderungen der Kapitalgeber zu erfüllen, spräche dies gegen das Selbstverständnis der Unternehmensleitung und der Mitarbeiter, ihr Handeln ausschließlich und zeitnah am Kunden auszurichten. Ein Mitglied der Geschäftsleitung drückt es so aus: „Unsere Aktionäre sind unsere Kunden."

## Einige Erfahrungen mit der Sozialordnung

Schon in der Anfangsphase seiner Recherchen in der dm-drogerie markt GmbH & Co KG erhielt Frank Freyer erste Eindrücke von der ganz spezifischen Sozialordnung des Unternehmens. Die Personalberaterin, die ihn während seiner Erhebungsphase betreute, wurde nicht etwa von ihrem Vorgesetzten dazu aufgefordert, sondern sie wurde gefragt, ob sie Interesse an einer Zusammenarbeit mit ihm hätte. Wäre ihr persönliches und berufliches Engagement nicht vorhanden gewesen, wäre ihm der Zugang zum Unternehmen in dieser Form nicht ermöglicht worden. Im Verlaufe seiner Untersuchung konnte er immer wieder die Beobachtung machen, dass Mitarbeiter in ihren Handlungen nicht vom Verhalten oder Wunsch ihres Vorgesetzten oder gar des Firmenchefs abhängig waren, sondern von ihren eigenen Vorstellungen, Interessen und ihren persönlichen Nutzeneinschätzungen aushandelten. Dies entspricht ganz der Unternehmensmaxime, dass durch eine *Empfehlungskultur*, die sich in relativer Freiheit und Freiwilligkeit der Mitarbeiter äußert, eine Auflösung des Hierarchiedenkens und eine Stärkung der Eigenverantwortlichkeit der Mitarbeiter erreicht werden soll. So schwang auch immer bei den befragten Mitarbeitern ein wenig Stolz für das Unternehmen mit, das durch ihr eigenes Zutun erfolgreich ist.

Die Mitarbeiter, die schon zu dem Zeitpunkt bei dm arbeiteten, als die Organisation umstrukturiert wurde, sehen, dass dadurch neben einer besseren Personalstruktur auch ein besseres Klima im Unternehmen geschaffen wurde. Entlassungen sollten damals vermieden werden. Jeder, der seine Funktion verlor, bekam eine neue Aufgabe in einem Bereich mit beratender Tätigkeit angeboten. Einige haben damals gekündigt, andere wollten bleiben, aber ihre Führungsposition nicht verlieren. Als Ende der 80er Jahre der umfassende Organisationsentwicklungsprozess in Gang gesetzt wurde, sahen die meisten Mitarbeiter keine Notwendigkeit in dieser Umstrukturierung, da ihres Erachtens „alles gut lief". Aus heutiger Sicht können sie sich gar nicht mehr vorstellen, wie sie unter den alten Bedingungen arbeiten konnten. „Früher fühlte ich mich angestellt, heute fühle ich mich wie ein Teil des Unternehmens." (Filialleiterin)

„Man hat die Möglichkeit, das Unternehmen mit zu gestalten. Es ändert sich ständig etwas[...], und es steht einem jeder Bereich offen; man kann hier alles werden. Das ist es, was dm ausmacht, egal an welcher Stelle sie gerade sitzen. Was sie haben müssen, ist Offenheit, Flexibilität und den Willen, immer wieder neue Dinge tun zu wollen." (Personalberaterin)

Je höher die Position, um so eher werden die Grundsätze der Sozialordnung gelebt. Diejenigen, die das Freiheitsbewusstsein nicht verinnerlicht haben, sind entweder dementsprechend unselbständig oder handeln auf der anderen Seite autoritär. So sehen sich beispielsweise manche Gebietsverantwortliche noch als Leiter und hemmen damit die Eigeninitiative der Filialleiter. Und auch nicht jeder Filialleiter hat das soziale Leitbild dieses Unternehmens verinnerlicht.

Durch die schnelle Expansion des Unternehmens sind zum Teil neu eingesetzte Filialleiter für neue Filialen auch nicht dementsprechend ausgebildet und fühlen sich überfordert, weil sie nicht mit den Handlungsspielräumen vertraut sind. Die Neuen kommen meistens aus anderen Firmen, in denen es solche Spielräume nicht gibt. Wiederum andere Filialen haben eine so hohe Fluktuation, dass sich erst gar kein Team und somit kein Gemeinschaftsgefühl bilden kann.

Das Anliegen des Unternehmens, dass möglichst viele viel verdienen, ist tendenziell verwirklicht. Die Äußerung „Wer viel verdienen will, geht woanders hin", ist ab dem mittleren Management vernehmbar und kann als Bestätigung und Kritik interpretiert werden.

Einige Mitarbeiter, beispielsweise in Filialen, verdienen ihrer Einschätzung nach zu wenig, obwohl sie für ihr Aufgabengebiet gehaltsmäßig relativ hoch eingestuft sind. In den meisten Fällen war diese Ansicht mit dem Eindruck verbunden, alles alleine machen zu müssen. Diese Mitarbeiter nehmen die Möglichkeiten des Teams, der Beratung, des Kontaktes wenig in Anspruch. Probleme treten auf, wenn in Gruppen über das Einkommen diskutiert werden soll. In erster Linie herrschen noch über das Einkommen definierte Wertzuordnungen und Vergleichssituationen werden gescheut. Gelegentlich wirken sich die Einkommensverhandlungen auf die Mitarbeiter, die durch überdurchschnittlichen Arbeitseinsatz mehr Gehalt erwarten, demotivierend aus. Die Unternehmensprämisse, dass die Motivation nicht nur am Einkommen festgemacht werden soll, ist dann schwer akzeptierbar.

Die meisten Befragten sehen keine Notwendigkeit für einen Betriebsrat. Er würde im krassen Gegensatz zu der Unternehmensvorstellung stehen.

In der Fallstudie zitierte Literatur:

dm-drogeriemarkt (1) (Hrsg.): Schulungsangebote: Oktober 1999 bis Januar 2000, Karlsruhe 1999.

dm-drogeriemarkt (2) (Hrsg.): Durchblick: Aktuelles und Hintergründe für dm-Mitarbeiter, Karlsruhe 9. September 1999.

Gabler Wirtschaftslexikon, 12. Auflage, Wiesbaden, 1988.

GOETHE, JOHANN WOLFGANG VON: Farbenlehre, 3. Auflage, Stuttgart 1984

GOETHE, JOHANN WOLFGANG VON: Die Metamorphose der Pflanze. Mit einem Beitrag von Dr. Walther Bühler: Die Entdeckung der Urpflanze – eine Geistestat, Stuttgart 1955.

HARDORP, BENEDIKTUS: Anthroposophie und Dreigliederung: Das soziale Leben als Entwicklungsfeld des Menschen, Stuttgart 1986.

HDE (Hrsg.): Hauptverband des deutschen Einzelhandels: Statistische Informationen, Köln, Dezember 1999.

KALETTA, BRIGITTE / GERHARD, THORSTEN: Innovation in Distribution und Handel: Die Wertbildungsrechnung bei dm-drogerie markt In: Controller magazin, 6/1998, S. 403-406.

LINDENAU, CHRISTOF: Soziale Dreigliederung: Der Weg zu einer lernenden Gesellschaft, Stuttgart 1983.

SCHARMER, CLAUS OTTO: Ästhetik als Kategorie strategischer Führung, Stuttgart 1991.

STEINER, RUDOLF: Eurythmie als sichtbare Sprache, Dornach 1955.

TEN SIETHOFF, HELLMUTH: Mehr Erfolg durch soziales Handeln: Gesprächsführung, Konfliktlösung, Gemeinschaftsbildung in Alltag und Beruf, Stuttgart 1996.

# Zum Autor

Karl-Klaus Pullig, Jahrgang 1941, Universitätsprofessor für Betriebswirtschaftslehre, insbesondere Personal- und Organisationsentwicklung, an der Universität Paderborn. Praktische Erfahrungen in den Bereichen Managementtraining, Personalleitung, Organisationsentwicklungsberatung und im Vorstand eines Betriebsverbundes.

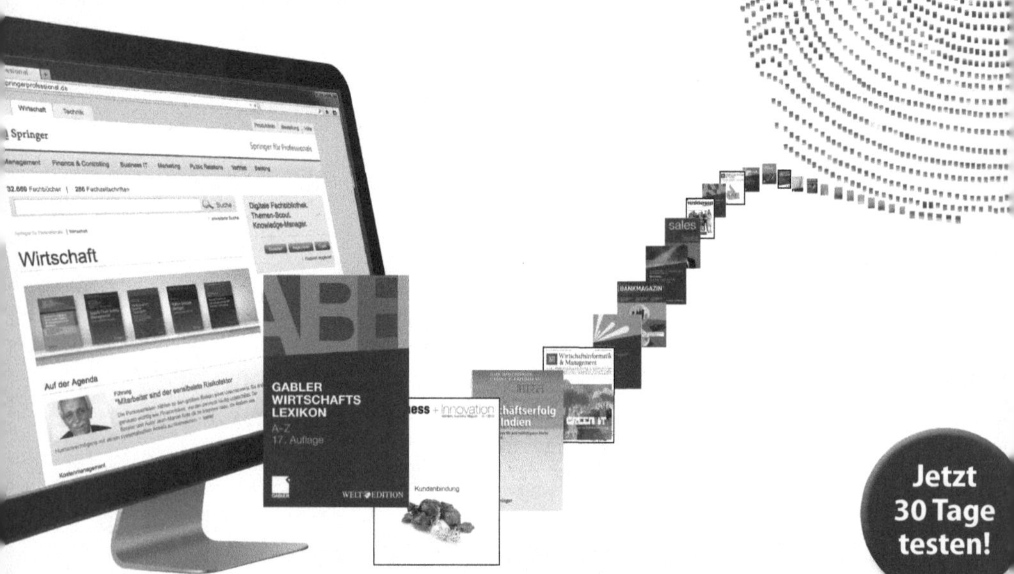

Zeitfracht Medien GmbH
Ferdinand-Jühlke-Straße 7
99095 Erfurt, Deutschland
produktsicherheit@kolibri360.de

.